國語國文學叢書 081

女四書諺解 1

JN434576

학자원

국어국문학총서 81

女四書諺解 1 初刊本

2018년 9월 15일 초판 1쇄 발행

저　자 : 李德壽
펴낸이 : 김병환
펴낸곳 : 학자원
주　소 : 134-814 서울시 강동구 천호대로 1121
전　화 : 02) 6403-1000
팩　스 : 02) 6338-1001
E-mail : hakjaone@daum.net
등　록 : 2011년 3월 24일 제324-2011-14호

HAKJAONE Publishing Co.
1121 Cheonho-Daero Kangdong-Gu Seoul

ISBN : 979-11-6247-050-3 94810
979-11-6247-049-7 (세트)

전2권 값 90,000원

乾隆二年三月十九日

內賜行弘文館副提學臣應

洙女四書一件

命除謝

恩

行都承旨

臣李

凡例

一宋序文則只取女誡及内訓二書而女論語女範則不録焉故唐本編次以女誡内訓為上秩女論語女範繼為一秩而今既合編為女四書則其編次宜從時代先後且文字多寡不同離合就編之際亦頗有礙今定以漢唐二書合為上卷皇明二書分為中下二卷

一舊註中抄其要語分録於每篇之下而文字難通舊未曾解者輒略補註俾覽者易曉惟

女範一書則隨章隨註不用此例

女四書目錄

卷之一

卷之二

卷之三

卷之四

守德篇第十一

神신宗종皇황帝뎨御어製졔女녀誡계序셔

禮례애稱칭天텬子ᄌᆞᄂᆞᆫ理리陽양道도ᄒᆞ야以이聽텽天텬下하之지外외治티ᄒᆞ고后후ᄂᆞᆫ理리陰음德덕ᄒᆞ야以이聽텽天텬下하之지內ᄂᆡ治티ᄒᆞ니라男남女녀ㅣ正졍位위ᄒᆞ면化화成셩俗쇽美미ᄒᆞᄂᆞ니故고能능不블降강階계序셔ᄒᆞ되而이天텬下하ㅣ咸함理리ᄒᆞᄂᆞ니라朕딤이以이沖튱昧미로統통膺응鴻홍緒셔ᄒᆞ야仰앙承승聖셩母모의諄슌諄슌

訓훈迪뎍ᄒᆞ샤勉면以이法법祖조親친賢현
ᄒᆞ며勵녀學ᄒᆞᆨ勤근政정으로爲위務무ᄒᆞ실시
數수年년以이來ᄅᆡ애始시克극有유省성
ᄒᆞ야俛면焉언思ᄉᆞ所소以이興흥道도致티
理리者쟈ᄒᆞ야庶서無무厪근夫부慈ᄌᆞ慮려
焉언ᄒᆞᄂᆞ니頃경以이中듕宮궁이正정位위
ᄒᆞ야宗종廟묘ㅣ有유助조ᄒᆞᆯ시聖성母모
ㅣ恐공母모儀의之지教교ㅣ未미闡쳔ᄒᆞ샤
迺내取취曹조大태家고의女녀誡계一일
書셔ᄒᆞ샤俾비儒유臣신으로註주解ᄒᆡᄒᆞ야以이

弘홍內ᄂᆡ範범ᄒᆞ시니 蓋개以이此ᄎᆞ書셔ㅣ
簡간要요明명肅슉ᄒᆞ야 足죡爲위萬만世셰
女녀則측之지規규오ㅣ 夙슉經경 聖셩慈
ᄌᆞ의 服복膺응誦송法법ᄒᆞ실ᄉᆡ 是시以이로 亟
극爲위表표章쟝ᄒᆞ야 暨게 仁인孝효文문
皇황后후의 內ᄂᆡ訓훈와 二이書셔를 俾비
諸제保보傅부姆무로 朝됴夕셕에 進진講
강于우宮궁闈위ᄒᆞ야 爰원以이毓육成셩淑
슉德덕ᄒᆞ야 用용奠뎐坤곤維유ᄒᆞ며 共공襄양
乾건治티ᄒᆞ게ᄒᆞ니 則즉是시書셔之지功공이

莫막大대焉언일ᄉᆡ仍잉鏤누其기副부本본ᄒᆞ야頒반示시中듕外외ᄒᆞ야使ᄉᆞ民민庶셔之지家가로得득以이訓훈誨회女녀子ᄌᆞᄒᆞ야有유資조閫곤教교ᄒᆞ노니其기於어刑형于우之지化화애不블無무裨비益익云운爾이니라

禮례애일ᄀᆞᄅᆞ되天텬子ᄌᆞᄂᆞᆫ陽양道도ᄅᆞᆯ다ᄉᆞ려ᄡᅥ天텬下하의外외治티ᄅᆞᆯ聽텽ᄒᆞ고后후ᄂᆞᆫ陰음德덕을다ᄉᆞ려ᄡᅥ天텬下하의內ᄂᆡ治티ᄅᆞᆯ聽텽ᄒᆞᆫ다ᄒᆞ니男

남女녀ㅣ位위롤正정ᄒᆞ면교홰일며풍
쇽이알롬답ᄂᆞ니故고로能능히階계序
셔에ᄂᆞ리디아녀도天텬下하ㅣ다다ᄉᆞ
ᄂᆞ니라朕딤이沖튱昧미ᄒᆞ로ᄡᅥ큰緖서롤
統통膺응ᄒᆞ야우ᄅᆞ러 聖셩母모의誨
슌誨슌히訓훈迪뎍ᄒᆞ샤믈니어조종을
法법받고어디니롤親친히ᄒᆞ며學흑을
ᄀᆡ다듬고정ᄉᆞ롤부즈런이ᄒᆞ기로힘쓸
을삼으라勉면ᄒᆞ실ᄉᆡ數수年년ᄡᅥ옴으
로비로소能능히ᄉᆞᆯ피미이셔머리롤수

겨ᄣᅢ道도ᄅᆞᆯ니르혀며理리ᄅᆞᆯ닐윌바ᄅᆞᆯ
싱각ᄒᆞ야거의慈ᄌᆞ慮려의근노ᄒᆞ심을
업게ᄒᆞᄂᆞ니뎌즈음ᄢᅴ中듕宮궁이位위
에正졍ᄒᆞ야 宗종廟묘ㅣ도오미이실
ᄉᆡ로ᄢᅢ 聖셩母모ㅣ母모儀의의教교
ㅣ볽디몯ᄒᆞᆯ가저으샤이에曹조大태家
고의女녀誡계一일書셔ᄅᆞᆯ取츄ᄒᆞ샤儒
유臣신으로ᄒᆞ여곰註주解히ᄒᆞ야ᄢᅵ內
ᄂᆡ範범을닐니ᄒᆞ시니대개ᄢᅵ이글이簡
간要요ᄒᆞ며明명肅슉ᄒᆞ야족히萬만世

세女녀則측의規규ㅣ되염즉ᄒᆞᆷ으로ᄡᅥ
오일즉聖셩慈ᄌᆞ의가슴의부쳐외오
고法법ᄒᆞ샤믈디내여실ᄉᆡ일로ᄡᅥ셜리
表표章쟝ᄒᆞ야믿仁인孝효文문皇황
后후의內내訓훈와두글을모ᄃᆞ保보와
傅부와姆무로ᄒᆞ여곰朝됴夕셕애宮궁
闈위에進진講강ᄒᆞ야이에ᄡᅥ어딘德덕
을쳐일위ᄡᅥ곰坤곤維유를뎡ᄒᆞ며ᄒᆞᆫ가
지로乾건治티를일우게ᄒᆞᄂᆞ니ᄭᅳᆺ이글
의功공이이만큰이업ᄉᆞ릴ᄉᆡ인ᄒᆞ야그

버금本본을사겨中듕外외에펴뵈야民
민庶셔의집으로ᄒᆞ여곰시러곰ᄡᅥ女녀
子ᄌᆞ를訓훈誨회ᄒᆞ야閫곤敎교에ᄌᆞ뢰
ᄒᆞᆷ이잇게ᄒᆞᄂᆞ니그刑형于우ᄒᆞᄂᆞᆫ化화
에裨비益익ᄒᆞᆷ이업디아니ᄒᆞ리니라
萬만曆녁八팔年년歲셰在ᄌᆡ庚경辰진春
춘三삼月월御어製졔序셔

御어製졔女녀四ᄉᆞ書셔序셔

夫부乾건坤곤之지德덕과陰음陽양之지道도ㅣ大대矣의哉재라蓋개乾건은稱칭父부ᄒᆞ고坤곤은稱칭母모ᄒᆞ니天텬人인이即즉一일理리也야ㅣ라是시以이로陰음陽양이調됴而이萬만物믈이化화ᄒᆞ고夫부婦부ㅣ和화而이家가道도ㅣ成셩ᄒᆞᄂᆞ니故고로其기國국之지治티不블治티ㅣ亦역係계乎호其기家가之지齊졔不블齊졔ᄒᆞ니라易역애曰왈有유夫

부婦부然연後후애有유父부子ᄌᆞᄒᆞ며有
유父부子ᄌᆞ然연後후애有유君군臣신
이라ᄒᆞ고夫부子ᄌᆞㅣ又우曰왈君군子ᄌᆞ之
지道도ᄂᆞᆫ造조端단乎호夫부婦부ㅣ라ᄒᆞ시
고詩시三삼百ᄇᆡᆨ篇편애其기本본은即
즉二이南남이여周쥬文문之지聖셩은始
시乎호太태任임之지胎ᄐᆡ敎교ᄒᆞ고鄒추
孟밍之지賢현은由유於어慈ᄌᆞ母모之
지幼유敎교ᄒᆞ며周쥬宣션之지興흥은本
본乎호姜강后후ᄒᆞ고楚초莊장之지治티

는 其긔 於어 樊번 姬희ᄒᆞ야 前젼 則측이 斑반 斑반ᄒᆞ니 可가 不블 重듕 歟여아 噫희라 世셰 道도ㅣ 日일 下하ᄒᆞ고 學ᄒᆞᆨ 教교ㅣ 漸졈 弛이ᄒᆞ야 上샹 自ᄌᆞ 王왕 公공으로 下하 至지 匹필 庶셔히 日일 誦숑 先션 王왕 之지 教교ᄒᆞ며 日일 習습 先션 王왕 之지 道도ᄒᆞ되 而이 猶유 不블 能능 實실 下하 踐쳔 歷녁이어든 其기 況황 閨규 閤합 婦부 人인와 閭녀 巷항 愚우 民민이ᄯᆞ녀 是시 故고로 皇황 明명 仁인 孝효 文문 皇황 后후ㅣ 作작

內내訓훈二이十십章장고ᄒᆞ시我아丶
朝됴
昭쇼惠혜王왕后후ㅣ亦역述슐內내訓훈
七칠篇편而이垂슈敎교ᄒᆞ시니此ᄎᆞㅣ正졍
前젼聖셩와後후聖셩이其기旨지ㅣ一
일也야ㅣ라予여ㅣ於어昔셕年년애偶우
得득唐당本본一일書셔ᄒᆞ니其기名명曰
왈女녀四ᄉᆞ書셔니一일則즉
文문皇황后후의內내訓훈이오一일則즉漢
한班반昭쇼의女녀誡계오一일則즉唐

당宋송若약昭쇼의女녀論논語어ㅣ오一일
則즉明명王왕節절婦부의女녀範범이라其
기訓훈語어ㅣ纖섬悉실詳샹備비ᄒᆞ야有유
助조女녀教교시ᄂᆞᆫ其기諺언譯역而이與여
內ᄂᆡ訓훈으로並병行ᄒᆡᆼᄒᆞ면則즉於어礪녀末
말世셰ᄒᆞ며正정風풍俗쇽애豈긔不블有유
益익也야哉지리오爰원命명館관閣각之지
臣신ᄒᆞ야諺언譯역以이進진ᄒᆞ고繼계令령芸
운閣각으로刊간印인廣광布포ᄒᆞ니노而이奉
봉讀독首슈卷권의序셔文문홀시不블覺각

興흥感감야ᄒᆞ謹근以이數수行항文문字ᄌᆞ
로略냑敍서其기末말ᄒᆞ노니咨ᄌᆞㅣ라其기刋
간此ᄎᆞ書서애도猶유若약刋간之지前
젼ᄒᆞ며其기讀독此ᄎᆞ書서애도猶유若약未미
讀독之지前젼ᄒᆞ면是시豈긔予여의眷권眷
권廣광布포之지意의哉ᄌᆡ리오其기各각勉
면旃젼ᄒᆞ야毋무少쇼忽홀焉언이어다
歲세丙병辰진仲즁秋츄
題제ㅣ
그乾건坤곤의德덕과陰음陽양의道도

ㅣ근지라대개乾건은父부ㅣ라일ᄏᆞᆺ고
坤곤은母모ㅣ라일ᄏᆞᆺᄂᆞ니天텬과人인
이곳ᄒᆞᆫ理리라일노ᄡᅧ陰음陽양이調됴
ᄒᆞ여야萬만物물이化화ᄒᆞ고夫부婦부
ㅣ和화ᄒᆞ여야家가道도ㅣ이ᄂᆞ니故고
로그나라히다ᄉᆞᆯ며다ᄉᆞ지몯ᄒᆞᆷ이ᄯᅩᄒᆞᆫ
그집의齊제ᄒᆞ며齊제치몯ᄒᆞ매잇ᄂᆞ니
라易역애ᄀᆞᆯ오ᄃᆡ夫부婦부ㅣ이신연후
의父부子ᄌᆞㅣ잇고父부子ᄌᆞㅣ이신연후
의君군臣신이잇다ᄒᆞ고夫부子ᄌᆞㅣᄯᅩᄀᆞᆯ

ᄋᆞ샤ᄃᆡ 端단이 夫부婦부애 造조ᄒᆞᆫ다 ᄒᆞ

시고 詩시三삼百ᄇᆡᆨ篇편애 그 근본은 곳

二이南남이며 周쥬文문의 聖셩은 太태

任임의 胎ᄐᆡ敎교에 비롯고 鄒추孟ᄆᆡᆼ의

賢현은 慈ᄌᆞ母모의 어려셔 ᄀᆞᄅᆞ치매 말

미암으며 周쥬宣션이 興흥ᄒᆞᆷ은 姜강后

후의 本본ᄒᆞ고 楚초莊장의 다슬모 樊번

姬희의 基긔ᄒᆞ야 前젼則측이 斑반斑반

ᄒᆞ니 可가히 重듕치 아니ᄒᆞ나 슬프다 세

세道도ㅣ 날로 ᄂᆞ리고 學ᄒᆞᆨ敎교ㅣ 漸졈

漸졈퍼려져우흐로王왕公공으로부터

아래로匹필庶셔의니르히날로先션王

왕의敎교를외오며날로先션王왕의道

도를니기되오히려能능히實실도이踐

천歷력을下하치못ᄒᆞ거든ᄒᆞ믈며閨규

閤합婦부人인과閭려巷항愚우民민이

ᄯᆞ녀이런고로

皇황明명仁인孝효文문皇황后후ㅣ內내

訓훈二이十십章쟝을지으시고我아

朝됴

昭쇼惠혜王왕后후ㅣ ᄯᅩ ᄒᆞ온 內ᄂᆡ訓훈七칠篇
편을 지으샤 ᄀᆞᄅᆞ침을 드리우시니 이 졍히
前젼聖셩과 後후聖셩이 그 旨지ᄒᆞᆫ가지라
내 昔셕年년애 우연이 唐당本본ᄒᆞᆫ 글을 어
드니 그 일홈이 ᄀᆞᆯ온 女녀四ᄉᆞ書셔ㅣ니 ᄒᆞ
나흔
文문皇황后후의 內ᄂᆡ訓훈이오 ᄒᆞ나흔 漢
한班반昭쇼의 女녀誡계오 ᄒᆞ나흔 唐당
宋송若약昭쇼의 女녀論논語어ㅣ오 ᄒᆞ
나흔 明명王왕節절婦부의 女녀範범이

라그訓훈語어ㅣ纖셤悉실ᄒᆞ고詳샹備비ᄒᆞ야女녀教교에도옴이이실ᄉᆡ그諺언譯역ᄒᆞ야內내訓훈으로더부러아오로行ᄒᆡᆼᄒᆞ면末말世셰ᄅᆞᆯ기다듬으며風풍俗쇽을바로게홈애엇지유익홈이잇지아니ᄒᆞ리오이에館관閣각에臣신을命명ᄒᆞ야諺언譯역ᄒᆞ야ᄲᅧ나으게ᄒᆞ고니어芸운閣각으로ᄒᆞ여곰刊간印인ᄒᆞ야廣광布포ᄒᆞ게ᄒᆞ노니밧드러首슈卷권에序셔文문을닑을ᄉᆡ興흥感감ᄒᆞ믈

ᄭᆡᄃᆞᆺ지못ᄒᆞ야삼가두어줄文문字ᄌᆞ로
ᄡᅥ대냑을그긋희敘셔ᄒᆞ노라咨ᄌᆞ홉다
그이글을刋간ᄒᆞ야도오히려刋간치못
ᄒᆞᆫ前젼과ᄀᆞᆺᄒᆞ며그이글을닑그매도오
히려닑지아닌前젼과ᄀᆞᆺᄒᆞ면이엇지나
의眷권眷권ᄒᆞ야廣광布포ᄒᆞᄂᆞᆫᄯᅳ지리
오그各각各각힘ᄡᅥ죠곰도忽홀치말올
ᄯᅥ어다
歲셰丙병辰진仲듕秋츄에
題제ᄒᆞ노라

曹조大태家고女녀誡계

曹조大태家고의姓셩은班반氏시오 일홈은昭쇼ㅣ니後후漢한적平평陽양 曹조世셰叔슉의妻쳐ㅣ오扶부風풍班반彪표의女녀ㅣ라世셰叔슉이 일죽어늘昭쇼ㅣᄯᅳᆺ을딕ᄒᆡ여아ᄃᆞᆯ曹조穀곡을ᄀᆞᄅᆞ쳐成셩人인ᄒᆞ고長댱兄형班반固고ㅣ前젼漢한書셔ᄅᆞᆯ짓다가몯디몯ᄒᆞ고죽거ᄂᆞᆯ昭쇼ㅣ니어일오고次ᄎᆞ兄형班반超툐ㅣ드러가西셔域역애딘슈ᄒᆞ야죠셔ᄒᆞ야도라옴을닙디몯ᄒᆞ야ᄂᆞᆯ昭쇼ㅣ대궐애업되여글을올녀兄형의歸귀老노ᄒᆞᆷ주시믈빈대和화熹희鄧등太태后후ㅣ그志지節졀을아ᄅᆞᆷ다이너겨죠셔ᄒᆞ야宮궁애드려배女녀師ᄉᆞᄅᆞᆯ삼고일ᄒᆞᆷ을大태家고ㅣ라주어皇황后후와밋모든貴귀人인이다스ᄉᆞᆼ으로셤기더라女녀誡계七칠篇편을지으니라

女녀誡계原원序셔

鄙비人인이愚우暗암ᄒᆞ야受슈性셩이不敏민ᄒᆞ나蒙몽先션君군之지餘여寵툥ᄒᆞ며賴뢰母모師ᄉᆞ之지典뎐訓훈ᄒᆞ야年년이十십有유四ᄉᆞ애執집箕긔帚츄于우曹조氏시ᄒᆞ야今금四ᄉᆞ十십餘여載ᄌᆡ矣의라戰젼戰젼兢긍兢긍ᄒᆞ야常샹懼구黜튤辱욕ᄒᆞ야以이增증父부母모之지羞슈ᄒᆞ며以이益익中듕外외之지累누시ᄂᆞ是시以이로夙슉夜야애劬구心심ᄒᆞ야勤근不

블告고勞노ㅣ니러而이今금而이後후에아
乃내知디免면耳이로라吾오性셩이疎소
愚우ᄒᆞ야敎교導도ㅣ無무素소ᄒᆞᆯ시恒ᄒᆞᆼ懲
공子ᄌᆞ穀곡이負부辱욕淸쳥朝됴러니聖
셩恩은이橫횡加가ᄒᆞ샤猥외賜ᄉᆞ金금紫
ᄌᆞᄒᆞ시니實실非비鄙비人인의庶셔幾긔
所소望망也야ㅣ라男남能능自ᄌᆞ謀모矣
의ᄅᆞ씨吾오不블復부以이爲위憂우ㅣ니어와
但단傷상諸졔女녀ㅣ方방當당適뎍人
인ᄒᆞ되而이不블漸졈加가訓훈誨회ᄒᆞ야不

불閨문婦부禮례ᄒᆞ니懼구失실容용他타

門문ᄒᆞ야取취恥티宗종族족ᄒᆞ노라吾오今

금疾질在지沈팀滯톄ᄒᆞ니性셩命명이無

무常샹일시念념汝여曹조의如여此ᄎᆞᄒᆞ야

每미用용惆툐悵턍ᄒᆞ야因인作작女녀誡

계七칠篇편ᄒᆞ노니願원諸제女녀ᄂᆞᆫ各각

寫샤一일通통ᄒᆞ야庶셔有유補보益익ᄒᆞ야

俾비助조汝여身신이니라去거矣의어다其

기勗욱勉면之지ᄒᆞ라 ○ 惆툐悵턍은근심ᄒᆞ단말이라

鄙비人인이愚우闇암ᄒᆞ야텬셩바듬

이敏민티몯ᄒᆞ나先션君군의나므寵
툥을닙으며母모師ᄉᆞ의법다온訓훈
을힘니버나히열히오ᄯᅩ비히箕긔帚
취ᄅᆞᆯ曹조氏시에잡아이제四ᄉᆞ十십
餘여載ᄌᆡ라戰젼戰젼ᄒᆞ며兢긍兢긍
ᄒᆞ야미양黜튤辱욕ᄒᆞ야ᄡᅥ父부母모
의붓ᄭᅳ려오믈더으며ᄡᅥ中듕外외의
ᄒᆞᆫ누ᄅᆞᆯ더을가두릴시일노ᄡᅥ夙슉夜
야애ᄆᆞᄋᆞᆷ을구로ᄒᆞ야부즈런ᄒᆞ야도
슈고로옴을告고티아니ᄒᆞ더니이젠

후에야이예免면홈을알패라내텬셩
이疏소愚우ᄒᆞ야敎교導도홈이본디
업ᄉᆞᆯᄉᆡ샹히아穀곡이淸청朝됴에
辱욕을질가저허ᄒᆞ더니聖셩恩은이
그릇더으샤외람히金금紫ᄌᆞ을주시
니실노鄙비人인의거의바라던배아
니라아ᄃᆞᆯ은능히스ᄉᆞ로ᄡᅴ홀일ᄉᆞ내
다시배ᄒᆞᆫ심ᄒᆞ디아니ᄒᆞ거니와다만
ᄉᆞᆯ허ᄒᆞ노니모든ᄯᆞᆯ이비야흐로사ᄅᆞᆷ
의게가기ᄅᆞᆯ當당ᄒᆞ야시되졈졈訓훈

誨회ᄅᆞᆯ 더으디 몯ᄒᆞ야 계집의 禮례ᄅᆞᆯ
듣디 몯ᄒᆞ니 다ᄅᆞᆫ 가문애 용의ᄅᆞᆯ 일허
宗종族족의게 븟ᄭᅳ러옴을 취ᄒᆞᆯ가 두
려ᄒᆞ노라 내 이ᄌᆡ 병이 沉팀滯톄ᄒᆞᆷ애
이시니 性셩命명이 뎐뎐ᄒᆞᆷ이 업ᄉᆞᆯ길
시 녀희 무리의 이ᄀᆞᄐᆞᆫ 줄을 념녀ᄒᆞ야
ᄆᆡ양 ᄇᆡ 惆튜悵턍ᄒᆞ야 因인ᄒᆞ야 女녀
誡계 七칠篇편을 지노니 원젼대 諸뎨
女녀ᄂᆞᆫ 각각 一일通통을 ᄇᆡ거의 補보
益익ᄒᆞᆷ이 이셔ᄒᆞ여 곰 네 몸을 돕게 ᄒᆞᆯ

디니라 갈띠어다 그 힘써 ᄒᆞ라

女녀四ᄉᆞ書셔卷권一일

女녀誡계

卑비弱약第뎨一일

하ᄂᆞᆯ은 尊존ᄒᆞ며 ᄯᅡ흔 卑비ᄒᆞ고 陽양은 剛강ᄒᆞ며 陰음은 柔유ᄒᆞ니 卑비弱약은 女녀子ᄌᆞ의 正정ᄒᆞᆫ 義의라 진실노 卑비ᄒᆞᆫ ᄃᆡ 甘감티 아니ᄒᆞ고 스ᄉᆞ로 尊존코져 ᄒᆞ며 弱약ᄒᆞᆫ ᄃᆡ 伏복디 아니ᄒᆞ고 스ᄉᆞ로 強강코져 ᄒᆞ면 곧 義의ᄅᆞᆯ 犯범ᄒᆞᆷ이오 正정이 아니니 비록 다ᄅᆞᆫ 능ᄒᆞᆷ이 이시나 엇디 족히 尙샹ᄒᆞ리오

○古고者쟈 女녀生싱三삼日일애 臥와之지床상下하ᄒᆞ야 弄농之지瓦와塼젼ᄒᆞ고 而이齊졔告고焉언ᄒᆞᄂᆞ니 臥와之지床상下하ᄂᆞᆫ

明명其기卑비弱약ᄒᆞ야主쥬下하人인也야
오ㅣ弄농之지瓦와塼젼은明명其기習습勞
노ᄒᆞ야主쥬執집勤근也야오ㅣ齊지告고先션
君군은明명當당主쥬繼계祭제祀ᄉᆞ也야
니三삼者자ᄂᆞᆫ蓋개女녀人인之지常상道
도ㅣ며禮례法법之지典뎐教교矣의라謙겸
讓양恭공敬경ᄒᆞ야先션人인後후已기ᄒᆞ며有
유善션莫막名명ᄒᆞ고有유惡악莫막辭ᄉᆞᄒᆞ야
忍인辱욕含함垢구ᄒᆞ야常상若약畏외懼구
ᄂᆞᆫ卑비弱약下하人인也야오ㅣ晩만寢침早

조作작야ᄒᆞ不불憚단夙슉夜야며ᄒᆞ執집務무

私ᄉᆞ事ᄉᆞ야ᄒᆞ不불辭ᄉᆞ劇극易이뎌호所소作

작을必필成셩며ᄒᆞ手슈跡젹을整졍理리며호

是시謂위執집勤근也야오ㅣ正졍色식端단

操조야ᄒᆞ以이事ᄉᆞ夫부主쥬며ᄒᆞ清청淨졍自

조守슈야ᄒᆞ無무好호戲희笑쇼며ᄒᆞ潔결齊졔

酒쥬食식야ᄒᆞ以이供공祖조宗종미호是시謂

위繼계祭제祀ᄉᆞ也야니ㅣ三삼者쟈ㅣ苟구

備비고ᄒᆞ而이患환名명稱팅之지不불聞문

며ᄒᆞ黜튤辱욕之지在지身신을흠未미之지見

견迍야며ㅣ三삼者쟈ㅣ苟구失실之지면ᄒᆞ何
하名명稱칭之지可가聞문이며黜튤辱욕之지
지可가免면哉재오리 ○ 齊지告고ᄂᆞᆫ셰계ᄒᆞ고宗종廟묘애고ᄒᆞ
단말이라
古고者쟈에女녀ㅣ난디사ᄒᆞᆯ만애床상
下하의뉘여瓦와塼젼으로희롱ᄒᆞ고져
계ᄒᆞ야告고ᄒᆞᄂᆞ니床상下하에뉘임은
그ᄂᆞ조며약ᄒᆞ야사ᄅᆞᆷ의게ᄂᆞ리기主쥬
ᄒᆞᆷ을ᄇᆞᆰ힘이오瓦와塼젼으로희롱ᄒᆞᆷ은
그슈고로옴을닉여부즈런잡기主쥬ᄒᆞᆷ

을붉힘이오지게ᄒᆞ야先션君군ᄢᅴ告고
ᄒᆞᆷ은맏당히祭졔祀ᄉᆞ를니어主쥬ᄒᆞᆷ을
붉힘이니세가지ᄂᆞᆫ대개女녀人인의셜
셜ᄒᆞᆫ道도ㅣ며禮례法법의법다온教교
ㅣ라謙겸讓양ᄒᆞ며恭공敬경ᄒᆞ야사ᄅᆞᆷ
을몬져ᄒᆞ고몸을후애ᄒᆞ며어딜미이셔
도일ᄒᆞᆷ티말고사오나오미이셔도ᄉᆞ양
티갈아辱욕을ᄎᆞᆷ으며垢구를먹으며미
양두리ᄂᆞᆫ듯ᄒᆞᆷ은卑비弱약ᄒᆞ야사ᄅᆞᆷ의
게ᄂᆞ림이오늦게야자며일죽니러나夙

슉夜야ᄅᆞᆯᄡᅥ리디아니ᄒᆞ며ᄉᆞᄉᆞ일을잡
아힘ᄡᅥ번극ᄒᆞ며용이ᄒᆞᆷ을ᄉᆞ양티말오
되짓ᄂᆞᆫ바ᄅᆞᆯ반ᄃᆞ시일오며手슈跡젹을
졍졔히다ᄉᆞ림이이니ᄅᆞᆯ부ᄌᆞ런ᄒᆞᆷ을잡
으미오ᄂᆞᆫ빈촐바로게ᄒᆞ며조힝을단졍
히ᄒᆞ야ᄡᅥ夫부主쥬ᄅᆞᆯ셤기며淸쳥淨졍
히ᄉᆞᄉᆞ로딕히여戲희笑쇼ᄅᆞᆯ됴히너기
디말며酒쥬食식을潔결齊졔히ᄒᆞ야ᄡᅥ
祖조宗죵을공봉ᄒᆞ미이니ᄅᆞᆫ祭졔祀ᄉᆞ
ᄅᆞᆯ니음이니세가지진실노ᄀᆞᆺ고名명稱

청의ᄠᅳᆯ니디아니ᄒᆞ며黜튤辱욕이몸애
이실가근심ᄒᆞᆷ을보디몯ᄒᆞ며세가지진
실노일ᄒᆞ면엇디名명稱칭이가히들니
며黜튤辱욕을가히免면ᄒᆞ리오

夫부婦부第뎨二이

세가지임의ᄀᆞ존후애가히ᄡᅥ婦부ㅣ될거시나그러나夫부婦부의道도ᄅᆞᆯᄯᅩᄒᆞᆫ가히아디아니티몯ᄒᆞᆯ거실ᄉᆡ고로夫부婦부ᄅᆞᆯ第뎨二이애편ᄎᆞᄒᆞ다

○夫부婦부之지道도ᄂᆞᆫ參참配비陰음陽
양ᄒᆞ며通통達달神신明명ᄒᆞ니信신天텬地디
之지弘홍義의며人인倫뉸之지大대節절

也야라ㅣ是시以이로禮례貴귀男남女녀之
지際제ᄒᆞ고詩시著뎌關관雎져之지義의ᄒᆞ니
由유斯ᄉᆞ言언之지권대不블可가不블重듕
也야라ㅣ夫부ㅣ不블賢현則즉無무以이御
이婦부ᄒᆞ고婦부ㅣ不블賢현則즉無무以이
事ᄉᆞ夫부ㅣ니夫부ㅣ不블御어婦부則즉威
위儀의廢폐缺결ᄒᆞ고婦부ㅣ不블事ᄉᆞ夫부
則즉義의理리墮휴闕궐ᄒᆞ리니方방斯ᄉᆞ二
이者쟈ᄒᆞ면其기用용이一일也야ㅣ어늘察찰
今금之지君군子ᄌᆞ호나徒도知디妻쳐婦부

之지不블可가不블御어ㅣ며威위儀의之지
不블可가不블整정故고로訓훈其기男남
ᄒᆞ야檢검以이書서傳뎐ᄒᆞ고殊슈不블知디夫
부主쥬之지不블可가不블事ᄉᆞᄒᆞ며禮례義
의之지不블可가不블存존也야ᄒᆞ야但단教
교男남而이不블教교女녀ᄒᆞ니不블亦역蔽
폐於어彼피此ᄎᆞ之지數수乎호아禮례애
八팔歲셰어든始시教교之지書서ᄒᆞ고十십五
오而이至지於어學ᄒᆞᆨ矣의니獨독不블可
가以이此ᄎᆞ로爲위則측哉ᄌᆡ아 ○ 參참은合합ᄒᆞᆫ

단말이오御어ᄂᆞᆫ節
절制제ᄒᆞᆫ단말이라
夫부婦부의道도ᄂᆞᆫ陰음陽양애參참配
비ᄒᆞ며神신明명애通통達달ᄒᆞ니진실
로天텬地디애너ᄅᆞᆫ義의며人인倫뉸애
큰節절이라일로써禮례ᄂᆞᆫ男남女녀의
ᄌᆞᄋᆞᆷᄋᆞᆯ귀히너기고詩시ᄂᆞᆫ關관雎져의
義의ᄅᆞᆯ나타내니일로말미암아니ᄅᆞ건
대가히重듕티아니티아닌디라지아비
어디디몯ᄒᆞ면써안해ᄅᆞᆯ御어티몯ᄒᆞ고
안해어디디몯ᄒᆞ면써지아비ᄅᆞᆯ셤기디

몯ᄒᆞ리니지아비안해ᄅᆞᆯ御어티몯ᄒᆞ면
威위儀의폐ᄒᆞ야이즈러디고안해지아
비ᄅᆞᆯ셤기디몯ᄒᆞ면義의理리믄허뎌업
ᄉᆞ리니이두가지ᄅᆞᆯ비방ᄒᆞ면그쓰미ᄒᆞᆫ
가지어놀이지君군子ᄌᆞᄅᆞᆯ술피니ᄒᆞᆫ갓
妻쳐婦부의가히御어티아니티몯ᄒᆞ며
威위儀의의가히整정티아니티몯홈을
아ᄂᆞᆫ고로그아ᄃᆞᆯ을ᄀᆞᄅᆞ쳐書셔와傳뎐
으로ᄡᅥ檢검ᄒᆞ고ᄌᆞ몯지아비ᄅᆞᆯ가히셤
기디아니티몯ᄒᆞ며禮례義의ᄅᆞᆯ가하두

디아니티몯홀줄을아디몯ᄒᆞ야다만ᄉᆞ
나ᄒᆡᄅᆞᆯᄀᆞᄅᆞ치고계집을ᄀᆞᄅᆞ치디아니
ᄒᆞ니ᄯᅩᄒᆞᆫ彼피此ᄎᆞ의혜아림애편폐티
아니ᄒᆞ냐禮례애여ᄃᆞᆲ솔이어든비로소
書셔ᄅᆞᆯᄀᆞᄅᆞ치고열다ᄉᆞᆺ이어든學혹애
니ᄅᆞᄂᆞ니홀노가히일노ᄡᅥ법을삼디몯
ᄒᆞ랴

敬경順슌第뎨三삼

전章쟝은다만夫부婦부의大대端단을닐너가히계집되ᄂᆞᆫ道도로ᄡᅥᄀᆞᄅᆞ
치디아니티몯홈이오이章쟝애야비야ᄒᆞ로敬경順슌ᄒᆞᄂᆞᆫ禮례ᄅᆞᆯ發발明명

명ᄒᆞ니 敬경順슌은 끗치음章쟝애 卑비下하ᄒᆞ고 부ᄌᆞ런을 니기ᄂᆞᆫ 일이라

○陰음陽양이 殊슈性셩ᄒᆞ고 男남女녀ㅣ 異이行힝ᄒᆞ니 陽양은 以이剛강爲위德덕ᄒᆞ고 陰음은 以이柔유爲위用용ᄒᆞ며 男남은 以이強강爲위貴귀ᄒᆞ고 女녀ᄂᆞᆫ 以이弱약爲위美미ᄒᆞᄂᆞ니 故고로 鄙비諺언애 有유云운호ᄃᆡ 生싱男남如여狼랑이라도 猶유恐공其기尫왕ᄒᆞ고 生싱女녀如여鼠셔ㅣ라도 猶유恐공其기虎호ㅣ라ᄒᆞ니라 然연則즉修슈身신은 莫막如여敬경ᄒᆞ고 避피強강은 莫막若약順슌이라 故고로

—7a

曰왈敬경順슌之지道도ㅣ爲위婦부之지
大대禮례也야니ㅣ夫부敬경은非비他타라ㅣ
持디久구之지謂위也야오ㅣ夫부順슌은非비
他타라ㅣ寬관裕유之지謂위也야니ㅣ持디
久구者쟈ᄂᆞᆫ知디止지足죡也야오ㅣ寬관裕
유者쟈ᄂᆞᆫ尙샹恭공下하也야라ㅣ夫부婦부
之지好호ᄂᆞᆫ終죵身신不블離리ᄒᆞ야房방室
실周쥬旋션ᄒᆞᆯ시遂슈生ᄉᆡᆼ媟셜黷독ᄒᆞ야媟셜
黷독이旣긔生ᄉᆡᆼ애語어言언이過과矣의
오語어言언이旣긔過과애縱죵恣ᄌᆞㅣ必

필作작ᄒᆞ고縱종恣ᄌᆞㅣ既긔作작則즉悔모
夫부之지心심ㅣ生싱矣의니此ᄎᆞ由유於어
이不블知디止지足죡者쟈也야ㅣ라夫부事
ᄉᆞ有유曲곡直딕ᄒᆞ고言언有유是시非비ᄒᆞᆯ시
直딕者쟈ㅣ不블能능不블爭징ᄒᆞ며曲곡者
쟈ㅣ不블能능不블訟송ᄒᆞ야訟송爭징이既
긔施시ᄒᆞ면則즉有유忿분怒노之지事ᄉᆞ矣
의니라此ᄎᆞ由유於어不블尙샹恭공下하者
쟈也야ㅣ라悔모夫부不블節절ᄒᆞ면謹견呵가
ㅣ從종之지ᄒᆞ고忿분怒노不블止지ᄒᆞ면楚초

撻달이從종之지ᄒᆞ리니夫부爲위夫부婦부
者쟈ᄂᆞᆫ義의以이和화親친ᄒᆞ며恩은以이好
호合합이어ᄂᆞᆯ楚초撻달이旣긔行ᄒᆡᆼᄒᆞ면何하
義의之지存존이며譴견呵가旣긔宣션ᄒᆞ면何
하恩은之지有유ㅣ리오恩은義의ㅣ俱구廢
폐ᄒᆞ면夫부婦부ㅣ離리行ᄒᆡᆼᄒᆞ리라○離니行ᄒᆡᆼ은黜
튤退퇴ᄒᆞ단말이오尫왕은파려ᄒᆞ고악ᄒᆞ단말이라
陰음陽양이性셩이달으고男남女녀ㅣ
行ᄒᆡᆼ이달으니陽양은剛강으로써덕을
삼고陰음은브드럽기로써ᄡᅳ믈삼으며

ᄉᆞ나히ᄂᆞᆫ強강ᄒᆞᆷ으로ᄡᅥ귀ᄒᆞᆷ을삼고계
집은약ᄒᆞᆷ으로ᄡᅥ아ᄅᆞᆷ다옴을삼ᄂᆞ니고
로鄙비諺언애닐옴이이시되아ᄃᆞᆯ을나
ᄒᆞ매일희ᄀᆞᆺᄒᆞ여도오히려그尫왕ᄒᆞᆯ가
저허ᄒᆞ고ᄯᆞᆯ을나ᄒᆞ매쥐ᄀᆞᆺᄒᆞ여도오히려
그虎호ᄀᆞᆺᄒᆞᆯ가저허ᄒᆞᆫ다ᄒᆞ니그러ᄒᆞᆫ則즉
몸닷금은敬경곳ᄐᆞ니업고強강을避피ᄒᆞᆷ
은順슌ᄀᆞᆺᄐᆞ니업ᄉᆞᆫ디라고로ᄀᆞᆯᄋᆞ되敬경
ᄒᆞ며順슌ᄒᆞᆫ道도ᄂᆞᆫ婦부ㅣ되ᄂᆞᆫ큰禮례니
敬경은다ᄅᆞ미아니라오래가지믈니ᄅᆞᆷ이

오順슌은다ᄅᆞ미아니라寬관裕유홈을니ᄅᆞᆷ이니오래가지다홈은足죡ᄒᆞᆫ되止지ᄒᆞᆯ줄을알오미오寬관裕유라홈은온공ᄒᆞ야ᄂᆞ죽홈을尙샹홈이라夫부婦부의됴흠은몸이ᄆᆞᆺ도록셔나디아니ᄒᆞ야房방室실에周쥬旋션ᄒᆞᆯ시드뒤여媟셜黷독홈이나고媟셜黷독이임의나매말ᄉᆞᆷ이過과ᄒᆞ고말ᄉᆞᆷ이임의過과ᄒᆞ매縱종恣ᄌᆞ홈이반ᄃᆞ시짓고縱종恣ᄌᆞ홈이임의지으면지아비업슈이녀길ᄆᆞ음이나ᄂᆞ니이ᄂᆞᆫ족ᄒᆞᆫ되근칠

줄을아디몯홈으로말믜압을뻐라일이
曲곡直딕이읻고말슴이是시非비이실
ᄉᆡ直딕ᄒᆞᆫ者쟈ㅣ능히ᄃᆞ토디아니티몯
ᄒᆞ며曲곡ᄒᆞᆫ者쟈ㅣ능히송변티아니티
몯ᄒᆞ야訟송爭쟁이임의베프면忿분怒
노ᄒᆞᆫ일이이시리니이ᄂᆞᆫ온공ᄒᆞ며ᄂᆞ죽
홈을숭샹티아님으로말믜암음이라지
아비업슈이너김을節절이업시ᄒᆞ면譴
견呵가ㅣ존고忿분怒노ㅣ그치디아니
ᄒᆞ면楚초撻달이조太ᄐᆡ리니夫부婦부되

옴은의리로ᄡᅥ和화親친ᄒᆞ며은혜로ᄡᅥ
好호合합ᄒᆞ거ᄂᆞᆯ楚초撻달이임의行ᄒᆡᆼ
ᄒᆞ면므ᄉᆞᆷ의리이시며譴견呵가ㅣ임의
베프면므ᄉᆞᆷ은혜이시리오恩은義의다
폐ᄒᆞ면夫부婦부ㅣ離리行ᄒᆡᆼᄒᆞ리라

婦부行ᄒᆡᆼ第뎨四ᄉᆞ

공경ᄒᆞ며슌ᄒᆞᆷ은므옴애ᄌᆞ듀ᄒᆞ고ᄒᆡᆼ
ᄒᆞ문일에뵈ᄂᆞ니네가디ᄒᆡᆼ실은끈비
가덕德덕
이이라

○女녀有유四ᄉᆞ行ᄒᆡᆼᄒᆞ니一일曰왈婦부德
덕이오二이曰왈婦부言언이오三삼曰왈婦부

容용이오 四ᄉᆞ曰왈 婦부功공이니 夫부云운 婦
부德덕은 不블必필才ᄌᆡ明명絕졀異이也
야ㅣ며 婦부言언은 不블必필辯변口구利리
辭ᄉᆞ也야ㅣ며 婦부容용은 不블必필顔안色
식美미麗려也야ㅣ며 婦부功공은 不블必필
技기巧교過과人인也야ㅣ라 幽유閑한貞뎡
靜졍ᄒᆞ고 守슈節졀整졍齊졔ᄒᆞ며 行힝已긔有
유恥티ᄒᆞ고 動동靜졍有유法법ᄒᆞ미 是시謂위
婦부德덕이오 擇튁辭ᄉᆞ而이說셜ᄒᆞ야 不블道
도惡악語어ᄒᆞ며 時시然연後후言언ᄒᆞ야 不블

厭염於어人인ᄒᆞ미 是시謂위婦부言언이오 盥
관浣완塵딘穢예ᄒᆞ야 服복飾식鮮션潔결ᄒᆞ고
沐목浴욕以이時시ᄒᆞ야 身신不블垢구辱욕
ᄒᆞ미 是시謂위婦부容용이오 專젼心심紡방績
적ᄒᆞ야 不블好호戲희笑쇼ᄒᆞ고 潔결齊제酒쥬
食식ᄒᆞ야 以이供공賓빈客긱ᄒᆞᆷ이 是시謂위婦
부功공이니 此ᄎᆞ四ᄉᆞ者쟈ᄂᆞᆫ 女녀人인之지
大대節졀而이不블可가乏핍無무者쟈也
야ㅣ라 然연이나 爲위之지甚심易이ᄒᆞ니 唯유在
지存존心심耳이라 古고人인이 有유言언

ᄒᆞ되 仁인遠원乎호哉지아 我아欲욕仁인이면 而이仁인이斯ᄉᆞ至지矣의니라ᄒᆞ니此ᄎᆞ之지謂위也야ㅣ니라

계집이네가지힝실이이시니ᄒᆞ나ᄒᆞᆫ니론계집의德덕이오둘ᄒᆞᆫ니론계집의말이오세ᄒᆞᆫ니론계집의얼골이오네ᄒᆞᆫ니론계집의功공이니그니론계집의德덕은반ᄃᆞ시ᄌᆡ조와ᄇᆞᆯ그미절등ᄒᆞ며탁이ᄒᆞᆷ이아니며계집의말은반ᄃᆞ시辯변ᄒᆞᆫ입과利리니ᄒᆞᆫ말ᄉᆞᆷ이아니며계집의얼굴은

반ᄃᆞ시얼굴비치아ᄅᆞᆷ답고빗나미아니며계집의功공은반ᄃᆞ시지조공교ᄒᆞᆷ이사ᄅᆞᆷ의게디나미아니라幽유ᄒᆞ며閑한ᄒᆞ며貞뎡ᄒᆞ며靜정ᄒᆞ고節절을딕희여整졍齊제ᄒᆞ며몸을힝ᄒᆞᆷ애붓그림을두고움즈기며고요ᄒᆞᆷ이법되이시미이니론계집의德덕이오말ᄉᆞᆷ을ᄀᆞᆯ희야닐너사오나온말을니ᄅᆞ디말며ᄯᅢᆫ후에말ᄉᆞᆷᄒᆞ야사ᄅᆞᆷ의게슬ᄒᆞ여아니케ᄒᆞᆷ이이니론계집의말이오틔끌과더러온거ᄉᆞᆯ시

서服복飾식을션명이ᄒᆞ며졍결이ᄒᆞ고
沐목浴욕을새로배ᄒᆞ야몸이더러워욕
되디아니케ᄒᆞᆷ이이니론계집의얼굴이
오ᄆᆞ옴을紡방績젹ᄒᆞ기예오로디ᄒᆞ야
희롱ᄒᆞ며우음을됴히너기디말고酒쥬
食식을潔결齊제히ᄒᆞ야배賓빈客ᄀᆡᆨ을
공궤ᄒᆞᆷ이이니론계집의功공이니이네
가지ᄂᆞᆫ계집의큰절이오가히업디몯ᄒᆞᆯ
거시라그러나ᄒᆡ옴이甚심히쉬오니오
직ᄆᆞ옴ᄒᆞ기에잇ᄂᆞᆫ디라녯사ᄅᆞᆷ이말을

두되仁인이멀랴내仁인코져ᄒᆞ면仁인이이예니르다ᄒᆞ니이ᄅᆞᆯ니ᄅᆞᆷ이니라

專젼心심第뎨五오

오롯다ᄒᆞ욤은ᄒᆞᆫᄀᆞᆯᄀᆞᄐᆞᆷ이니니론婦부人인의도리지아비게專젼一일ᄒᆞ야두ᄠᅳᆮ이업ᄉᆞᆷ이라

○禮례애夫부有유再ᄌᆡ娶취之지義의ᄒᆞ나婦부無무二이適뎍之지文문이라故고로曰왈夫부者쟈ᄂᆞᆫ天텬也야ㅣ라ᄒᆞ니天텬固고不블可가違위며夫부故고不블可가離리也야라ㅣ니行ᄒᆡᇰ違위神신祇기ᄒᆞ면天텬則즉罰

벌之지ᄒᆞ고禮례義의有유愆건ᄒᆞ면夫부則즉

薄박之지실故고로女녀憲헌애曰왈得득

意의一일人인ᄒᆞ면是시謂위永영畢필이오失

실意의一일人인ᄒᆞ면是시謂위永영訖흘이라

ᄒᆞ니由유斯ᄉᆞ言언之지ᄒᆞᆫ대夫부ᄅᆞᆯ不블可가

不블求구其기心심이니然연이나所소求구者

쟈ㅣ亦역非비謂위佞녕媚미苟구親친也

야ㅣ라固고莫막若약專전心심正정色식이니

禮례義의로居거潔결ᄒᆞ야耳이無무塗도聽

텽ᄒᆞ며目목無무邪샤視시ᄒᆞ며出츌無무冶야

容용ᄒᆞ며入입無무廢폐飾식ᄒᆞ며無무聚취會
회羣군輩비ᄒᆞ며無무看간視시門문戶호ᄒᆞ면
則즉謂위專젼心심正졍色식矣의리라若약
夫부動동靜졍이輕경脫탈ᄒᆞ며視시聽텽이
陜셤輸슈ᄒᆞ야入입則즉亂란髮발壞괴形형
ᄒᆞ고出츌則즉窈료窕됴作작態틔ᄒᆞ고說셜所
소不블當당道도ᄒᆞ며觀관所소不블當당視
시ᄒᆞ면此ᄎᆞ謂위不블能능專젼心심正졍色
식矣의니라 ○ 永영畢필은일싱이다ᄒᆞ도록和화諧히ᄒᆞ단말이오永
영訖흘은몸을아조뭇단말이오禮례義의居거潔결은례도로ᄡᅥ居거守슈를삼

고의리로빼提뎨挈혈올삼으란말이오
無무看간視시門문戶호ᄂᆞᆫ門문戶호밧
글엿보디말란말이오陝셤輸슈ᄂᆞᆫ
閃셤爍샥ᄒᆞ야뎡티몯ᄒᆞᆫ거동이라
禮례애지아비ᄂᆞᆫ두번娶취ᄒᆞᄂᆞᆫ義의잇
고계집은두번가ᄂᆞᆫ글이업ᄉᆞᆫ디라고로
ᄀᆞᄅᆞ디지아비ᄂᆞᆫ하ᄂᆞᆯ이라ᄒᆞ니하ᄂᆞᆯ은
진실로가히어긔롤지몯ᄒᆞᆯ거시며지아
비ᄂᆞᆫ가히여희디몯ᄒᆞᆯ거시니라힝실이
神신祇기애어그롤ᄎᆞ면하ᄂᆞᆯ이곳별ᄒᆞ
고禮례義의ㅣ허믈이이시면지아비곳
박히너길ᄊᆡ고로女녀憲헌애닐너시되

ᄒᆞᆫ사ᄅᆞᆷ의게ᄠᅳᆮ을어드면이니론永영畢필이오ᄒᆞᆫ사ᄅᆞᆷ의게ᄠᅳᆮ을일흐면이니론永영訖흘이라ᄒᆞ니일로말미암아니ᄅᆞ건대지아비ᄅᆞᆯ가히그ᄆᆞᄋᆞᆷ을구티아니티몯ᄒᆞᆯ거시나그러나구ᄒᆞᄂᆞᆫ배ᄯᅩᄒᆞᆫ아당ᄒᆞ며텸미ᄒᆞ야구챠히친ᄒᆞᆷ을니ᄅᆞ미아니라진실로ᄆᆞᄋᆞᆷ을젼일히ᄒᆞ며ᄂᆞᆺ빗ᄎᆞᆯ바로게ᄒᆞᆷ만ᄀᆞᆺ디몯ᄒᆞ니禮례와義의로居거ᄒᆞ며潔결ᄒᆞ야귀로길말을듯디말며눈으로샤특히보디말며나가매冶

야容용을말며들매儀의飾식을廢폐티
말며모든무리롤모도디말며門문과지
게에엿보디말면곳ᄆᆞ옴이젼일ᄒᆞ고ᄂᆞᆺ
빋치바로다니ᄅᆞ리라만일그動동ᄒᆞ며
靜졍홈이輕경脫탈ᄒᆞ며보며드ᄅᆞ미陜
셤輸슈ᄒᆞ야들매ᄂᆞᆫ마리털을어즈럽게
ᄒᆞ며얼굴을협슈록이ᄒᆞ고나매ᄂᆞᆫ窈됴
窕됴히되도롤짓고맛당이니ᄅᆞ디아닐
바롤니ᄅᆞ며맛당이보디아닐바롤보면
이니론능히ᄆᆞ옴을젼일이못ᄒᆞ며ᄂᆞᆺ빋

흘바로게못ᄒᆞ다홈이니라

曲곡從죵第뎨六륙

이章쟝은舅구姑고섬기ᄂᆞᆫ道도를불키니만일舅구姑고의말ᄉᆞᆷ이올코며ᄂᆞ리順슌從죵홈은교졍ᄒᆞ거니와오직舅구姑고ㅣ使ᄉᆞ令령홈을道도ㅣ아닌거ᄉᆞ로벼호되며ᄂᆞ리또ᄒᆞᆫ順슌從죵ᄒᆞ여야이니론曲곡從죵홈이오오직曲곡從죵ᄒᆞ여야이에가히孝효ㅣ라니ᄅᆞᆯ띠니大대舜슌과閔민騫건이다父부母모ᄭᅴ뜻을엇디못ᄒᆞ야曲곡從죵ᄒᆞᆫ者쟈ㅣ니라

○夫부得득意의一일人인이면是시謂위永영畢필이며失실意의一일人인이면是시謂위永영訖흘이라홈은欲욕入인의定뎡志지專뎐

心심之지言언也야ㅣ어니와舅구姑고之지心심

섬을豈긔當당可가失실哉지리오物물有유

以이息은自ᄌᆞ離리者쟈ᄒᆞ고亦역有유以이

義의自ᄌᆞ破파者쟈也야ᄒᆞ니夫부雖슈云운

愛ᄋᆡ나舅구姑고ㅣ云운非비ᄒᆞ면此ᄎᆞ所소

謂위以이義의自ᄌᆞ破파者쟈也야ㅣ니然연

則즉舅구姑고之지心심을奈내何하ㅣ리오

故고莫막尙샹于우曲곡從죵矣의니라姑고

云운不부ㅣ어든爾이而아是시라도固고宜의

從죵令령이며姑고云운是시어든爾이而이非

비라도 猶유宜의順슌命명ᄒᆞ야 勿믈得득違위

戾녀是시非비ᄒᆞ며 爭징分분曲곡直딕이니 此

ᄎᆞ則즉所소謂위曲곡從종矣의라 故고로

女녀憲헌애 曰왈 婦부如여影영響향ᄒᆞ면 焉

언不블可가賞샹이리오 ᄒᆞ니라 ○ 은혜ᄅᆞᆯ ᄒᆞᆫ 사ᄅᆞᆷ의게 오로디ᄒᆞ

나 사ᄅᆞᆷ이 혹 아쳑ᄒᆞ면 能능히 스ᄉᆞ로 그 은혜ᄅᆞᆯ 보뎐티 못ᄒᆞ고 의라ᄅᆞᆯ ᄒᆞᆫ 몸애 잡

아시나 사ᄅᆞᆷ이 혹 어즈러이면 스ᄉᆞ로 능히 그 의리ᄅᆞᆯ 딕희디 몯ᄒᆞᄂᆞ니 며ᄂᆞ리 舅

구姑고의게 엇지 못ᄒᆞ미 그러ᄒᆞ니라 ○ 싀어미 말이 글으고 며ᄂᆞ리 말이 올ᄒᆞ여

도 또ᄒᆞᆫ 맛당이 싀어미 말ᄋᆞᆯ 조ᄎᆞᆯ 거시오 싀어미 일이 본ᄃᆡ 그르되 올ᄒᆞ라 ᄒᆞ거든

며ᄂᆞ리 분명이 그른 줄 아나 또ᄒᆞᆫ 맛당이 싀어미 녕을 조차 시러곰 녀브러 是시非

비ᄅᆞᆯ블키며曲곡直딕을두토디몯ᄒᆞ리
라○焉언不블可가賞샹은엇디그ᄠᅳᆮ을
엇디몯ᄒᆞ며그賞샹을닙디
몯ᄒᆞᆷ미이시리오ᄒᆞᆷ이라
그ᄒᆞᆫ사ᄅᆞᆷ의게ᄠᅳᆮ을어드면이ᄅᆞᆯ니ᄅᆞᆫ永
영畢필이며ᄒᆞᆫ사ᄅᆞᆷ의게ᄠᅳᆮ을일흐면이
ᄅᆞᆯ니ᄅᆞᆫ永영訖흘이라ᄒᆞᆷ은사ᄅᆞᆷ의ᄠᅳᆮ을
뎡ᄒᆞ며ᄆᆞᄋᆞᆷ을오로디ᄒᆞ과뎌ᄒᆞᄂᆞᆫ말이
어니와舅구姑고의ᄆᆞᄋᆞᆷ을엇디맛당히
가히일흐리오物믈이은혜로ᄡᅥ스ᄉᆞ로
ᄡᅥ나미잇고ᄯᅩᄒᆞᆫ의리로ᄡᅥ스ᄉᆞ로破파
ᄒᆞᆷ이이시니지아비비록ᄉᆞ랑ᄒᆞ나舅구

姑고ㅣ그르다ᄒᆞ면이니론바의리로ᄡᅥ
스ᄉᆞ로破파홈이니그러ᄒᆞ면舅구姑고
의ᄆᆞ옴을엇디ᄒᆞ리오故고로曲곡從종
홈애더ᄒᆞ니업ᄉᆞ니라싀엄이그르다니
ᄅᆞ거든네올히여도진실로맛당히令령
을조촐거시며싀엄이올타니ᄅᆞ거든네
글너뵈야도오히려맛당히命명을슌죵
ᄒᆞ야시러곰是시非비롤違위戾려ᄒᆞ며
曲곡直딕을爭징分분티말올디니이곧
니론바曲곡從종홈이라故고로女녀憲

헌애끌으되며ᄂᆞ리影영과響향ᄀᆞᆺᄐᆞ면
엇디가賞상티아니ᄒᆞ리오ᄒᆞ니라

和화叔숙妹미第뎨七칠

叔숙과妹미ᄂᆞᆫ지아뷔아ᄋᆞ와누의라伯빅과姊ᄌᆞ를니ᄅᆞ디아니홈은伯빅은반ᄃᆞ시가실을바다시며姊ᄌᆞᄂᆞᆫ반ᄃᆞ시사ᄅᆞᆷ의게가심이오叔숙과妹미ᄂᆞᆫ어리고졈어ᄆᆡ양舅구姑고의겨ᄐᆡ이실ᄉᆡ오히려맛당히和화睦목ᄒᆞ야ᄡᅥ그즐거온ᄆᆞᄋᆞᆷ을어든연후에야ᄠᅳᆺ을舅구姑고씌일티아니ᄒᆞ리라

○婦부人인之지得득意의於어夫부主쥬ᄂᆞᆫ由유舅구姑고之지愛ᄋᆡ己긔也야ㅣ오舅구姑고之지愛ᄋᆡ己긔ᄂᆞᆫ由유叔숙妹미之지

지譽예已긱也야니ㅣ由유此ᄎᆞ言언之지대권
我아之지藏장否부毁훼譽예ㅣ一일由유
叔슉妹미ᄒᆞ니叔슉妹미之지心심을不블可
가失실也야ㅣ라人인皆기莫막知디叔슉妹
미之지不블可가失실ᄒᆞ야而이不블能능和
화之지以이求구親친ᄒᆞ니其기蔽폐也야哉
재더니自ᄌᆞ非비聖셩人인이면鮮션能능無무
過과ㅣᄂᆞᆫ故고顔안子ᄌᆞㅣ貴귀於어能능改
기ᄒᆞ고仲듕尼니ㅣ嘉가其기不블貳이ᄒᆞ니신
而이況황於어婦부人인者쟈也야녀ㅣᄯᆞ雖

유以이賢현女녀之지行ᄒᆡᆼ와聰총哲텰之
지性셩인ᄃᆞᆯ其기能능備비乎호아故고室실
人인이和화則즉謗방掩엄ᄒᆞ고內ᄂᆡ外외離
리則즉過과揚양ᄒᆞᄂᆞ니此ᄎᆞᄂᆞᆫ必필然연之
지勢셰也야ㅣ라易역曰왈二이人인同동心심
심ᄒᆞ니其기利리斷단金금이로다同동心심之
지言언이其기臭취如여蘭난이라ᄒᆞ니此ᄎᆞ之
지謂위也야ㅣ라夫부叔슉妹미者쟈ᄂᆞᆫ體톄
敵뎍而이分분尊존ᄒᆞ고恩은疏소而이義의
親친ᄒᆞ니若약淑슉媛원謙겸順슌之지人인

은 則즉 能능 依의 義의 以이 篤독 好호ᄒᆞ며 崇

숭 恩은 以이 結결 援완ᄒᆞ야 使ᄉᆞ 徽휘 美미로

顯현 彰창ᄒᆞ고 而이 瑕하 過과로 隱은 塞색ᄒᆞ야

舅구 姑고ㅣ 矜긍 善선 而이 夫부 主쥬ㅣ 嘉

가 美미ᄒᆞ야 聲성 譽예ㅣ 曜요 于우 邑읍 隣린

ᄒᆞ며 休휴 光광이 延연 於어 父부 母모ㅣ와 어 若

약 夫부 愚우 惷쥰 之지 人인은 於어 叔숙 則

즉 託탁 名명 以이 自ᄌᆞ 高고ᄒᆞ고 於어 妹미 則

즉 因인 寵통 以이 驕교 盈영ᄒᆞ나 ᄂᆞ 驕교 盈영

이 旣긔 施시ᄒᆞ면 何하 和화 之지 有유며 恩은

義의ㅣ既긔乖괴ᄒᆞ면何하譽예之지臻진이
오是시以이로美미隱은而이過과宣션ᄒᆞ리고
姑고忿분而이夫부慍온ᄒᆞ야毁훼訾ᄌᆞㅣ布
並병於어中듕外외ᄒᆞ며恥티辱욕이集집於어
厥궐身신ᄒᆞ야進진增증父부母모之지羞슈
ᄒᆞ고退퇴益익君군子ᄌᆞ之지累누ᄒᆞ리니斯ᄉᆞ
乃내榮영辱욕之지本본而이顯현否부之
지基긔也야ㅣ라可가不블愼신歟여아然연
則즉求구叔슉妹ᄆᆡ之지心심이固고莫막
尙샹於어謙겸順슌矣의라謙겸則즉德덕

之지柄병이오順슌則즉婦부之지行힝이니知디斯ᄉᆞ二이者쟈ᄒᆞ면足죡以이和화矣의리라

詩시曰왈在지彼피無무惡오ᄒᆞ며在ᄌᆡ此ᄎᆞ無무射역이라ᄒᆞ니此ᄎᆞ之지謂위也야ㅣ라○叔슉妹미반블은내몸과굿ᄒᆞ되일ᄀᆞ라叔슉이라ᄒᆞ며姑고ㅣ라ᄒᆞᄂᆞᆫ고로體톄ᄂᆞᆫ敵뎍ᄒᆞ되分분은尊존ᄒᆞ고날과놈이로되지아뷔同동氣긔ㄴ고로恩은이疏소ᄒᆞ되義의ᄂᆞᆫ親친ᄒᆞ니라○托탁名명自ᄌᆞ高고ᄂᆞᆫ스ᄉᆞ로뎌의嫂수ㅣ로라ᄒᆞ야ᄂᆞᆷ흔톄ᄒᆞ미오因인寵통驕교盈영은스ᄉᆞ로지아뷔게寵통이잇노라믿고驕교傲오ᄒᆞ단말이라

婦부人인의지아비게븟어드믄舅구姑

고ㅣ몸ᄉᆞ랑홈애말믜암음이오舅구姑
고의몸ᄉᆞ랑홈은叔숙妹미의몸기림애
말믜암음이니일로말믜암아니ᄅᆞ건대
내藏장否부와毁훼譽예효ᄀᆞᆯᄀᆞᆺ티叔숙
妹미로말믜암으니叔숙妹미의ᄆᆞᄋᆞᆷ을
가히일티몯홀디라사ᄅᆞᆷ이다叔숙妹미
의가히일티몯홀줄을알니업서能능히
和화ᄒᆞ야뻐親친ᄒᆞ기를求구티아니ᄒᆞ
니그편폐홈인뎌스ᄉᆞ로聖성人인이아
니면能능히허믈업ᄉᆞ리적을시故고로

顔안子ᄌᆞㅣ能능히고침을貴귀히너기
시고仲듕尼니그두번아니홈을아ᄅᆞᆷ다
이너기시니ᄒᆞ믈며婦부人인이ᄇᆞ녀비
록賢현女녀의行ᄒᆡᆼ과聰총哲텰ᄒᆞᆫ性셩
으로ᄡᅵᆫᄃᆞᆯ그能능히ᄀᆞ조랴故고로室실
人인이和화ᄒᆞ면훼방이덥피이고內ᄂᆡ
外외니간ᄒᆞ면허믈이드러나ᄂᆞ니이눈
반ᄃᆞ시그러ᄒᆞᆯ勢셰라易역애ᄀᆞᄐᆞ되두
사ᄅᆞᆷ이同동心심ᄒᆞ니그利리로옴이쇠
ᄅᆞᆯ버히리로다同동心심ᄒᆞᆫ말ᄉᆞᆷ이그내

난초ᄀᆞᆺ다ᄒᆞ니이ᄅᆞᆯ니ᄅᆞᆷ이라叔숙妹미
ᄂᆞᆫ體톄ㅣ敵뎍ᄒᆞ되分분이尊존ᄒᆞ고은
혜疏소ᄒᆞ되義의親친ᄒᆞ니만일淑숙媛
원ᄒᆞ며謙겸順슌ᄒᆞᆫ사ᄅᆞᆷ은能능히義의
ᄅᆞᆯ의지ᄒᆞ야ᄡᅥ됴흠을도타이ᄒᆞ며恩은
ᄅᆞᆯ슝샹ᄒᆞ야ᄡᅥ구완을미자아ᄅᆞᆷ다온거
ᄉᆞ로ᄒᆞ여곰나타나며허믈로숨기이여
舅구姑고ㅣ어딜게너기고夫부主쥬ㅣ
아ᄅᆞᆷ다이너겨聲셩譽예ㅣ邑읍隣린애
됴요ᄒᆞ면休휴光광이父부母모ᄢᅴ연급

ᄒᆞ려니와 만일 그 愚우蠢쥰ᄒᆞᆫ 사ᄅᆞᆷ은 叔슉의게ᄂᆞᆫ 일홈을 의탁ᄒᆞ야 ᄡᅥ 스ᄉᆞ로 놉흔톄ᄒᆞ고 妹미의게ᄂᆞᆫ 寵툥을 因인ᄒᆞ야 ᄡᅥ 驕교盈영ᄒᆞᄂᆞ니 驕교盈영이 임의 베프면 무ᄉᆞᆷ 和화ᄒᆞᆷ이 이시며 恩은義의 엄의어 긔여디면 무ᄉᆞᆷ 기림이 니ᄅᆞ리오 일로ᄡᅥ 아ᄅᆞᆷ다온 거ᄉᆞᆯ 숨기며 허믈은 베프고 싀엄이ᄂᆞᆫ 분ᄒᆞᆫᄒᆞ며 지아비ᄂᆞᆫ 온로ᄒᆞ야 毁훼訾ᄌᆞᄒᆞᆷ이 中듕外외 애펴디며 恥티辱욕이 그 몸애 모다나아ᄂᆞᆫ 父부母모

의붇그림을더으고믈너ᄂᆞᆫ君군子ᄌᆞ의
ᄒᆞᆫ루ᄅᆞᆯ더으리니이ᄂᆞᆫ이예榮영辱욕의
근본이오顯현否부의터히라可가히삼
가디아니랴그런즉叔슉妹ᄆᆡ의ᄆᆞᄋᆞᆷ求
구ᄒᆞ기진실로謙겸順슌의셔오롬이업
ᄂᆞᆫ디라謙겸은德덕의柄병이오順슌은
婦부의行ᄒᆡᆼ이니이두가지ᄅᆞᆯ알면足죡
히ᄡᅥ和화ᄒᆞ리라詩시애ᄀᆞ로ᄃᆡ뎌애이
셔ᄂᆞᆫ아텨홈이업ᄉᆞ며이애이셔ᄂᆞᆫ염역
홈이업다ᄒᆞ니이ᄅᆞᆯ니롬이라

女녀誡계終죵

宋송若약昭쇼女녀論논語어

唐당書셔列렬傳뎐

宋송若약昭쇼는貝패州쥬사ᄅᆞᆷ이라아비棻분이學ᄒᆞᆨ을됴하ᄒᆞ더니五오女녀ᄅᆞᆯ나ᄒᆞ니若약華화와若약昭쇼와若약倫륜과若약憲헌과若약荀슌이니다慧혜美미ᄒᆞ고글을능히ᄒᆞ더라若약昭쇼ㅣ文문詞ᄉᆞㅣ高고潔결ᄒᆞ야사ᄅᆞᆷ의게王라가기ᄅᆞᆯ원티아니ᄒᆞ고文문學ᄒᆞᆨ으로ᄡᅧ세샹의일홈나니고져ᄒᆞ더니若약華화ㅣ女녀論논語어ᄅᆞᆯ지어늘若약昭쇼ㅣ申신釋셕ᄒᆞ니라德덕宗종貞뎡元원中듕에盧노龍룡節졀度도使ᄉᆞ李니抱포真진이그ᄌᆡ조ᄅᆞᆯ表표ᄒᆞ야ᄂᆞᆯ詔죠書셔ᄒᆞ야禁금中듕에드려와文문章쟝을시험ᄒᆞ고經경史ᄉᆞᄅᆞᆯ의논ᄒᆞ니다稱칭늡지ᄒᆞ더라帝뎨ᄆᆡ양羣군臣신으로더브러賡깅和화ᄒᆞ실ᄊᆡ五오女녀ㅣ다참예ᄒᆞ야ᄌᆞ로賞샹주시믈닙고姊ᄌᆞ妹ᄆᆡ다恩은幸힝을닙으되홀노若약昭ㅣ禁금院원에잇기ᄅᆞᆯ원ᄒᆞ고ᄂᆞ상寵통을ᄇᆞ라디아니ᄒᆞ야상히曹조大태家고로ᄡᅥ스ᄉᆞ로評평ᄒᆞ니帝뎨그ᄠᅳᆺ을알옴다이녀기샤女녀學ᄒᆞᆨ士ᄉᆞㅣ라일ᄏᆞ라內ᄂᆡ職딕을拜비ᄒᆞ여六뉵宮궁文문學ᄒᆞᆨ을ᄀᆞ음알게ᄒᆞ고兼겸ᄒᆞ야모든皇황子ᄌᆞ와公공主쥬ᄅᆞᆯᄀᆞᄅᆞ치게ᄒᆞ시니다師ᄉᆞ禮례로ᄡᅥ셤기고일홈ᄒᆞ야ᄀᆞᆯᄋᆞᄃᆡ宮궁師ᄉᆞㅣ라ᄒᆞ다寶보曆녁中듕에卒졸ᄒᆞ니梁냥國국夫부人인을튜증ᄒᆞ다

女녀論논語어序셔傳뎐

大태家고ㅣ골ᄋᆞ되 妾첩은 이에 賢현人인의 妻쳐ㅣ오 名명家가의 女녀ㅣ라 四ᄉᆞ德덕이 잠간 완젼ᄒᆞ고 또ᄒᆞᆫ 書셔史ᄉᆞ를 통ᄒᆞ논디라 女녀工공ᄀᆞᆺ치 몰인ᄒᆞ야 한가히 文문字ᄌᆞ를 보니 九구烈렬이 가히 아ᄅᆞᆷ답고 三삼貞뎡이 가히 소모ᄒᆞ염즉ᄒᆞᆯ시 기피 훗사ᄅᆞᆷ의 능히 ᄯᆞᆯ와 것지 몯ᄒᆞᆷ을 앗겨ᄒᆞ야 이에 ᄒᆞᆫ 글을 지어 일홈ᄒᆞ야 論논語어ㅣ라 ᄒᆞ야 敬경戒계ᄒᆞ야 서ᄅᆞ 승순ᄒᆞ야 女녀子ᄌᆞ를 敎교訓훈ᄒᆞ게 ᄒᆞᄂᆞ니 만일 이 말을 의지ᄒᆞ면 賢현婦부ㅣ 될디라 뎐사ᄅᆞᆷ으로 ᄒᆞ여곰 홀노 千쳔古고애 아ᄅᆞᆷ답게ᄒᆞ아 니ᄒᆞᆯᄯᅵ니라

大태家고ᄂᆞᆫ 漢한曹조大태家고ㅣ라 이 글은 宋송氏시의 지은 배어ᄂᆞᆯ 감히 니ᄅᆞ디 몯ᄒᆞ야 의탁ᄒᆞ야 曹조大태家고ㅣ라 니ᄅᆞ미니라 四ᄉᆞ德덕은

德덕과容용과言언과工공이라九구烈녈은우호로高고祖조계영화롭고아리로玄현孫손을蔭음ᄒᆞ야光광烈녈이九구族족에블금이오三삼貞뎡은女녀子ᄌᆞㅣ집의이쇼매父부母모의게孝효도ᄒᆞ고出츌嫁가ᄒᆞ야는舅구姑고의게孝효도ᄒᆞ며夫부子ᄌᆞ를恭공敬경ᄒᆞ야세가지를다그貞뎡純슌ᄒᆞᆫ德덕을극진히홈이라

女녀四ᄉᆞ書셔卷권二이

女녀論논語어

立닙身신章쟝第뎨一일

凡범爲위女녀子ᄌᆞ애先션學ᄒᆞᆨ立닙身신이오立닙身신之지法법은惟유務무淸쳥貞뎡이니淸쳥則즉身신潔결ᄒᆞ고貞뎡則즉身신榮영이니라行ᄒᆡᆼ莫막回회頭두ᄒᆞ며語어莫막掀흔脣슌ᄒᆞ며坐좌莫막動동膝슬ᄒᆞ며立닙莫막搖요裙군ᄒᆞ며喜희莫막大대笑쇼ᄒᆞ며怒노莫막高고聲셩ᄒᆞ며內ᄂᆡ外외各각處쳐ᄒᆞ고男

남女녀異이羣군ᄒᆞ야莫막窺규外외壁벽ᄒᆞ며
莫막出츌外외庭뎡이니出츌必필掩엄面면ᄒᆞ며
窺규必필藏장形형이니라男남非비眷권
屬쇽이어든莫막與여通통名명ᄒᆞ며女녀非비
善션淑슉이어든莫막與여相샹親친이니立닙
身신端단正정이라사方방可가為위人인이니
라 ○ 立닙은일오닷말과곤ᄐᆞ니그사ᄅᆞᆷ될도리ᄅᆞᆯ일오다ᄒᆞᆷ이라端단潔결安안
静졍ᄒᆞᆫ거ᄉᆞᆯ淸쳥이라니ᄅᆞ고純슌一일守슈正졍ᄒᆞᆫ거ᄉᆞᆯ貞뎡이라니ᄅᆞᄂᆞ니라
므ᄅᆞᆺ女녀子ᄌᆞ되오매몬져몸셰오믈學
ᄒᆞᆨᄒᆞᆯ거시오몸셰올법은오직淸쳥貞뎡

을힘ᄡᅳᆯᄯᅵ니淸청ᄒᆞ면몸이조코貞뎡ᄒᆞ
면몸이영화롭ᄂᆞ니라行ᄒᆡᆼᄒᆞᆷ애머리ᄅᆞᆯ
두로혀디말며말ᄉᆞᆷᄒᆞᆷ애입시울을들티
디말며안ᄌᆞ매무룹플움ᄌᆞ기디말며셔
메치마ᄅᆞᆯ흗드디말며깃거도크게웃디
말며노호와도소리ᄅᆞᆯ노피말며內ᄂᆡ外
외곳을각각ᄒᆞ고男남女녀무리ᄅᆞᆯ달리
ᄒᆞ야밧ᄇᆞ람을엿보디말며밧ᄠᅳᆯᄒᆡ나가
디발올ᄯᅵ니나가거든반ᄃᆞ시ᄂᆞᆺ촐덥고
엿보거든반ᄃᆞ시몸을ᄀᆞᆷ촐디니라ᄉᆞ나

희眷권屬쇽이아니어든더브러일홈을
통티말며계집이善션淑슉이아니어든
더브러친티말올ᄯᅵ니몸셰오기를端단
正졍이ᄒᆞ여야비야흐로가히사ᄅᆞᆷ이되
올ᄯᅵ니라

學ᄒᆞᆨ作작章쟝第뎨二이

○凡범爲위女녀子ᄌᆞ애須슈學ᄒᆞᆨ女녀工
공이니紉인麻마緝즙苧뎌ᄒᆞ되粗조細셰ᄅᆞᆯ不
블同동ᄒᆞ며車거機긔紡방織직을切졀勿믈
悤총悤총이니라看간蠶잠煮쟈繭견ᄒᆞ야曉효

夜야相상從죵이니採치桑상摘뎍柘쟈ᄒᆞ며看
간雨우占졈風풍ᄒᆞ야滓지濕습으란卽즉替톄
ᄒᆞ고寒한冷냉ᄒᆞ거든須슈烘홍ᄒᆞ며取츄葉엽飼ᄉᆞ
食식호되必필得득其기中듕ᄒᆞ고取츄絲ᄉᆞ經
경緯위ᄒᆞ야丈댱疋필成셩工공이라나輕경紗
사ᄂᆞᆫ下하軸튝ᄒᆞ고細셰布포ᄂᆞᆫ入입筒동ᄒᆞ며
綢듀絹견苧뎌葛갈을織직造조重듕重듕
ᄒᆞ면亦역可가貨화賣매ᄒᆞ며亦역可가自ᄌᆞ縫
봉이라니刺ᄌᆞ鞋혜作작襪말ᄒᆞ고引인線션繡
슈絨융ᄒᆞ며縫봉聯련補보綴튜애百ᄇᆡᆨ事ᄉᆞ

三

ㅣ皆기通통이니能능依의此ᄎᆞ語어ᄒᆞ면寒한

冷ᄂᆡᆼ애從죵容용ᄒᆞ야衣의ㅣ不블愁수破파ᄒᆞ고

家가不블愁수窮궁ᄒᆞ리라莫막學ᄒᆞᆨ懶난婦

부의積젹小쇼癡티慵용ᄒᆞ야不블貪탐女녀ㅣ

務무ᄒᆞ고不블計계春츈冬동이니針침線션이

粗조率솔ᄒᆞ야爲위人인所소攻공ᄒᆞ며嫁가爲

위人인婦부ᄒᆞ야恥티辱욕門문風풍ᄒᆞ며衣의

裳샹破파損손ᄒᆞ야牽견西셔遮쟈東동ᄒᆞᆯ시遭

조人인指지點뎜ᄒᆞ야恥티笑쇼鄕향中듕ᄒᆞᄂᆞ

니奉봉勸권女녀子ᄌᆞᄒᆞ야聽텽取취言언終

죵ᄒᆞ노라、○引인은실니기단말이오세포도絨융이라ᄒᆞᄂᆞ니라車거ᄂᆞᆫ실켜ᄂᆞᆫ수릐오機긔ᄂᆞᆫ뵈ᄧᆞᄂᆞᆫ틀이라柘쟈ᄂᆞᆫ뫼ᄲᅩᆼ이라

무릇女녀子ᄌᆞㅣ되오매모롬즉이女녀工공을비호ᄯᅥ니삼을븨고모시를삼으되굴그며ᄀᆞᄂᆞᆫ거슬곧디아니케ᄒᆞ며車거機긔로紡방織직ᄒᆞ기를일절匆총匆총이말올디니라누에를보고곧티를슬마사벽과밤으로서르조촐디니桑상을킈고柘쟈를ᄠᅩ며비를보고ᄇᆞ람을졈ᄒᆞ야滓지와濕습으란곧곧고寒한冷닝ᄒᆞ

거든모롬즉이블긔운을쬐며넙흘取취
ᄒᆞ야밥을머거되반ᄃᆞ시그덕듕홈을얻
게ᄒᆞ고실을取취ᄒᆞ야놀ᄒᆞ며ᄢᅵᄒᆞ야文
댱과疋필에工공을일올디니라가비야
온紗사ᄂᆞᆫ軸튝의ᄂᆞ리고ᄀᆞᄂᆞᆫ뵈ᄂᆞᆫ筒동
의들며綢듀와絹견과苧뎌와葛갈을織
직造조ᄒᆞ기ᄅᆞᆯ重듕重듕이ᄒᆞ면ᄯᅩᄒᆞᆫ가
히貨화賣매ᄒᆞ며ᄯᅩᄒᆞᆫ가히스ᄉᆞ로縫봉
ᄒᆞᆯ디니라鞋혜ᄅᆞᆯ刺ᄌᆞᄒᆞ며襪말을진고
실을引인ᄒᆞ야繡슈ᄒᆞ고絨융ᄒᆞ며縫봉

聯년과補보綴듀애百ᄇᆡᆨ事ᄉᆞ를다通통
ᄒᆞᆯ디니능히이말을의지ᄒᆞ면寒한冷ᄂᆡᆼ
의從죵容용ᄒᆞ여오시破파ᄒᆞ믈시ᄅᆞᆷ티
아니ᄒᆞ고집이窮궁ᄒᆞ믈서ᄅᆞᆷ티아니ᄒᆞ
리라게어ᄅᆞᆫ계집이어려셔부터어리고
게여름믈ᄡᆞ하계집의힘ᄡᅳᆯ거슬탐티아
니ᄒᆞ고봄과겨울을헤디아니ᄒᆞ믈비호
지말올ᄯᅴ니針침線션이粗조率솔ᄒᆞ야
사ᄅᆞᆷ의공ᄐᆡᄒᆞᆫ배되며셔방마자사ᄅᆞᆷ의
안해되매門문風풍을븟ᄭᅳ럽고辱욕도

이ᄒᆞ며 衣의裳샹이 破파損손ᄒᆞ야 西셔의새슬ᄭᅳ어 東동을막을시 사ᄅᆞᆷ의 指지點뎜ᄒᆞᆷ을만나 鄕향中듕의 恥티笑쇼ᄒᆞᄂᆞ니 받ᄃᆞ러 女녀子ᄌᆞ를 勸권ᄒᆞ야 말ᄆᆞᆺᄎᆞ믈들으라ᄒᆞ노라

學ᄒᆞᆨ禮례章쟝第뎨三삼

○凡범為위女녀子ᄌᆞᄋᆡ 當당知디禮례數수ㅣ니 女녀客ᄀᆡᆨ이 相샹過과ᄒᆞ어든 安안排비坐좌ᄒᆞ며 具구ᄒᆞ여 整졍頓돈衣의裳샹ᄒᆞ야 輕경行ᄒᆡᆼ緩완步보ᄒᆞ며 斂렴手슈低뎌聲셩ᄒᆞ야 請쳥過

과庭뎡户호ᄒᆞ야問문候후通통時시ᄒᆞ되從종
頭두稱칭叙셔ᄒᆞ며答답問문殷은勤근ᄒᆞ되輕
경言언細셰語어ᄒᆞ고備비辦판茶다湯탕ᄒᆞ야
迎영來닉遞톄去거라ㅣ니莫막學혹他타人
인의擡딕身신不블顧고ᄒᆞ고接졉見견依의
俙희ᄒᆞ야有유相샹欺긔侮모라ㅣ니如여到도
人인家가든ㅣ어當당知디女녀務무니ㅣ相샹
見견傳뎐茶다ᄒᆞ고即즉通통事ᄉᆞ故고ᄒᆞ고說
셜罷파起긔身신ᄒᆞ야再지三삼辭ᄉᆞ去거니ㅣ
主쥬若약相샹留뉴ᄒᆞ야禮례筵연待딕遇우

든ㅣ어 酒쥬略냑沾텸唇슌며ᄒᆞ食식無무叉차

箸저니ㅣ退퇴盞잔辭ᄉᆞ壺호야ᄒᆞ過과承승推

츄拒거라ㅣ니 莫막學혹他타人인의呼호湯

탕呷압醋초고ᄒᆞ醉취後후顚뎐狂광야ᄒᆞ招됴

人인所소惡오야ᄒᆞ身신未미回회家가야ᄒᆞ已

이遭조點뎜汚오라ㅣ니 當당在지家가庭뎡

야ᄒᆞ少쇼游유道도路로니ㅣ生싱面면相샹逢

봉든이어 低뎌頭두看간顧고라ㅣ니 莫막學혹

他타人인의不블知디朝됴暮모고ᄒᆞ走주遍

편鄕향村촌야ᄒᆞ說셜三삼道도四ᄉᆞ야ᄒᆞ引인

惹야惡악聲셩ᄒᆞ야 多다招툐罵매怒노ᄒᆞ야 辱욕賤쳔門문風풍ᄒᆞ며 連련累누父부母모ᄒᆞ며 損손破파自ᄌᆞ身신ᄒᆞ야 供공他타笑쇼具구ㅣ니 如여此ᄎᆞ之지人인은 有유如여犬견鼠셔ㅣ니 莫막學학他타人인의 惶황恐공羞슈辱욕ᄒᆞ라 ○ 問문候후ᄂᆞᆫ 起긔居거安안否부를 뭇단 말이오 通통時시ᄂᆞᆫ 寒한暄훤을 通통ᄒᆞ단 말이라

무릇 女녀子ᄌᆞㅣ 되오매 맛당이 禮례數수를 알올ᄯᅵ니 女녀客긱이 서로 디나거ᄃᆞᆫ 坐좌具구를 安안排비ᄒᆞ며 衣의裳상

을整정頓돈ᄒᆞ야가뵈야이行힝ᄒᆞ며느
즉이것고ᄉᆞᆫ을슈념ᄒᆞ며소ᄅᆡᄅᆞᆯᄂᆞ족이
ᄒᆞ야庭뎡戶호의디나기ᄅᆞᆯ請쳥ᄒᆞ야問
문候후ᄒᆞ며通통時시호되처엄으로조
차일ᄀᆞ라펴며ᄃᆡ답ᄒᆞ며묻기ᄅᆞᆯ殷은勤
근이ᄒᆞ되가뵈야이말ᄉᆞᆷᄒᆞ며ᄀᆞᄂᆞᆯ게말
ᄒᆞ고茶다와湯당을곤초며촐혀마자오
며보내야갈ᄯᅢ니라달은사ᄅᆞᆷ의몸을들
어도라보디아니ᄒᆞ고인접ᄒᆞ야보기ᄅᆞᆯ
依의俙희히ᄒᆞ야서ᄅᆞ欺긔侮모ᄒᆞᆷ이업

기ᄅᆞᆯ비호ᄃᆡ말올디니라만일사ᄅᆞᆷ의집

의니르거ᄃᆞᆫ맏당이女녀務무ᄅᆞᆯ알올디

니서르보아茶다ᄅᆞᆯ뎐ᄒᆞ고즉시事ᄉᆞ故

고ᄅᆞᆯ通통ᄒᆞ고말이罷파ᄒᆞ매몸을니르

혀再ᄌᆡ三삼하딕ᄒᆞ고갈ᄯᅵ니主듀人인

이만일서르머무러禮례㦡연으로待ᄃᆡ

遇우ᄒᆞ거든술을쟉게입시울의적시며

먹으매져ᄅᆞᆯ어즐어이디말올ᄯᅵ니盞잔

을믈리며병을ᄉᆞ양ᄒᆞ야과도히推튜拒

거ᄒᆞᆷ믈니을ᄯᅵ니라ᄃᆞᆯ은사ᄅᆞᆷ의湯탕을

블으며초롤마시고醉취ᄒᆞᆫ후의顚뎐狂
광ᄒᆞ야사ᄅᆞᆷ의아쳐ᄒᆞ믈블너몸이집의
도라오디몯ᄒᆞ야셔임의點뎜汚오만나
믈비호디말올ᄯᅥ니라家가庭뎡의이심
을當당ᄒᆞ야道도路로의놀기롤젹게홀
ᄯᅥ니生ᄉᆡᆼ面면이서ᄅᆞ만나거든머리롤
ᄂᆞ족이ᄒᆞ야도라보술필ᄯᅥ니라달은사
ᄅᆞᆷ의朝됴暮모롤아디몯ᄒᆞ고분주ᄒᆞ야
鄕향村촌에遍편ᄒᆞ야세홀니ᄅᆞ며네홀
닐너사오나온소문을引인惹야ᄒᆞ야만

히罵매怒노ᄅᆞᆯ블너門문風풍을辱욕되고賤쳔케ᄒᆞ며累누ㅣ父부母모의게년ᄒᆞ며이녁몸의損손破파ᄒᆞ야놈의우솜ᄀᆞ옴供공ᄒᆞ믈비호ᄃᆡ말올셰니이ᄀᆞ흔사ᄅᆞᆷ은개와쥐ᄀᆞ흠이이실ᄉᆡ달은사ᄅᆞᆷ의惶황恐공ᄒᆞ고羞슈辱욕ᄒᆞ믈비호ᄃᆡ말올셰니라

早조起긔章쟝第뎨四ᄉᆞ

○凡범爲위女녀子ᄌᆞ애習습以이爲위常샹이니五오更경애雞계唱챵이어든起긔着챡

衣의裳샹ᄒᆞ고 盥관漱수已이了료애 隨슈意의 梳소妝장ᄒᆞ고 揀간柴싀燒쇼火화ᄒᆞ야 早조下하廚듀房방ᄒᆞ야 摩마鍋와洗셰鑊확ᄒᆞ고 煑쟈水슈煎젼湯탕이니라 隨슈家가豐풍儉검ᄒᆞ야 蒸증煑쟈食식嘗샹호ᄃᆡ 安안排비蔬소菜최ᄒᆞ며 炮포豉시舂용薑강ᄒᆞ야 隨슈時시下하料료호ᄃᆡ 甜렴淡담馨형香향게ᄒᆞ고 整졍齊졔碗완碟뎝ᄒᆞ야 鋪포設셜分분張댱ᄒᆞ야 三삼飡찬飯반食식을 朝됴暮모相샹當당케홀디니 侵침晨신早조起긔ᄒᆞ면 百ᄇᆡᆨ事ᄉᆞ애 無무妨방

ᄒᆞ리라 莫막學ᄒᆞᆨ懶난婦부의不블解ᄒᆡ思ᄉᆞ
量량ᄒᆞ고黃황昏혼一일覺교애直딕到도天
텬光광ᄒᆞ야日일高고三삼丈댱토록猶유未미
離니床상이라가起긔來니已이晏안일시却각
是시慚참惶황ᄒᆞ야未미曾증梳소洗세ᄒᆞ고突
돌入입廚듀房방ᄒᆞ되容용顔안이齷악齪착
ᄒᆞ고手슈脚각이慌황忙망ᄒᆞ야煎젼茶다煑쟈
飯반을不블及급時시常샹이니라又우有유
一일等등이舖포餟텰을爭징嘗샹ᄒᆞ며未미
曾증炮포饌찬ᄒᆞ야서先션已이偷투藏장이라

가 醜취呈뎡鄕향里니고ᄒᆞ、辱욕及급爺야娘

냥ᄒᆞ야 彼피人인傳뎐說셜ᄒᆞᆯ시 豈긔不블羞슈

惶황이오리 ○摩마ᄂᆞᆫ 씬단 말이오 鍋와ᄂᆞᆫ 음식 더이ᄂᆞᆫ 그르시오 鑊확은 가

마 뉘라 分분張댱은 ᄑᆞ로게 논탄 말이라 覺교ᄂᆞᆫ 좀자단 말이니 뒤혀니르미오 齷

악齪착은 ᄀᆞ자티 안ᄂᆞᆫ 거동이라

무릇 女녀子ᄌᆞ 되오매 니겨 ᄡᅥ 뎔뎔ᄒᆞ믈

삼을ᄯᅵ니 五오更경에 ᄃᆞᆰ이 울거든 니러

나 衣의裳샹을 닙고 ᄡᅵ슈 양치질을 임의

다ᄒᆞ매 ᄠᅳᆯ을 ᄡᅳᆯ와 梳소粧장ᄒᆞ고 섭플곰

희야 블을 ᄉᆞᆷ와 일즉이 廚쥬房방의 ᄂᆞ려

가鍋와를닷그며鑊확을싯고믈을더이
며湯탕을달힐ᄯᅢ니라집의豐풍ᄒᆞ며儉
검ᄒᆞ믈ᄯᅡᆯ와食식嘗샹을蒸증煮자ᄒᆞ되
蔬소菜치를安안排비ᄒᆞ며쟝새를구으
며싱강을ᄡᅥ허빼를ᄯᅡᆯ와지료를ᄂᆞ리오
ᄃᆡ돌며ᄉᆞᆷᄉᆞᆷᄒᆞ며향그롭게ᄒᆞ고사발과
뎝시를整정齊제히ᄒᆞ여펴노ᄒᆞ며ᄂᆞᆫ화
베퍼세번먹ᄂᆞᆫ밥을朝됴暮모에셔ᄅᆞ當
당케ᄒᆞᆯᄯᅢ니사벽을침노ᄒᆞ야일즉이닐
어나면뷔가지일에방해로옴이업스리

라게어른계집의思ᄉᆞ量량ᄒᆞᆯ줄을아디
몯ᄒᆞ고黃황昏혼의ᄒᆞᆫ번자매바로하ᄂᆞᆯ
빗나기ᄭᆞ지니르러날이三삼丈댱이놉
도록오히려床상의ᄯᅧ나디몯ᄒᆞ다가닐
어오매이뮈느저실시믄득慚참惶황ᄒᆞ
야일즉이梳소洗세ᄅᆞᆯ몯ᄒᆞ고厨듀房방
의突돌入입ᄒᆞ되容용顔안이齷악齪착
ᄒᆞ고手슈脚각이慌황忙망ᄒᆞ야차ᄅᆞᆯᄃᆞᆯ
히며밥을ᄉᆞᆯ힘을새의셜셜ᄒᆞᆷ애믿디몯
ᄒᆞᆷ을비ᄒᆞ디ᄆᆞᆯ올서니라ᄯᅩ一알等등이

이셔鋪포餟텰을ᄃᆞ토아맏보며일즉음식을닉이디몯ᄒᆞ야셔몬져임의도적ᄒᆞ야곰초아더러온거시鄕향里니의들어나고辱욕이아비어믜게밋처사ᄅᆞᆷ의傳뎐說셜홈을니블시얻디븓그럽고황뭉티아니ᄒᆞ리오

事ᄉᆞ父부母모章쟝第뎨五오

○女녀子ᄌᆞㅣ在지堂당애敬경重듕爹다娘낭이每미朝됴早조起긔ᄒᆞ야先션問문安안康강호ᄃᆡ寒한則즉烘홍火화ᄒᆞ고熱열則즉

扇선凉냥ᄒᆞ며饑긔則즉進진食식ᄒᆞ고渴갈則즉
進진湯탕ᄒᆞ며父부母모ㅣ檢검責책이어시든
不불得득慌황忙망이니近근前전聽텽取츄ᄒᆞ
야早조夜야思ᄉᆞ量량ᄒᆞ야若약有유不불是
시어든改기過과從죵長댱이니라父부母모言
언語어를莫막作작尋심常샹이니遵준依의
敎교訓훈ᄒᆞ야不불可가強강良냥이오若약有
유不불諳암이어든借차問문無무妨방이니라
父부母모ㅣ年년老로ㅣ어시든朝됴夕셕애憂
우惶황ᄒᆞ야補보聯련鞋혜韈말ᄒᆞ며做주造조

衣의裳상ᄒᆞ야四ᄉᆞ時시八팔節절에孝효養
양相상當당이니라父부母모ㅣ有유疾질이어
시든身신莫막離리床상ᄒᆞ야衣의不블解ᄒᆡ帶
ᄃᆡᄒᆞ고湯탕藥약親친嘗상ᄒᆞ며禱도告고神신
祇기ᄒᆞ야保보祐우安안康강이니라設셜有유
不블幸ᄒᆡᆼᄒᆞ야大대數수身신亡망이시어든慟통
入입骨골髓슈ᄒᆞ며哭곡斷단肝간腸댱이니劬
구勞노罔망極극ᄒᆞ야恩은德덕難난忘망일ᄉᆡ
衣의裳상裝장殮렴ᄒᆞ며持디服복居거喪상
ᄒᆞ야安안埋ᄆᆡ設셜祭제ᄒᆞ고禮례拜ᄇᆡ家가堂

당ᄒᆞ며 逢봉周쥬遇우忌긔어든 血혈淚누ㅣ汪
汪왕이라 니 莫막學ᄒᆞᆨ 忤오逆역의 不블敬
경 爹다娘냥이니 纔ᄌᆡ出츌一일語어ᄒᆞ면 使ᄉᆞ
氣긔 昂앙昂앙ᄒᆞ며 需슈索ᄉᆡᆨ陪비送송ᄒᆞ고 爭
징 競경衣의粧장ᄒᆞ며 父부母모ㅣ 不블幸ᄒᆡᆼ
ᄒᆞ면 說셜短단論논長댱ᄒᆞ고 搜수求구財ᄌᆡ帛
빅ᄒᆞ야 不블顧고ᄒᆞ고 哀ᄋᆡ喪상ᄒᆞᄂᆞ니 如여此ᄎᆞ 太태婦
부人인은 狗구彘톄豺싀狼랑이니라 ○ 檢검은 허
물을 덜검ᄒᆞ단 말이라 強강良냥은 에 딜
권거동이니 或혹粱냥字ᄌᆞ로도 쓰ᄂᆞ니
라 陪비送송은 혼인ᄒᆞ야
ᄉᆡ집갈제 資ᄌᆞ裝장이라

女녀子ᄌᆞㅣ堂당의이시매爹다娘낭을
敬경重듕홀ᄊᆡ니미양아ᄎᆞᆷ의일니러나
모져安안康강을묻ᄌᆞ오ᄃᆡ칩거든불을
ᄯᅧᆺ고열커든서늘을블츠며그핍ᄒᆞ시거
든밥을나오고渴갈ᄒᆞ시거든믈을나오
며父부母모ㅣ撿검責책ᄒᆞ시거든시러
곰惶황忙망ᄒᆞᄃᆡ말올ᄊᆡ니알픠갇가이
나아가듣ᄌᆞ와取츄ᄒᆞ야早조夜야의싱
각ᄒᆞ야만일올티아닌거시잇거든허믈
을고텨긴거ᄉᆞᆯ조ᄎᆞᆯᄊᆡ니라父부母모의

言언語어ᄅᆞᆯ尋심常샹ᄒᆞ믈삼ᄯᅵ말올ᄯᅥ
니教교訓훈ᄒᆞ시믈遵쥰依의ᄒᆞ야可가
히強강良냥티몯ᄒᆞᆯ거시오만일ᄌᆞ시아
ᄃᆡ몯ᄒᆞ미잇거든비러므러도방해롭ᄃᆡ
아니ᄒᆞ리라父부母모ㅣ나히늙거시든
朝됴夕셕의憂우惶황ᄒᆞ야신과보션을
補보聯년ᄒᆞ며온과치마ᄅᆞᆯ모ᄃᆞ라四ᄉᆞ
時시와八팔節졀에孝효養양ᄒᆞᆷ을서로
當당케ᄒᆞᆯ셔니라父부母모ㅣ疾질이겨
시거든몸이牀상에ᄯᅥ나디말아온에ᄯᅴ

롤그르디말고湯탕藥약을親친히맏보며神신祇기의비러告고ᄒᆞ야安안康강홈을保보祐우케ᄒᆞᆯ띠니라셜혹不블幸힝ᄒᆞ야큰數수로몸이亡망ᄒᆞ시거든셜움이骨골髓슈에들고울어肝간腸댱을ᄉᆞᆫ츨며니劬구勞노ᄒᆞ시미罔망極극ᄒᆞ야恩은德덕을닏기어려올시衣의裳샹으로裝장殮념ᄒᆞ며服복을가져喪상에居거ᄒᆞ야평안히몯좁고祭제룰베프고禮례로家가堂당에拜비ᄒᆞ며돌솔만나며그일을만나거든피눈물이汪왕汪왕홀띠니라忤오逆역ᄒᆞᆫ이의爹다娘냥공경티아니ᄒᆞ믈비호디말올띠니계요ᄒᆞᆫ말을내면그운을부려昂앙昂앙ᄒᆞ며스집의가져갈지물을ᄎᆞᆺ고衣의粧장을ᄃᆞ토며父부母모ㅣ不블幸ᄒᆡᆼᄒᆞ면멀ᄅᆞᆺ거ᄉᆞᆯ니ᄅᆞ며긴거ᄉᆞᆯ의논ᄒᆞ고財지帛ᄇᆡᆨ을搜수求구ᄒᆞ야哀이喪상을도라보디아니ᄒᆞᄂᆞ니이곧ᄒᆞᆫ婦부人인은狗구彘톄와豺싀狼낭이니라

事ᄉᆞ舅구姑고章쟝第뎨六륙

○阿아翁옹과阿아姑고ᄂᆞᆫ夫부家가之지
主쥬ㅣ라既긔入입他타門문일ᄉᆡ合합稱칭新
신婦부ㅣ니供공承승看간養양을如여同동
父부母모ㅣ니라敬경事ᄉᆞ阿아翁옹호ᄃᆡ形형
容용을不블觀도ᄒᆞ며不블敢감隨슈行힝ᄒᆞ며
不블敢감對ᄃᆡ語어ᄒᆞ고如여有유使ᄉᆞ令령
이시어든聽텽其기囑쵹附부ㅣ니라姑고ㅣ坐좌
則즉立닙이라가使ᄉᆞ令령이시어든便변去거ᄒᆞ며
早조起긔開ᄀᆡ門문ᄒᆞ되莫막令령驚경忤오

ᄒᆞ고 灑쇄掃소庭뎡堂당ᄒᆞ며 洗세濯탁巾건布포ᄒᆞ며 齒치藥약과 肥비皂조를 温온凉냥이 得득所소게ᄒᆞ고 退퇴步보堦계前젼ᄒᆞ야 待ᄃᆡ其기浣완洗세ᄒᆞ야 萬만福복一일聲셩ᄒᆞ고 即즉時시退퇴步보ᄒᆞ야 整졍辦판茶다盤반ᄒᆞ며 安안排비匙시筋져ᄒᆞ며 香향潔결茶다湯탕ᄒᆞ야 小쇼心심敬경遞톄ᄒᆞᄃᆡ 飯반則즉軟연蒸증ᄒᆞ고 肉육則즉熟슉煑쟈ㅣ니 自ᄌᆞ古고老노人인이 齒치牙아ㅣ 疎소蛀쥬ᄒᆞᆯ시며 茶다水슈羹깅湯탕으로 莫막教교虛허度도ㅣ니라 夜

야 曉만更경深심ᄒᆞ야將쟝歸귀睡슈處텨ᄒᆞᆯ시

安안置티相샹辭ᄉᆞᄒᆞ고方방回회房방戶호ㅣ니

日일日일一일般반ᄒᆞ며朝됴朝됴相샹似ᄉᆞᄒᆞ면

傳뎐敎교庭뎡闈위ᄒᆞ고入인稱칭賢현

婦부ᄒᆞᆯ리라莫막學혹他타人인의跳도梁냥

可가惡오ᄒᆞ야咆포哮효尊존長댱ᄒᆞ야說셜辛

신道도苦고ᄒᆞ며呼호喚환不블來ᄅᆡᄒᆞ고饑긔

寒한不블顧고ㅣ니如여此ᄎᆞ之지人인은號

호ᄒᆞ爲위惡악婦부ㅣ라天텬地디不블容용ᄒᆞ며

雷뇌霆뎡이震진怒노ᄒᆞ리니責칙罰벌이加

十七

가身신ᄒᆞ면悔회之지無무路로ᄒᆞ리라 ○ 肥비皂조ᄂᆞᆫ 솔진皂조莢협이니 ᄠᅢᄅᆞᆯ 잘 디우ᄂᆞ니라 齒치藥약은 니 다ᄉᆞ리ᄂᆞᆫ 약이니 鹽염과 椒쵸又ᄐᆞ거시라 ○ 溫온凉냥은 덥도 아니코 ᄎᆞ도 아니계ᄒᆞ란 말이라 ○ 疏소蛀쥬ᄂᆞᆫ 니가 성긔고 버레 먹단 말이라 ○ 虛허度도ᄂᆞᆫ 老노人인이 긴 날의 비고파ᄒᆞ야도 헐도이 디내디 말라ᄒᆞᄂᆞᆫ ᄠᅳᆮ이라 ○ 梁냥은 고기 잡ᄂᆞᆫ 돌이니 큰 ㅍ기 梁냥을 ᄲᅧ여나매 放방恣ᄌᆞᄒᆞᆫ 婦부人인의게 비ᄒᆞ다 ○ 辛신苦고ᄂᆞᆫ 싀어버이 공양ᄒᆞ기 신고홈을 니ᄅᆞ단 말리라

阿아翁옹과 阿아姑고ᄂᆞᆫ 夫부家가의 主쥬라 임의 他타門문의 들어가실ᄉᆡ 맏당이 新신婦부라 일習을 거시니 供공承승

ᄒᆞ여看간養양홈을父부母모과ᄀᆞᆮ티ᄒᆞᆯ
ᄯᅵ니라공경ᄒᆞ야阿아翁옹을셤기되形
형容용을감히보디몯ᄒᆞ며감히그거를
을ᄯᅳ로디몯ᄒᆞ며감히ᄃᆡᄒᆞ야말ᄒᆞ디몯
ᄒᆞ고만일使ᄉᆞ令령ᄒᆞ시미잇거든그囑
쵹附부ᄒᆞ심믈들을ᄯᅵ니라姑고ㅣ안자
계시거ᄃᆞᆫ셜다가使ᄉᆞ令령ᄒᆞ시거든문
득가며일닐어門문을여되ᄒᆞ야곰놀라
ᄭᅵ시게말고庭뎡堂당ᄋᆞᆯ물ᄲᅮ려ᄡᅳ레질
ᄒᆞ며巾건布포로洗세濯탁ᄒᆞ며니약과

솔진조협믈을溫온凉냥이맛ᄌᆞ게ᄒᆞ고
걸음을물너섬알픠셔그浣완洗셰ᄒᆞ시
기ᄅᆞᆯ기ᄃᆞ려萬만福복ᄒᆞᆫ소리ᄅᆞᆯᄒᆞ고即
즉時시므르걸어茶다盤반을整졍辦판
ᄒᆞ며匙시筯져ᄅᆞᆯ安안排비ᄒᆞ며茶다湯
탕을香향潔결케ᄒᆞ야小쇼心심ᄒᆞ고공
경ᄒᆞ야골아드리되밥은軟연케ᄯᅥ고고
기ᄂᆞᆫ닉게지질ᄯᅧ니녜로붇터老노人인
이齒티牙아애성긔고버레먹글시며茶다
水슈와羹깅湯탕으로ᄒᆞ야곰헐도이더

내셔게말라 밤이 늗고 更경이 깁허 쟝ᄎᆞᆺ
잘고뎌 도라갈ᄉᆡ 安안置티ᄒᆞᆫ후 서르하
딕ᄒᆞ고 빅야흐로 房방戶호의 도라올ᄢᅴ
니나 날ᄒᆞᆫ 끌ᄭᅳ티ᄒᆞ며 아ᄎᆞᆷ마다 서르곤
게ᄒᆞ면 교홰 庭뎡幃위에 傳뎐ᄒᆞ고 사ᄅᆞᆷ
마다 賢현婦부ㅣ라 일ᄏᆞ리라 달은 사
ᄅᆞᆷ의 跳도梁냥ᄒᆞ미 可가히 믜워 尊존長
당을 咆포哮효ᄒᆞ야 辛신을 說셜ᄒᆞ고 쁨
고ᄅᆞᆯ 道도ᄒᆞ며 볼너도 오디 아니ᄒᆞ고 주
리고 치워도 도라보디 아니ᄒᆞᆷ을 비호ᄃᆡ

말올디니이곧ᄒᆞᆫ사ᄅᆞᆷ은일홈ᄒᆞ되惡악婦부ㅣ라ᄒᆞᄂᆞᆫ디라天텬地디용납디아니ᄒᆞ며雷뢰霆뎡이震진怒노ᄒᆞ리니責칙罰벌이몸의더으면뉘올출길히업스리라

事ᄉᆞ夫부章장第뎨七칠

○女녀子ᄌᆞㅣ出츌嫁가애夫부主쥬ㅣ爲위親친ᄒᆞ니이前젼生ᄉᆡᆼ緣연分분이며今금世셰婚혼姻인이라將쟝夫부比비天텬ᄒᆞᆯ시其기義의匪비ㅣ輕경ᄒᆞ니夫부剛강妻쳐柔유ᄒᆞ야恩은

愛이相샹因인이니라居거家가相샹待ᄃᆡ호ᄃᆡ
敬경重듕如여賓빈이니夫부有유言언語어
ᅵ어든側측耳이詳샹聽텽ᄒᆞ며夫부有유惡악
事ᄉᆞᅵ어든勸권諫간諄쥰諄쥰ᄒᆞ야莫막學ᄒᆞᆨ
愚우婦부의惹야禍화臨님身신이니라夫부
若약出츌外외어든須슈記긔途도程뎡ᄒᆞ야黃
황昏혼未미返반이어든瞻쳠望망思ᄉᆞ尋심
ᄒᆞ며停뎡燈등溫온飯반ᄒᆞ야等등候후敲고門
문이니莫막學ᄒᆞᆨ懶난婦부의先션自ᄌᆞ安안
身신이니라夫부如여有유病병이어든終죵日

일勞노心심ᄒᆞ야多다方방問문藥약ᄒᆞ며遍편
處쳐求구神신ᄒᆞ야百ᄇᆡᆨ般반治티療료ᄒᆞ야願
원得득長댱生ᄉᆡᆼ이니莫막學ᄒᆞᆨ蠢쥰婦부의
全젼不블憂우心심이라니夫부若약潑발怒
노ㅣ어든不블可가生ᄉᆡᆼ嗔딘이오退퇴身신相
샹讓양ᄒᆞ야忍인氣긔低뎌聲셩이니莫막學ᄒᆞᆨ
潑발婦부의鬪투鬧뇨頻빈頻빈이라니粗조
絲ᄉᆞ細셰葛갈을熨위帖텹縫봉紉인ᄒᆞ야莫
막敎교寒한冷ᄂᆡᆼ으로凍동損손夫부身신ᄒᆞ며
家가常샹茶다飯반으로供공待ᄃᆡ慇은懃근

ᄒᆞ야莫막敎교饑긔渴갈ᄒᆞ야瘦수瘠쳑苦고辛신이니同동甘감同동苦고ᄒᆞ며同동富부同동貧빈ᄒᆞ며死ᄉᆞ同동棺관槨곽ᄒᆞ며生싱共공衣의衾금ᄒᆞᆯ셰能능依의此ᄎᆞ語어ᄒᆞ면和화樂락琴금瑟슬이니如여此ᄎᆞ之지女녀ᄂᆞᆫ賢현德덕이聲셩聞문ᄒᆞ리라 ○ 夫부ᄂᆞᆫ一일身신의主쥬ㅣ라夫부ᄂᆞᆫ恩은ᄒᆞ고婦부ᄂᆞᆫ愛ᄋᆡᄒᆞ야恩은愛ᄋᆡ서르因인ᄒᆞᆫ단말이라○尋심은사ᄅᆞᆷ을보내여太즈란말이라○潑발은撒산潑발이니광패ᄒᆞᆫ계집아라라○棺관槨곽은棺관을函노하합장ᄒᆞᆫ단말이라

女녀子ᄌᆞㅣ出츌嫁가ᄒᆞ매夫부主쥬ㅣ

親친이되ᄂᆞ니前젼生ᄉᆡᆼ의緣연分분이
며衾금世셰의婚혼姻인이라지아비로
가져하ᄂᆞᆯ의比비ᄒᆞᆯᄉᆡ그義의가비압디
아니ᄒᆞ니夫부ᄂᆞᆫ剛강ᄒᆞ고妻쳐ᄂᆞᆫ柔유
ᄒᆞ야恩은愛ᄋᆡ서로因인ᄒᆞᄂᆞ니라집의
이셔서로ᄃᆡ졉ᄒᆞ되敬경重듕ᄒᆞᆷ이손곤
틀써니지아비말ᄉᆞᆷ이앋거든귀로기우
려ᄌᆞ세히들으며지아비사오나온일이
읻거든勸권ᄒᆞ며諫간ᄒᆞ기로諄슌諄슌
이ᄒᆞ야어린계집의禍화ᄅᆞᆯ惹야ᄒᆞ야몸

의臨님ᄒᆞ믈ᄇᆡ호디말올셔니라지아비
만일받그나가거든몰옴즉이길흘그륵
ᄒᆞ야黃황昏혼에도라오디아니커든瞻
첨望망ᄒᆞ야싱각ᄒᆞ며ᄎᆞ조며등잔울머
므로고밥을데여門문두드리기롤기ᄃᆞ
릴셔니게어른계집이몬져몸평안케홈
을ᄇᆡ호디말올셔니라지아비만일病병
이읻거든날이몯도록ᄆᆞ옴을슈고ᄒᆞ야
여러가지로藥약을물오며온갓곧의神
신을求구ᄒᆞ야百ᄇᆡᆨ般반으로治티療료

ᄒᆞ야길게살기ᄅᆞᆯ願원ᄒᆞᆯ셔니토미ᄒᆞᆫ계
집의젼혀ᄆᆞ옴근심티아니홈을벼호ᄃᆡ
말올셔니라지아비만일怒노ᄅᆞᆯ發발ᄒᆞ
거든可가히ᄭᅮ지람을내디몯ᄒᆞᆯ거시오
몸을므르조차서ᄅᆞ소양ᄒᆞ야긔운을ᄎᆞᆷ
ᄋᆞ며소ᄅᆡᄅᆞᆯᄂᆞ족이ᄒᆞᆯ셔니패려ᄒᆞᆫ계집
의ᄲᅡ호고들레기을頻빈頻빈이ᄒᆞ믈비
호ᄃᆡ말올셔니라굴근실과ᄀᆞᄂᆞᆫᄎᆔ뵈ᄅᆞᆯ
달이고호와ᄒᆞ여금寒한冷빙ᄒᆞᆷ으로지
아뷔몸을얼워샹케말며집의셜셜ᄒᆞᆫ차

와밥으로供공待ᄃᆡ홈을慇은懃근이ᄒᆞ
야ᄒᆞ여곰饑긔渴갈ᄒᆞ야瘦수瘠쳑ᄒᆞ며
苦고辛신ᄒᆞ게말올셔니甘감도ᄒᆞᆫ가지
로ᄒᆞ고苦고도ᄒᆞᆫ가지로ᄒᆞ며富부도ᄒᆞᆫ
가지로ᄒᆞ고貧빈도ᄒᆞᆫ가지로ᄒᆞ며죽어
셔는棺관槨곽을ᄒᆞᆫ가지로ᄒᆞ며살아셔
는衣의衾금을ᄒᆞᆫ가지로ᄒᆞᆯᄉᆡ能능히이
말을의지ᄒᆞ면琴금瑟슬이和화樂락ᄒᆞ
리니이끈ᄒᆞᆫ계집은어딘턱이소리들니
리라

訓훈男남女녀章쟝第뎨八팔

○大대抵뎌人인家가의皆기有유男남女

티홀셔年년已이長댱成셩애敎교之지有유

序셔ㅣ나ㅣ訓훈誨회之지權권이實실專젼於

어母모라ㅣ니男남入입書셔堂당야ᄒᆞ請텽延

연師ᄉᆞ傅부야ᄒᆞ習습學ᄒᆞᆨ禮례儀의고ᄒᆞ吟음

詩시作작賦부며ᄒᆞ尊존敬경師ᄉᆞ儒유ᄃᆡ호東

속脩슈酒쥬脯포고ᄒᆞ女ㅣ處쳐閨규門문야ᄒᆞ

少쇼令녕出츌戶호고ᄒᆞ喚환來ᄂᆡ便변來ᄂᆡ

며ᄒᆞ喚환去거便변去거ᄃᆡ호稍쵸有유不블從

죵이어든 當당加가叱즐怒노ㅣ니라 朝됴暮모

訓훈誨회ᄒᆞ야 各각勤근事ᄉᆞ務무ㅣ니 掃소地

디 燒쇼香향ᄒᆞ며 紉인麻마緝즙苧뎌ᄒᆞ고 若약

在ᄌᆡ入인前젼이어든 教교他타禮례數수ᄒᆞ야

遞톄獻헌茶다湯탕ᄒᆞ고 從죵容용退퇴步보

ㅣ니라 莫막縱죵嬌교癡티니 恐공他타嗁뎨

怒노ᄒᆞ며 莫막縱죵跳도梁냥이니 恐공他타輕

경侮모ᄒᆞ며 莫막縱죵歌가詞ᄉᆞㅣ니 恐공他타

淫음汙오ᄒᆞ며 莫막縱죵遊유行ᄒᆡᆼ이니 恐공他

타惡악事ᄉᆞㅣ니라 堪감笑쇼今금入인이 不

블能능爲위主쥬ᄒᆞ야男남不블知디書셔ᄒᆞ고

聽텽其기弄롱齒치ᄒᆞ야闘두鬧뇨貪탐杯비

ᄒᆞ며謳구歌가習습舞무ᄒᆞ야官관府부不블憂

우ᄒᆞ고家가鄉향不블顧고ᄒᆞ며女녀不블知디

禮례ᄒᆞ고強강梁냥言언語어ᄒᆞ야不블識식尊

존卑비ᄒᆞ며不블能능針침指지ᄒᆞ야辱욕及급

尊존親친ᄒᆞ며有유玷졈父부母모ㅣ如여此

ᄎᆞ之지人인은養양猪뎌養양鼠셔ㅣ니라 ○

男남女녀ㅣ어려실ᄢᅢᄂᆞᆫ안희居거處쳐ᄒᆞᄂᆞᆫ고로母모의教교ㅣ올온ᄒᆞ니라○

束속脩슈ᄂᆞᆫᄒᆞᆫ목금포육이니스승의게드리ᄂᆞᆫ폐빅이오酒쥬脯포ᄂᆞᆫ宴연請텽

ᄒᆞᄂᆞᆫ禮례라○女녀子ᄌᆞㅣ어디디아니ᄒᆞᆷ은다엄미과히ᄉᆞ랑ᄒᆞ야노하불인타시라노하嬌교癡티ᄒᆞ면無무故고히울며성내ᄂᆞᆫ버ᄅᆞ시일고노하跳도梁량ᄒᆞ면싀어버이輕경侮모ᄒᆞᄂᆞᆫ버ᄅᆞ싀일고노하노래ᄅᆞᆯ들으며곡됴ᄅᆞᆯ唱챵ᄒᆞ면淫음許허오엣ᄆᆞᄋᆞᆷ이나며노하한가이衍힝ᄒᆞ야遊유玩완ᄒᆞ면ᄠᅳᆮ을방ᄌᆞ히ᄒᆞ야邪샤僻벽ᄒᆞᆫ일을行힝ᄒᆞ리니禁금티몯ᄒᆞ면習습性셩이임의일어고티기어려우리라跳도梁냥은넘나게방종ᄒᆞ단말이라○官관府부ᄂᆞᆫ官관家가法법度도ㅣ라

大대抵뎌人인家가의다男남女녀ㅣ이실시나히임의長댱成셩ᄒᆞ매ᄀᆞᄅᆞ치미太셰이시나訓훈誨회ᄒᆞᄂᆞᆫ權권이실로

어미게오로디읻ᄂᆞᆫ이라男남은書셔堂당의드러가師ᄉᆞ傳부를請텽ᄒᆞ야마자禮례儀의를닉이學ᄒᆞᆨᄒᆞ고詩시를읇프며賦부를지으며師ᄉᆞ儒유를尊존敬경ᄒᆞ되束속脩슈과酒쥬脯포로ᄒᆞ고女녀ᄂᆞᆫ閨규門문의處쳐ᄒᆞ야ᄒᆞ여곰지게에나가미젹게ᄒᆞ고블러오면믄득오며블러가면믄득가되져기졷디아니미읻거든말당이叱즐怒노홈을더홀ᄯᆡ니라朝됴暮모에訓훈誨회ᄒᆞ야各각各각事ᄉᆞ

務무ᄅᆞᆯ부즈런케ᄒᆞᆯ셔니샤ᄒᆞᆯᄡᆞᆯ고香향을ᄉᆞᆯ오며삼을븨고모시ᄅᆞᆯ삼으며만일사ᄅᆞᆷ의알픠잇거든그禮례數수ᄅᆞᆯᄀᆞᆺ쳐ᄀᆞᆯ아茶다湯탕을들이고從죵容용이물러걸을셔니라노하嬌교癡티케말올셔니그啼뎨怒노ᄒᆞᆯ가두리며노하跳도梁냥케말올셔니그輕경侮모ᄒᆞᆯ가두리며노하歌가詞ᄉᆞᄒᆞ게말올셔니그淫음汙오ᄒᆞᆯ가두리며노하遊유行ᄒᆡᆼᄒᆞ게말올셔니그惡악事ᄉᆞㅣ이실가두릴셔니

라이긔여우솝도소니이제사ᄅᆞᆷ이能능
히主쥬ㅣ되디몯ᄒᆞ야男남은글을아디
몯ᄒᆞ고그니ᄅᆞᆯ놀님을들어싸화들네여
술잔을貪탐ᄒᆞ며노래부로고춤추기니
겨官관府부ᄅᆞᆯ근심ᄒᆞ디아니ᄒᆞ고家가
鄕향을도라보디아니ᄒᆞ며女녀ᄂᆞᆫ禮례
ᄅᆞᆯ아디몯ᄒᆞ고言언語어ᄅᆞᆯ強강梁냥히
ᄒᆞ야尊존卑비ᄅᆞᆯ아디몯ᄒᆞ며針침指지
ᄅᆞᆯ能능히몯ᄒᆞ야辱욕이尊존親친에믿
ᄎᆞ며父부母모의게玷점ᄒᆞ미이시리니

이곧ᄒᆞᆫ사ᄅᆞᆷ은ᄃᆞᆷᄎᆞᆯ치며쥐ᄅᆞᆯ치ᄂᆞᆫ쟉시
니라

營영家가章쟝第뎨九구

○營영家가之지女녀ᄂᆞᆫ惟유儉검惟유勤
근이니勤근則즉家가起긔ᄒᆞ고懶난則즉家가
傾경ᄒᆞ며儉검則즉家가富부ᄒᆞ고奢샤則즉家
가貧빈ᄒᆞ니라ᄂᆞᆫ凡범為위女녀子ᄌᆞ애不블可
가因인循슌이니一일生ᄉᆡᆼ之지計계ᄂᆞᆫ惟유
在ᄌᆡ於어勤근ᄒᆞ고一일年년之지計계ᄂᆞᆫ惟
유在ᄌᆡ於어春츈ᄒᆞ고一일日일之지計계ᄂᆞᆫ

惟유在지於어寅인ᄒᆞ·니라奉봉箕긔擁옹帚츄ᄒᆞ야灑쇄掃소灰회塵딘ᄒᆞ며撮촬除뎨邋납遢탑ᄒᆞ야潔결靜정幽유淸쳥ᄒᆞ면眼안前젼爽상ᄒᆞ고利니家가宅틱光광明명ᄒᆞ니라莫막教교穢예汙오ᄒᆞ야有유玷졈門문庭뎡이니라耕경田뎐下하種둉ᄒᆞ야莫막怨원辛신勤근ᄒᆞ고炊취爨긩造조飯반ᄒᆞ야饋궤送송頻빈頻빈이니莫막教교遲디慢만ᄒᆞ야有유悞오工공程뎡이니라積젹糠강聚취屑셜ᄒᆞ야喂외養양孳ᄌᆞ牲싱ᄒᆞ되呼호歸귀放방去거ᄒᆞ며檢검點뎜

搜수尋심ᄒᆞ야莫막教교失실落낙ᄒᆞ야擾요亂
란四ᄉᆞ隣린이니라夫부有유錢젼來미어든收
슈拾습經경營영ᄒᆞ며夫부有유酒쥬物믈이어
든存존積젹留뉴停뎡ᄒᆞ야迎영賓빈待ᄃᆡ客
ᄀᆡᆨ이오不블可가偸투侵침이니라大대富부ᄂᆞᆫ
由유命명이어니와小쇼富부ᄂᆞᆫ由유勤근이니禾
화麻마菽슉麥ᄆᆡᆨ을成셩棧잔成셩囷균ᄒᆞ며
油유鹽염椒쵸鼓시ᄅᆞᆯ盎앙甕옹粧장盛셩
ᄒᆞ며雞계豬뎌鵝아鴨압을成셩隊ᄃᆡ成셩羣
군ᄒᆞ며四ᄉᆞ時시八팔節졀에免면得득營영

營영ᄒᆞ야酒쥬漿쟝食식饌찬이各각有유餘여盈영ᄒᆞ리니夫부婦부ㅣ享향福복ᄒᆞ야懽환笑쇼欣흔欣흔ᄒᆞ리라○邋납遢탑은바로디몯ᄒᆞᆫ거동이니집안희잡거시바로디아니ᄒᆞ고난잡히노히단말이관○棧잔은큰倉창이오囷균은적근倉창의라

집을경영ᄒᆞᄂᆞᆫ女녀ᄂᆞᆫ오직儉검ᄒᆞ며오직勤근ᄒᆞᆯᄯᅵ니勤근ᄒᆞ면집이니러나고懶난ᄒᆞ면집이기우러디며儉검ᄒᆞ면집이가음열고奢샤ᄒᆞ면집이가난ᄒᆞᄂᆞ니라무릇女녀子ᄌᆞㅣ되오매可가히因인

循슌티말올ᄯᅥ니一일生싱의계교ᄂᆞᆫ오
직부조련의일고一일年년의계교ᄂᆞᆫ오
직봄의일고一일日일의계교ᄂᆞᆫ오직寅
인시의알ᄂᆞᆫ니라키ᄅᆞᆯ받들며부ᄅᆞᆯᄡᅧ지
와티글을믈ᄲᅮ려ᄡᅳᆯ며邋납遢탑ᄒᆞᆫ거슬
모화업시ᄒᆞ야潔결靜졍ᄒᆞ고幽유淸쳥
ᄭᅦᄒᆞ면눈알피爽상利니ᄒᆞ고家가宅ᄐᆡᆨ
이光광明명ᄒᆞ리니ᄒᆞ야곰덜업게ᄒᆞ야
門문庭뎡을티ᄡᅳ호미일게말올디니라
받촐갈고ᄲᅵᄅᆞᆯᄂᆞ리와辛신勤근ᄒᆞ믈원

망티말고국을슬히며밥을지어餽궤送
송ᄒᆞ가룰頻빈頻빈이ᄒᆞᆫ디니ᄒᆞ여금遲
디慢만ᄒᆞ야工공程뎡을그르되미잇게
말올셔니라ᄲᆞᆯ겨롤싸ᄒᆞ며밥골롤모ᄃᆞ
와삿기치고ᄌᆞ라ᄂᆞᆫ즘싱을餵외養양ᄒᆞ
디불러도라오고노하가며간검ᄒᆞ야됨
고ᄒᆞ고뒤여ᄎᆞ자ᄒᆞ여곰일허ᄇᆞ려네ᄆᆞ
올을擾요亂란ᄒᆞ게말올셔니라지아비
돈과ᄡᆞᆯ을두엇거든收슈拾습ᄒᆞ야經경
營영ᄒᆞ며지아비술이나아므거시나두

언거든存존積적ᄒᆞ며留뉴停뎡ᄒᆞ야賓
빈을마ᄌᆞ며客ᄀᆡᆨ을되졉ᄒᆞᆯ거시오可가
히도적ᄒᆞ며침노ᄒᆞ디아닐ᄯᅥ니라큰가
음은命명으로말미암거니와져근가음
은부즈런으로말미암ᄂᆞ니벼와삼과콩
과보리棧잔이일고囷균이일며기름과
소곰과호쵸와몌조ᄅᆞᆯ항아리와독에ᄉᆞ그
려담으며돋과ᄃᆞᆰ과게유와올히隊ᄃᆡ일
고무리일면四ᄉᆞ時시八팔節졀의시러
곰營영營영ᄒᆞ기ᄅᆞᆯ免면ᄒᆞ야酒쥬漿쟝

과食식饌찬이각각남은ᄀᆞ도ᄒᆞᆫ거서이

시리나夫부婦부ㅣ福복을享향ᄒᆞ야懽

환笑쇼ㅣ欣흔欣흔ᄒᆞ리라

待ᄃᆡ客ᄀᆡᆨ章쟝第뎨十십

○大대抵뎌入인家가애皆기有유賓빈主

쥬ᄒᆞᆯ시滾곤滌뎍壺호瓶병ᄒᆞ며抹말光광橐탁

子ᄌᆞᄒᆞ야準쥰備비人인來ᄅᆡᄒᆞ며點뎜湯탕遞

톄水슈ᄒᆞ고退퇴立닙堂당後후ᄒᆞ야聽텽夫부

言언語어ㅣ니라細셰語어商샹量냥ᄒᆞ야殺살雞

계爲위黍셔ᄒᆞ야五오味미調됴和화ᄒᆞ며菜ᄎᆡ

蔬소ㅣ齊졔楚초ᄒᆞ고茶다酒쥬ㅣ清쳥香향
ᄒᆞ면有유光광門문户호ᄒᆞ리라紅홍日일이含
함山산ᄒᆞ야晩만留뉴居거住듀든ㅣ어點뎜燭
쵹檠경燈등ᄒᆞ야安안排비坐좌具구ᄒᆞ되枕침
席셕紗사厨듀ㅣ며鋪포氈젼疊텹被피ᄒᆞ야欽
흠敬경相샹承승ᄒᆞ되温온凉냥得득趣취ᄒᆞ게
고次ᄎᆞ曉효相샹看간ᄒᆞ니이客긱如여辭ᄉᆞ去
거든ㅣ어別별酒쥬殷은勤근ᄒᆞ야十십分분留
뉴意의ᄒᆞ면夫부喜희能능家가ㅣᄒᆞ客긱稱칭
曉효事ᄉᆞᄒᆞ리라莫막學혹他타人인의不블

持디家가務무ㅣ客ᄀᆡᆨ來ᄅᆡ無무湯탕ᄒᆞ야荒
황怳망失실措조ᄒᆞ며夫부若약留뉴人인ᄒᆞ면
妻쳐懷회嗔딘怒노ᄒᆞ야有유筯져無무匙시
ᄒᆞ며有유鹽염無무醋초ᄒᆞ고打타男남罵매女
녀ᄒᆞ며爭ᄌᆡᇰ啜텰爭ᄌᆡᇰ哺포ᄒᆞ면夫부受슈慚참
惶황ᄒᆞ고客ᄀᆡᆨ懷회羞슈懼구ㅣ라니有유客ᄀᆡᆨ
到도門문ᄒᆞ되無무人인在ᄌᆡ戶호ᄒᆞ든ㅣ어須슈
遣견家가童동ᄒᆞ야問문其기來ᄅᆡ處쳐ㅣ니客
ᄀᆡᆨ若약殷은勤근ᄒᆞ야即즉通통名명字ᄌᆞㅣ어
當당見견則즉見견ᄒᆞ고不블見견、則즉避

피ᄒᆞ되敬경待ᄃᆡ茶다湯당ᄒᆞ야莫막缺결禮례數수ᄒᆞ고記긔其기姓셩名명ᄒᆞ며詢슌其기事ᄉᆞ務무ᄒᆞ야等등得득夫부歸귀ᄒᆞ야卽즉當당說설訴소ㅣ니奉봉勸권後후入인ᄒᆞ니노切절依의規규度도ㅣ니라◯點뎜ᄂᆞᆫ點뎜注주ㅣ니ᄆᆞ옴을그고ᄃᆡ注주ᄒᆞᆫ단말이라◯紗사廚듀ᄂᆞᆫ즉금침당이니紗사로ᄆᆞᆫᄃᆞ다◯齊제楚초ᄂᆞᆫ정제ᄒᆞ닷말이라

大대抵뎌사ᄅᆞᆷ의집의다賓빈과主듀ㅣ이실시壺호와瓶병을물에나드려씨스며橐탁子ᄌᆞᄅᆞᆯᄡᅳ서빋나게ᄒᆞ야사ᄅᆞᆷ오

기ᄅᆞᆯ準쥰備비ᄒᆞ며湯탕을點뎜ᄒᆞ며믈
을끌고믈너와堂당後후에셔셔지아븨
言언語어ᄅᆞᆯ들을셔니라ᄀᆞᆫ말로商샹
量냥ᄒᆞ야ᄃᆞᆰ을죽이며밥을지어五오味
미ᄅᆞᆯ調됴和화ᄒᆞ며菜치蔬소ㅣ齊졔楚
초ᄒᆞ고茶다酒쥬ㅣ淸쳥香향케ᄒᆞ면門
문戶호의빈치이시리라블근날이뫼히
먹금어늗께야머무러이시려ᄒᆞ거든燭
쵹을혀며燈등을받들어안즐자리ᄅᆞᆯ安
안排비ᄒᆞ되枕침席셕과紗사廚듀ㅣ며

담을펴고니블을싸하공경ᄒᆞ야서르받
ᄯᅳ되溫온凉냥이맏당홈을얻게ᄒᆞ고일
튼날새벼서르듸졉홀ᄉᆡ니긱이만일하
딕고가거든니별ᄒᆞᄂᆞᆫ술이殷은勤근히
ᄒᆞ야十십分분ᄠᅳᆮ을머무로면지아비能
능히집다ᄉᆞ리믈긔거ᄒᆞ고손이일안다
일ᄀᆞᄅᆞ리라달은사ᄅᆞᆷ이家가務무다ᄉᆞ
리디아니홈을비호디말올ᄉᆡ니손이오
매湯탕이업서荒황忙망히거조롤일흐
며지아비만일사ᄅᆞᆷ을머무로면안해ᄉᆞᆨ

짓고 怒노ᄒᆞᆷ을품어져이시면술이업스
며소곰이이시면최업고아들을티며ᄯᆞᆯ
을ᄲᅡ지주며마시기ᄅᆞᆯᄃᆞ토고먹기ᄅᆞᆯᄃᆞ
토면지아비ᄂᆞᆫ慚참惶황ᄒᆞᆷ을받고손은
羞슈懼구ᄒᆞᆷ을품으리라손이이셔門문
에니ᄅᆞ되사ᄅᆞᆷ이집에잇ᄂᆞ니업거든모
ᄅᆞᆷ즉이家가童동을보내여그온곧을믈
올셔니손이만일殷은勤근ᄒᆞ야곧名명
字ᄌᆞ를通통ᄒᆞ거든말당이보암즉ᄒᆞ니
ᄂᆞᆫ보고아니보리어든피ᄒᆞ되공경ᄒᆞ야

茶다湯탕으로ᄃᆡ졉ᄒᆞ야禮례數수ᄅᆞᆯ이
ᄌᆞ러디게말고그姓셩名명을긔록ᄒᆞ며
그事ᄉᆞ務무ᄅᆞᆯ무러지아비도라오기ᄅᆞᆯ
기ᄃᆞ려곧맛당이說셜訴소ᄒᆞᆯ셔니받들
어혼사ᄅᆞᆷ을勸권ᄒᆞ노니切졀실이規규
度도ᄅᆞᆯ의지ᄒᆞᆯ셔니라

和화柔유章쟝第뎨十십一일

○處쳐家가之지法볍은婦부女녀ㅣ須슈
能능以이和화爲위貴귀ᄒᆞ고孝효順슌爲위
尊존이니翁옹姑고ㅣ嗔딘責ᄎᆡᆨ이어시든曾증如

여 不블曾증ᄒᆞ고 上샹房방下하戶호의 子ᄌᆞ
孫손을 宜의親친이니 是시非비休휴習습ᄒᆞ며
長댱短단休휴爭징ᄒᆞ라 從죵來ᄂᆡ家가醜ᄎᆔ
ᄂᆞᆫ 不블可가外외聞문이니라 東동鄰린西셔
舍샤에 禮례數수ㅣ 週쥬全뎐ᄒᆞ야 往왕來ᄂᆡ
에 動동問문ᄒᆞ며 款관曲곡盤반旋션ᄒᆞ야 一일
茶다一일水슈로 笑쇼語어ㅣ 欣흔然연ᄒᆞ며
當당說셜則즉說셜ᄒᆞ고 當당行ᄒᆡᆼ則즉行ᄒᆡᆼ
ᄒᆞ며 閒한是시閒한非비ᄅᆞᆯ 不블入입我아門
문이니라 莫막學ᄒᆞᆨ愚우婦부의 不블問문根

근源원ᄒᆞ고穢예言언汚오語어로觸쵹突돌
尊존賢현이니奉봉勸권女녀子ᄌᆞᄒᆞ노니量냥
後후思ᄉᆞ前젼이어다○ᄒᆞᆫ집의잇ᄂᆞᆫ아희들을친이ᄒᆞ고是시非
비롤의논ᄒᆞ며長댱短단을ᄃᆞ토디말올디니비록취악ᄒᆞᆫ일이이셔도임의ᄌᆞ지
親친에일ᄂᆞᆫ디라나의不블幸ᄒᆡᆼᄒᆞ곤ᄒᆞ니언지가히밧긔낫타내여스ᄉᆞ로그家가
醜취를낫타내리오○일즉이嗔진責ᄎᆡᆨ을닙어도일즉이아니닙으니와ᄀᆞᆮ티ᄒᆞ
아란라말
집에處쳐ᄒᆞᄂᆞᆫ法법은婦부女녀ㅣ모롬
즉이能능히和화ᄅᆞᆯᄡᅥ貴귀ᄒᆞ믈삼으며
孝효順순으로尊존을삼을ᄯᅵ니翁옹姑

고ㅣ嗔딘責칙ᄒᆞ시거든曾증을曾증티
아니ᄒᆞᆷ과곧티ᄒᆞ고上샹房방과下하戶
호의子ᄌᆞ孫손을말당이親친히ᄒᆞᆯ셔니
是시非비ᄅᆞᆯ닉이디말며長댱短단을ᄃᆞ
토디말올디라조차오매家가醜취ᄂᆞᆫ可
가히받ᄀᆡ들리디몯ᄒᆞᆯ셔니라東동鄰린
과西셔舍샤의禮례數수ᄅᆞᆯ週쥬全젼히
ᄒᆞ야往왕來ᄂᆡᄒᆞ매움즉여믈오며款관
曲곡히盤반旋션ᄒᆞ야ᄒᆞᆫ茶다와ᄒᆞᆫ水슈
로笑쇼語어ㅣ欣흔然연ᄒᆞ야말당이말

ᄒᆞ염즉ᄒᆞ거든말ᄒᆞ고말당일行힝ᄒᆞ염즉ᄒᆞ거든行힝ᄒᆞ며부절업ᄉᆞᆫ是시과부절업ᄉᆞᆫ非비ᄂᆞᆫ내門문에들게말올ᄯᅵ니라어린계집의根근源원도묻디아니ᄒᆞ고穢예言언과汚오語어로尊존賢현을觸톡突돌ᄒᆞᆷ을비호디말올ᄯᅵ니밧드러女녀子ᄌᆞ들을권ᄒᆞ노니後후를혜아리며앏흘싱각ᄒᆞᆯᄯᅵ어다

守슈節절章쟝第뎨十십二이

○古고來ᄂᆡ賢현婦부ㅣ九구烈렬三삼貞

뎡으로 名명標표青쳥史ᄉᆞᄒᆞ가 傳뎐到도而이
今금ᄒᆞᆯ시 後후生ᄉᆡᆼ이 宜의學ᄒᆞᆨ이니 亦역匪비
難난行ᄒᆡᆼ이니라 弟뎨一일은 守슈節졀이오 弟
뎨二이ᄂᆞᆫ 清쳥貞뎡이니 有유女녀在ᄌᆡ室실
애 莫막出츌閨규庭뎡ᄒᆞ며 有유客ᄀᆡᆨ在ᄌᆡ戶
호ᄃᆡ 어 莫막露노聲셩音음이니 不블談담私
ᄉᆞ語어ᄒᆞ며 不블聽텽淫음音음ᄒᆞ고 黃황昏혼
來ᄂᆡ往왕에 秉병燭쵹掌쟝燈등이니 暗암中
듕出츌入입은 非비女녀之지經경이라 一일
行ᄒᆡᆼ有유失실ᄒᆞ면 百ᄇᆡᆨ行ᄒᆡᆼ無무成셩이리라

夫부妻처ㅣ結결髮발ᄒᆞ야義의重듕千쳔金금 일시若약有유不블幸힝ᄒᆞ야中듕路로先션傾경ᄒᆞ면三삼年년重듕服복ᄒᆞ고守슈志지堅견心심ᄒᆞ야保보家가持디業업ᄒᆞ며整졍頓돈墳분塋영ᄒᆞ며殷은勤근訓훈後후ᄒᆞ면存존沒몰光광榮영ᄒᆞ리라此ᄎᆞ篇편論논語어ᄂᆞᆫ內ᄂᆡ範범儀의刑형이니後후人인이依의此ᄎᆞᄒᆞ면女녀德덕이昭쇼明명ᄒᆞ리니幼유年년切절記긔ᄒᆞ야不블可가朦몽朧롱이니라若약依의此ᄎᆞ言언ᄒᆞ면享향福복無무窮궁ᄒᆞ리라○

九구烈렬三삼貞뎡은첫편의사겻ᄂᆞ니라此ᄎᆞ篇편以이下하ᄂᆞᆫ全젼書셔ᄇᆞᆺ을미자후사ᄅᆞᆷ을경계ᄒᆞᆷ이라

녜로오매어딘계집이九구烈렬과三삼貞뎡으로일ᄒᆞᆷ이플은ᄉᆞ긔예標표ᄒᆞ야傳뎐ᄒᆞ야이제ᄭᆞ지니ᄅᆞᆯᄉᆡ後후生ᄉᆡᆼ이맛당이ᄇᆡ홀써니ᄯᅩᄒᆞᆫᄒᆡᆼ키어려운거시아니니라弟뎨一일은節졀을딕희기오弟뎨二이ᄂᆞᆫ淸쳥貞뎡이니女녀ㅣ이셔室실애이시매閨규庭뎡의나디말며손이이셔戶호에잇거ᄃᆞᆫ聲셩音음을들어

내디말올ᄯᅥ니ᄉᆞᄉᆞ말ᄋᆞᆯ니ᄅᆞ디말며음
난ᄒᆞᆫ노ᄅᆡ를듯디말고黃황昏혼에來ᄂᆡ
往왕ᄒᆞᆯ제燭쵹을잡으며燈등을掌쟝ᄒᆞᆯ
ᄯᅢ니어두온가온대出츌入립ᄒᆞᆷ은계집
의셤셤ᄒᆞᆷ이아니라ᄒᆞᆫᄒᆡᆼ실이일ᄒᆞᆷ이이
시면ᄇᆡᆨᄒᆡᆼ실이일움이업스리라夫부妻
쳐ㅣ머리를미자義의千쳔金금의셔重
듕ᄒᆞᆯ시만일不블幸ᄒᆡᆼᄒᆞᆷ이이셔中즁路
로의몬져기우러디면三삼年년을重듕
服복ᄒᆞ고빛을딕희며ᄆᆞᄋᆞᆷ을굿게ᄒᆞ야

집을보젼ᄒᆞ고業업을부디ᄒᆞ며墳분塋형을整정頓돈ᄒᆞ며殷은勤근이後후롤訓훈ᄒᆞ면存존과沒몰에光광榮영ᄒᆞ리라이篇편論논語어ᄂᆞᆫ內ᄂᆡ範범의儀의刑형이니後후人인이이롤의지ᄒᆞ면계집의德덕이昭쇼明명ᄒᆞ리니幼유年년의절절히긔록ᄒᆞ야可가히朦몽朧롱히말올써니라만일이말을의지ᄒᆞ면福복享향ᄒᆞ기롤窮궁홈이업ᄉᆞ리라

宋송若약昭쇼女녀論논語어 終종

女녀四ᄉᆞ書셔三삼

內ᄂᆡ訓훈

仁인孝효文문皇황后후의[illegible]셔氏시니中듕山산武무寧령[illegible]달의女녀ㅣ오明명成셩祖조文문皇황황帝뎨의元원配비라學학ᄒᆞᆨ을너비ᄒᆞ시고文문을됴화ᄒᆞ더시니內ᄂᆡ訓훈二이十십篇편을지으샤ᄇᆡ宮궁壼곤에ᄀᆞᄅᆞ치시니라

御어製졔序셔

吾오ㅣ幼유承승父부母모之지敎교ᄒᆞ야誦송詩시書셔之지典뎐ᄒᆞ고職직謹근女녀事ᄉᆞ니ㅣ러蒙몽先션人인의積적善션餘여慶

경ᄒᆞ야 夙숙備비掖익庭뎡之지選션ᄒᆞ야 事ᄉᆞ我아孝효慈ᄌᆞ高고皇황后후ᄒᆞ야 朝됴夕셕애 侍시朝됴ᄒᆞ니 高고皇황后후ㅣ 教교諸제子ᄌᆞ婦부ᄒᆞ샤ᄃᆡ 禮례法법을 唯유謹근ᄒᆞ시니 吾오ㅣ 恭공奉봉儀의範범ᄒᆞ야 日일聆령教교言언ᄒᆞ야 祗지敬경佩패服복ᄒᆞ되 不블敢감有유違위ᄒᆞ며 肅슉事ᄉᆞ今금皇황帝뎨를 三삼十십餘여年년ᄒᆞ되 一일遵준先션志지ᄒᆞ야 以이行힝政졍教교ᄒᆞ니 吾오ㅣ 思ᄉᆞ備비位위中듕宮궁ᄒᆞ야 愧괴德덕弗불似ᄉᆞᄒᆞ야

歎겸於어率솔下하야ᄒᆞ無무以이佐좌皇
황上샹內닋治티之지美미야ᄒᆞ以이忝텸
高고皇황后후之지訓훈라ᄒᆞ노常샹觀관史ᄉᆞ
傳뎐ᄒᆞ야求구古고賢현婦부貞뎡女녀ᄒᆞ니雖
슈稱칭德덕性셩之지懿의나亦역未미有
유不블由유於어敎교而이成셩者쟈ᄒᆞ니라
古고者쟈애敎교必필有유方방ᄒᆞ야男남子
ᄌᆞㅣ八팔歲셰而이入입小쇼學혹ᄒᆞ고女녀
子ᄌᆞㅣ十십年년而이聽텽姆무敎교ᄒᆞ니더
小쇼學혹之지書셔ㅣ無무傳뎐ᄒᆞ이어晦회

庵암朱쥬子ᄌᆞ ㅣ 爰원編편緝집成셩書셔
ᄒᆞ시니 爲위小쇼學혹之지敎교者쟈 ㅣ 始시
有유所소入입ᄒᆞ되 獨독女녀敎교 ㅣ 未미有
유全젼書셔ᄒᆞ니 世셰惟유取취範범曄엽後
후漢한書셔애 曹조大대家고의 女녀誡계
ᄒᆞ야 爲위訓훈ᄒᆞ되 恒ᄒᆞᆼ病병其기略냑ᄒᆞ고 有유
所소謂위女녀憲헌와 女녀則측ᄒᆞ되 皆ᄀᆡ徒
도有유其기名명耳이라 近근世셰애 始시
有유女녀敎교之지書셔ᄒᆞ야 盛셩行힝ᄒᆞ나 大
대要요撮촬曲곡禮례內ᄂᆡ則측之지言언

과 與여周쥬南남召쇼南남과 詩시之지小
쇼序셔와 及급傳뎐記긔而이爲위之지者
쟈ㅣ라 仰앙惟유我아高고皇황后후敎교
訓훈之지言언이 卓탁越월往왕昔셕ᄒᆞ야 足
죡以이垂슈法법萬만世세ᄒᆞ실시 吾오ㅣ耳이
熟슉而이心심藏장之지러니 乃내于우永영
樂낙二이年년冬동애 用용述술高고皇
황后후之지敎교ᄒᆞ야 以이廣광之지ᄒᆞ야 爲위
內닉訓훈二이十십篇편ᄒᆞ야 以이敎교宮궁
壼곤ᄒᆞ노니 夫부人인之지所소以이克극聖

성者쟈ᄂᆞᆫ莫막嚴엄于우養양其기德덕性
성ᄒᆞ야以이修슈其기身신일ᄉᆡ故고首슈之지
以이德덕性성ᄒᆞ고次ᄎᆞ之지以이修슈身신
ᄒᆞ며修슈身신이莫막切절於어謹근言언行
힝이라故고次ᄎᆞ之지以이愼신言언謹근行
힝ᄒᆞ야推츄而이至지於어勤근勵녀節절儉
검ᄒᆞ고而이又우次ᄎᆞ之지以이警경戒계ᄒᆞ며
人인之지所소以이獲획久구長댱之지慶
경者쟈ㅣ莫막加가於어積젹善션ᄒᆞ며所소
以이無무過과者쟈ㅣ莫막加가於어遷쳔

善션ᄒᆞ니數수者자ᄂᆞᆫ皆기身신之지要요而
이所소以이取취法법者자ᄂᆞᆫ則즉必필守
슈我아高고皇황后후之지敎교也야시ᄂᆞᆯ
故고繼계之지以이崇숭聖셩訓훈ᄒᆞ고遠원
而이取취法법於어古고시ᄂᆞᆫ故고次ᄎᆞ之지
以이景경賢현範범ᄒᆞ야上샹而이至지於어
事ᄉᆞ父부母모와事ᄉᆞ君군와事ᄉᆞ舅구姑
고ᄒᆞ고又우推츄而이至지於어母모儀의와
睦목親친와慈ᄌᆞ幼유와待ᄃᆡ下하ᄒᆞ야而이
終죵之지以이待ᄃᆡ外외戚쳑ᄒᆞ니노顧고以

이言언辭ᄉᆞㅣ淺쳔陋누ᄒᆞ야不블足죡以이
發발揚양深심旨지ᄒᆞ나而이其기條됴目목
은亦역粗조備비矣의니觀관者쟈ㅣ於어
此ᄎᆞ에不블必필泥닐於어言언이라而이但
단取취于우意의ᄒᆞ면其기於어內ᄂᆡ治티之
지道도애或혹有유裨비於어萬만一일云
운이니라

내어려서父부母모의기르치샤믈니어
詩시書셔의법다옴을외오고직업으로
女녀事ᄉᆞ룰삼가더니先션人인의積젹

善션ᄒᆞ샨남은경ᄉᆞ롤넘어일즉掖익庭뎡의ᄉᆡᆨ이매ᄀᆞ초와우리孝효慈ᄌᆞ高고皇황后후롤셤겨朝됴夕셕애됴회예뫼오니高고皇황后후ㅣ모ᄃᆞᆫ子ᄌᆞ婦부롤ᄀᆞᄅᆞ치샤ᄃᆡ禮례法법을오직삼가시니내공슌히儀의範범을밧드러날로ᄀᆞᄅᆞ치시ᄂᆞᆫ말ᄉᆞᆷ을듣ᄌᆞ와공경ᄒᆞ야佩패服복호ᄃᆡ감히어긔옴이잇디아니ᄒᆞ며식식히이젯皇황帝뎨셤굠을三삼十십餘여年년을호ᄃᆡᄒᆞᆫᄀᆞᆯᄀᆞ티先션志지롤遵

준ᄒᆞ야 ᄡᅥ 政졍敎교ᄅᆞᆯ 行ᄒᆡᆼᄒᆞ나 내 ᄉᆡᆼ각ᄒᆞᄃᆡ 位위ᄅᆞᆯ 中듕宮궁에 ᄀᆞᆮ초와 德덕이 ᄀᆞᆮ디 못ᄒᆞ야 아래 거ᄂᆞ리기에 겸연ᄒᆞ야 ᄡᅥ 皇황上샹의 內ᄂᆡ治티 아ᄅᆞᆷ다옴을 돕ᄉᆞ올 거시 업서 ᄡᅥ 高고皇황后후의 ᄀᆞᄅᆞ치샴을 텸욕ᄒᆞᆯ가 붇그려ᄒᆞ노라 ᄆᆡ양 史ᄉᆞ傳뎐을 보아 녯 賢현婦부와 貞뎡女녀ᄅᆞᆯ 求구ᄒᆞ니 비록 德덕性셩의 아ᄅᆞᆷ다옴을 일ᄏᆞ라시나 ᄯᅩᄒᆞᆫ ᄀᆞᄅᆞ치기로 말ᄆᆡ암아 이로디 아닌 이 잇디 아니ᄒᆞ니라

古고者쟈애ᄀᆞᄅᆞ침이반ᄃᆞ시법이이셔男남子ᄌᆞㅣ여ᄃᆞᆲᄉᆞᆯ이어든小쇼學ᄒᆞᆨ애들고女녀子ᄌᆞㅣ열ᄉᆞᆯ이어든姆무教교ᄅᆞᆯ듣더니小쇼學ᄒᆞᆨ글이傳뎐ᄒᆞᆷ이업거ᄂᆞᆯ晦회庵암朱쥬子ᄌᆞㅣ이에編편緝집ᄒᆞ야글을일오시니小쇼學ᄒᆞᆨ의教교ㅣᄒᆞ마비로소들배이쇼ᄃᆡᄒᆞᆯ노女녀教교ㅣ온젼ᄒᆞᆫ글이읻디아니ᄒᆞ니셰샹이오직范범曄녑의後후漢한書셔애曹조大태家고의女녀誡계ᄅᆞᆯ取츄ᄒᆞ야ᄀᆞᄅᆞ침을

삼ᄋᆞ되 샹ᄒᆡ 그 간략ᄒᆞᆷ을 병도이 녀기고
니ᄅᆞᆫ바 女녀憲헌과 女녀則측이 이쇼ᄃᆡ
다ᄒᆞᆫ갓 그 일홈만 잇ᄂᆞᆫ디라 近근世세애
비로소 女녀敎교의 글이 이셔 盛셩히 行
ᄒᆡᆼᄒᆞ나 大대要요ㅣ 曲곡禮례와 內ᄂᆡ則
측읫 말과 다ᄆᆞᆫ 周쥬南남과 召쇼南남과
모시읫 小쇼序셔와 밋 傳뎐記긔ᄅᆞᆯ 모도
와ᄒᆞ얏ᄂᆞᆫ디라 우러러 ᄉᆡᆼ각ᄒᆞ니 우리
高고皇황后후의 敎교訓훈ᄒᆞ샨 말ᄉᆞᆷ이 往
왕昔셕의 卓탁越월ᄒᆞ야 足죡히 ᄡᅥ 萬만

世셰의法법을드리웁즈ᄒᆞ실시내귀에
닉고ᄆᆞ음애ᄀᆞᆷ초왓더니이에永영樂낙
二이年년冬동애ᄡᅥ곰 高고皇황后후의
敎교ᄅᆞᆯ述슐ᄒᆞ야ᄡᅥ넓혀內닉訓훈二이
十십篇편을ᄆᆡᆼ그라ᄡᅥ宮궁壼곤애ᄀᆞᆯᄋᆞ
치노니사ᄅᆞᆷ의ᄡᅥ능히聖셩ᄒᆞᄂᆞᆫ바ᄂᆞᆫ그
德덕性셩을쳐ᄡᅥ그몸을닷금만嚴엄호
미업ᄂᆞᆫ디라故고로德덕性셩으로ᄡᅥ읏
듬을삼고修슈身신으로ᄡᅥ버금ᄒᆞ며修
슈身신ᄒᆞᆷ이言언行ᄒᆡᆼ을삼갈만졀당ᄒᆞᆷ

이업ᄂᆞᆫ디라故고로말ᄉᆞᆷ삼가며ᄒᆡᆼ실삼가기로ᄡᅥ버금ᄒᆞ야미리여勤근勵려와節절儉검애나ᄅᆞ고ᄯᅩ警경戒계로ᄡᅥ버금ᄒᆞ며사ᄅᆞᆷ의ᄡᅥ久구長댱ᄒᆞᆫ慶경을어듬이積뎍善션애더ᄒᆞ니업ᄉᆞ며ᄡᅥ허믈업슴배遷쳔善션애더ᄒᆞᆫ이업ᄉᆞ니두어가지ᄂᆞᆫ다몸애종요로온거시오ᄡᅥ法법을取취ᄒᆞᆯ바ᄂᆞᆫ반ᄃᆞ시우리 高고皇황后후의敎교로딕희염즉ᄒᆞᆯ시故고로聖셩訓훈존숑ᄒᆞ기로ᄡᅥ닛고멀니法법을톄

애取취ᄒᆞ얌즉ᄒᆞᆯ일ᄉᆡ故고로賢현範범
을경양ᄒᆞ기로ᄡᅥ버금ᄒᆞ야우ᄒᆞ로父부
母모ᄅᆞᆯ셤김과님군을셤김과舅구姑고
ᄅᆞᆯ셤김애니ᄅᆞ고ᄯᅩ미뢰여母모儀의와
睦목親친과慈ᄌᆞ幼유와待ᄃᆡ下하에니
ᄅᆞ러外외戚쳑ᄃᆡ졉ᄒᆞ기로ᄡᅥᄆᆞᆺ노니도
라보건대言언辭ᄉᆞㅣ淺쳔陋누ᄒᆞ야足
죡히ᄡᅥ깁흔旨지ᄅᆞᆯ發발揚양티몯ᄒᆞ나
그條됴目목은ᄯᅩᄒᆞᆫ져기ᄌᆞ니보ᄂᆞᆫ재
이에반ᄃᆞ시말ᄉᆞᆷ애泥니ᄒᆞᆯ거시아니라

다만쁟을取취ᄒᆞ면그안다ᄉᆞ리ᄂᆞᆫ道도
애혹만분에ᄒᆞ나히나도옴이이시리니
라

永영樂낙三삼年년正졍月월望망日일序
서

德덕性셩章쟝第뎨一일

貞뎡靜졍幽유閒한ᄒᆞ고端단莊장誠셩一일
은女녀子ᄌᆞ之지德덕性셩也야ㅣ니孝효敬
경仁인明명ᄒᆞ고慈ᄌᆞ和화柔유順슌ᄒᆞ면德덕
性셩이備비矣의라夫부德덕性셩은原원

於어所소禀품而이化화成셩於어習습ᄒᆞᄂᆞ
니匪비由유外외至지라實실本본於어身
신이라ᄒᆞ니古고之지貞뎡女녀ㅣ理리情졍性
셩ᄒᆞ며治티心심術슐ᄒᆞ며崇슝道도德덕ᄒᆞ실故
고能능配비君군子ᄌᆞᄒᆞ야以이成셩其기敎
교ᄒᆞᄂᆞ니是시故고로仁인以이居거之지ᄒᆞ며
義의以이行힝之지ᄒᆞ며智디以이燭쵹之지
ᄒᆞ며信신以이守슈之지ᄒᆞ며禮례以이體톄之
지ᄒᆞ야匪비禮례勿믈復니ᄒᆞ며匪비義의勿믈
由유ᄒᆞ고動동必필由유道도ᄒᆞ며言언必필由

유信신이니匪비言언而이言언則즉厲녀階계成성焉언ᄒ고匪비禮례而이動동則즉邪샤僻벽이形형焉언일시閾역以이限ᄒᆞᆫ言언ᄒ며玉옥以이節절動동ᄒ며禮례以이制제心심ᄒ며道도以이制제欲욕ᄒ야養양其기德덕性성은所소以이飭칙身신이니可가不블愼신歟여아無무損손於어性성者쟈ㅣ乃내可가以이養양德덕이며無무累누於어德덕者쟈ㅣ乃내可가以이成성性성이며積적過과ᄂᆞᆫ由유小쇼ᄒ야害해德덕이爲위大대ᄒ니

故고大대厦하ㅣ傾경頹퇴ᄂᆞᆫ基긔址지ㅣ弗불固고也야ㅣ오己긔身신不블飾틱은德덕性셩이有유虧휴也야ㅣ시ᄂᆞᆫ美미玉옥이無무瑕하ᄒᆞ면可가爲위至지寶보ㅣ오貞뎡女녀ㅣ純슌德덕이면可가配비京경室실이며檢검身신制졔度도ᄒᆞ면足죡爲위母모儀의오勤근儉검不블妬투ᄒᆞ면足죡法법閨규閫곤이니라若약夫부驕교盈영嫉질忌긔ᄒᆞ며肆ᄉᆞ意의適뎍情졍ᄒᆞ야以이病병其기德덕性셩ᄒᆞ면斯ᄉᆞ亦역無무所소取취矣의리라古고語어

애云운處쳐身신인대造조宅틱ᄒᆞ고黼보身신

인대建건德덕이라ᄒᆞ고詩시云운俾비爾이彌미

爾이性셩ᄒᆞ야純슌嘏가爾이常샹矣의라ᄒᆞ니라

閾역은門문의限ᄒᆞᆫ이니안말이밧긔나가디아니ᄒᆞ고밧말이안히들어오디아

니탄ᄯᅳᆺ이라○京경은크단말이니王왕家가의비필이되닷말이라○몸을편안

케ᄒᆞ려커든집을짓고몸을빗나게ᄒᆞ려커든德덕을세우라ᄒᆞ미라○彌미는長

댱久구ᄒᆞ단말이니하ᄂᆞᆯ이맛당이널노ᄒᆞ여곰그性셩命명을길게ᄒᆞ야그福복

祿녹을듯겁게ᄒᆞ며미양享향ᄒᆞ게ᄒᆞ리라ᄒᆞᆷ이라

고ᄃᆞ며고요ᄒᆞ며그윽ᄒᆞ며한아ᄒᆞ고단

정ᄒᆞ며장엄ᄒᆞ며셩실ᄒᆞ며ᄒᆞᆫ골ᄀᆞᄐᆞᆷ은

女녀子ᄌᆞ의德덕性셩이니효도로오며
공경ᄒᆞ며어딜며ᄇᆞᆰ고ᄉᆞ랑ᄒᆞ며온화ᄒᆞ
며부드러오며슌ᄒᆞ면德덕性셩이귀죤
지라德덕性셩은품슈ᄒᆞᆫ바애근원ᄒᆞ고
化화ᄒᆞᆷ은習습애이ᄂᆞ니받그로말미암
아니ᄅᆞ미아니라실노몸에근본ᄒᆞᆷ이니
라텬貞뎡女녀ㅣ情뎡性셩을다ᄉᆞ리며
心심術술을다ᄉᆞ리며道도德덕을존슝
ᄒᆞᆯ시故고로能능히君군子ᄌᆞ를빗합ᄒᆞ
야뻐그敎교를이로ᄂᆞ니이런故고로仁

인으로ᄡᅥ居거ᄒᆞ며義의로ᄡᅥ行ᄒᆡᆼᄒᆞ며
智디로ᄡᅥ빋최며信신으로ᄡᅥ딕ᄒᆡ여禮
례로ᄡᅥ體톄ᄒᆞ야禮례아니어든ᄇᆞᆲ디말
며義의아니어든말미암디말고움즈기
매반ᄃᆞ시道도로말미암으며말ᄉᆞᆷ홈애
반ᄃᆞ시信신으로말미암을셰니말ᄉᆞᆷ아
니ᄒᆞ얌즉ᄒᆞᆫᄃᆡ말ᄉᆞᆷᄒᆞ면화란의계톄일
고례아닌ᄃᆡ움즈기면샤특ᄒᆞ며편벽홈
이나타나릴ᄉᆡ閾역으로ᄡᅥ말ᄉᆞᆷ을限ᄒᆞᆫ
ᄒᆞ며玉옥으로ᄡᅥ움즈김을ᄆᆞᄃᆡᄒᆞ며禮

례로ᄡᅥᄆᆞᄋᆞᆷ을지졔ᄒᆞ며道도로ᄡᅥ欲욕
을졔어ᄒᆞ야그德덕性셩을침은ᄡᅥ몸을
飭틱ᄒᆞᆯ배니가히삼가디아니랴性셩애
損손ᄒᆞᆷ이업ᄉᆞᆫ者쟈ㅣ아이에가히ᄡᅥ德
덕을칠거시며德덕애累누ᄒᆞᆷ이업ᄉᆞᆫ者
쟈ㅣ아이에가히ᄡᅥ性셩을일올거사며
허믈싸힘은젹기로말미암아德덕害해
ᄒᆞᆷ이크니故고로큰집이기우러뎌문허
딤은基긔址지의굳디몯ᄒᆞᆷ이오내몸이
닥디몯ᄒᆞᆷ은德덕性셩이이즈러딤이이

심일ᄉᆡ 美미玉옥이 하ᄌᆞ 업스면 가히 지극ᄒᆞᆫ 보비 되고 貞뎡女녀ㅣ 德덕이 슌일ᄒᆞ면 가히 京경室실애 비필ᄒᆞᆯ 거시며 몸을 檢검ᄒᆞ며 법도로 制제ᄒᆞ면 足죡히 母모儀의 되고 勤근儉검ᄒᆞ야 妬투 그티아니ᄒᆞ면 足죡히 閨규閫곤애 법이 될디니라 만일 그 驕교盈영ᄒᆞ고 嫉질忌긔ᄒᆞ야 ᄠᅳᆮ을 방ᄉᆞ히ᄒᆞ고 情정을 맏걷게ᄒᆞ야 버그 德덕性셩을 병들오면 이 ᄯᅩᄒᆞᆫ 取취ᄒᆞᆯ 배 업ᄉᆞ리라 녯말애 니로ᄃᆡ 몸을 둘딘대

집을짓고몸을빋나게홀딘대德덕을셰
오라ᄒᆞ고詩시애닐오ᄃᆡ벌노ᄒᆞ여곰네
性셩을길게ᄒᆞ야복을네게미양듯겁게
ᄒᆞ리라ᄒᆞ니라

修슈身신章쟝第뎨二이

或혹曰왈太태任임이目목不불視시惡악
色ᄉᆡᆨᄒᆞ시며耳이不불聽텽淫음聲셩ᄒᆞ시며口
구不불出츌傲오言언ᄒᆞ시니若약是시者쟈
ᄂᆞᆫ修슈身신之지道도乎호아曰왈然언다ᄒᆞ
古고之지道도也야ㅣ라夫부目목視시惡악

色식則즉中듕眩현焉언ᄒᆞ고耳이聽텽淫음
聲셩則즉內ᄂᆡ褫톄焉언ᄒᆞ고口구出츌傲오
言언則즉驕교心심이侈치焉언ᄒᆞᄂᆞ니是시
皆ᄀᆡ身신之지害해也야ㅣ라故고婦부人인
이居거必필以이正졍은所소以이防방慝
특也야ㅣ오行ᄒᆡᆼ必필無무陂피ᄂᆞᆫ所소以이
成셩德덕也야ㅣ니ㅣ是시故고로五오綵ᄎᆡ盛
셩服복이不블足죡以이爲위身신華화ᄒᆞ고
貞뎡順슌率솔道도ㅣ야라乃내可가以이進
진婦부德덕이니不블修슈其기身신ᄒᆞ야以이

爽상厥궐德덕ᄒᆞ면斯ᄉᆞ爲위邪샤矣의라諺
언애有유之지ᄒᆞ니曰왈治티穢예養양苗묘
ᄒᆞ야無무使ᄉᆞ莠유驕교ᄒᆞ며剗잔荊형剪젼棘
극ᄒᆞ야無무使ᄉᆞ塗도塞식이라ᄒᆞ니是시以이로
修슈身신은所소以이成성其기德덕也야
ㅣ라夫부身신不블修슈則즉德덕不블立닙
이니德덕不블立닙而이能능成성化화於어
家가者쟈ㅣ蓋개寡과矣의어든而이況황於
어天텬下하乎호아是시故고로婦부人인
者쟈ᄂᆞᆫ從종人인者쟈也야ㅣ니夫부婦부之

지道도ㅣ눈 剛강柔유之지義의也야ㅣ라 昔셕者쟈애 明명王왕之지所소以이謹근婚혼姻인之지始시者쟈눈 重듕似ᄉᆞ續쇽之지道도也야ㅣ니 家가之지隆늉替톄와 國국之지廢폐興흥이 於어斯ᄉᆞ애 係계焉언ᄒᆞ니라 嗚오呼호ㅣ라 閨규門문之지內ᄂᆡ애 修슈身신之지敎교롤 其기勗욱愼신之지哉ᄌᆡ어다

褫톄눈 奪탈喪상이니 안ᄒᆡ 잇눈 德덕性셩이 음난ᄒᆞᆫ 소리예 에이여 일탄 말이라

或혹이 ᄀᆞᄅᆞᄃᆡ 太태任임이 눈애 사오나온 빗출 보디 아니ᄒᆞ시며 귀에 음난ᄒᆞᆫ 소

리ᄅᆞᆯ듣디아니ᄒᆞ시며입에거오ᄒᆞᆫ말ᄉᆞᆷ
을내디아니ᄒᆞ시니이ᄀᆞᆮᄒᆞᆷ은몸닥ᄂᆞᆫ道
도ㅣ냐ᄀᆞᄅᆞ되그러ᄒᆞ다녯道도ㅣ니라
눈애사오나온빋ᄎᆞᆯ보면ᄆᆞᄋᆞᆷ이현란ᄒᆞ
고귀애음난ᄒᆞᆫ소리ᄅᆞᆯ드르면안히아이
이고입애거오ᄒᆞᆫ말ᄉᆞᆷ을내면교만ᄒᆞᆫᄆᆞ
ᄋᆞᆷ이侈치ᄒᆞᄂᆞ니이다몸애해로오미라
故고로婦부人인이居거ᄒᆞᆷ애반ᄃᆞ시正졍
으로ᄡᅧᄒᆞᆷ은ᄡᅥ간특ᄒᆞᆷ을막ᄂᆞᆫ배오行ᄒᆡᆼ실
반ᄃᆞ시이편피ᄒᆞ미업ᄉᆞᆷ은ᄡᅥ德덕을일오

ᄂᆞᆫ배니이런故고로五오綵ᄎᆡ엔盛셩ᄒᆞᆫ옷시족히ᄡᅥ몸애빗난거시되디아니ᄒᆞ고貞뎡順슌ᄒᆞ야道도ᄅᆞᆯ말미암아야이에가히ᄡᅥ婦부德덕에나아갈디니그몸을닥디아니ᄒᆞ야ᄡᅥ그德덕을喪상ᄒᆞ면이샤특ᄒᆞ미되ᄂᆞᆫ디라諺언에외시니골오ᄃᆡ汙오穢예ᄒᆞᆫ거ᄉᆞᆯ다ᄉᆞ려벼이삭을길너돌피로ᄒᆞ여곰驕교홈이업게ᄒᆞ며셜니ᄅᆞᆯ뷔며가ᄉᆡᄅᆞᆯ골겨ᄒᆞ여곰길히막히미업게ᄒᆞ라ᄒᆞ니일로ᄡᅥ몸ᄃᆞᆨᄀᆞᆷ은ᄡᅥ

그德덕을일오ᄂᆞᆫ배라그몸을닥디몯ᄒᆞ
면德덕이셔디몯홀ᄉᆡ니德덕이셔디몯
ᄒᆞ고能능히교홰집에일오리대개젹거
ᄃᆞᆫᄒᆞ믈며天텬下하ㅣ랴이런故고로婦
부人인은사ᄅᆞᆷ을졷ᄂᆞᆫ者쟈ㅣ니夫부婦
부의道도ᄂᆞᆫ剛강ᄒᆞ며柔유ᄒᆞᆫ義의라녜
明명王왕의ᄡᅥ婚혼姻인의비로소믈삼
가ᄂᆞᆫ바ᄂᆞᆫ似ᄉᆞ續쇽의道도를重듕히너
기미니집의隆늉ᄒᆞ며替톄홈과나라히
廢폐ᄒᆞ며興흥홈이이애ᄆᆡ이엿ᄂᆞ니라

嗚오呼호ㅣ라 閨규門문안희 몸닥ᄂᆞᆫ 教교ᄅᆞᆯ 그 힘ᄡᅥ 삼갈서어다

愼신言언章쟝第뎨三삼

婦부教교ㅣ 有유四ᄉᆞᄒᆞ되 言언居거其기一일ᄒᆞ니 心심應응萬만事ᄉᆞᄒᆞᆯᄊᆡ 匪비言언曷갈宣션이라오 言언而이中듕節졀ᄒᆞ면 可가以이免면悔회오 言언不블當당理리ᄒᆞ면 禍화必필從죵之지ᄒᆞ리니 諺언애 曰왈 誾은誾은謇건謇건ᄒᆞ면 匪비石셕可가轉뎐이오 訾ᄌᆞ訾ᄌᆞ譞현譞현ᄒᆞ면 烈렬火화燎료原원이라ᄒᆞ고 又우

曰왈口구如여扃경ᄒᆞ면言언有유恒ᄒᆞᆼᄒᆞ고口구如여注주ᄒᆞ면言언無무據거ᄒᆞ니라甚심矣의라言언之지不블可가不블愼신也야ㅣ여ㅣ況황婦부人인은德덕性셩이幽유閑한ᄒᆞ야言언非비所소尙샹이며多다言언多다失실일시不블如여寡과言언이라故고書셔斥척牝빈雞계之지晨신ᄒᆞ고詩시有유厲녀階계之지刺ᄌᆞᄒᆞ고禮례嚴엄出츌梱곤之지戒계ᄒᆞ니善션于우自ᄌᆞ持디者쟈ㅣ必필於어此ᄎᆞ而이加가愼신焉언이면庶셔乎호其기可가

也야라ㅣ니 然연則즉 愼신之지 有유道도乎호
아 曰왈 有유學ᄒᆞᆨ南남宮궁縚도ㅣ 可
가也야라ㅣ 夫부 緘함口구ᄒᆞ야 內뇌 修슈ᄒᆞ며 重
듕諾낙이면 無무尤우ㅣ니 寧령其기心심ᄒᆞ며 定
뎡其기志지ᄒᆞ며 和화其기氣긔ᄒᆞ야 守슈之지
以이仁인厚후ᄒᆞ며 持디之지 以이莊장敬경
ᄒᆞ며 質질之지 以이信신義의ᄒᆞ야 一일語어一
일默믁을 從죵容용中듕道도ᄒᆞ야 以이合합
於어坤곤靜졍之지 體톄ᄒᆞ면 則즉讒참慝특
이 不불作작而이 家가道도ㅣ 雍옹穆목矣

의라 故고女녀不블矜긍色식이오其기行힝
이在지德덕일시無무鹽염이雖슈陋누ᄒᆞ나言
언用용於어齊졔而이國국以이安안ᄒᆞ니孔
공子ᄌᆞㅣ曰왈有유德덕者쟈ᄂᆞᆫ必필有유
言언이어니와有유言언者쟈ᄂᆞᆫ不블必필有유
德덕이라ᄒᆞ시니라 ○闇은闇은은和화ᄒᆞ단말이오謇건謇건은교정ᄒᆞ단말
이오匪비石석은고집ᄒᆞᆫᄆᆞ음이돌도곤甚심ᄒᆞ단말이오訾ᄌᆞ訾ᄌᆞᄂᆞᆫ毁훼謗방
ᄒᆞ단말이오諓현諓현은말이만흔거동이오扃경은열며닷기ᄅᆞᆯᄲᅢ로ᄒᆞ단말이
오注주ᄂᆞᆫ물이ᄡᅡ디기곤단말이니ᄂᆞᆯ온말이和화ᄒᆞ고교정ᄒᆞ면ᄆᆞ음이돌쳐
로가히구울리지몯ᄒᆞ리란말이오利니ᄒᆞᆫ입으로사ᄅᆞᆷ을샹ᄒᆡ오면그禍화ㅣ블

곧단말이라

婦부敎교ㅣ네가지이시되말ᄉᆞᆷ이그ᄒᆞ나히居거ᄒᆞ니ᄆᆞᄋᆞᆷ이만가지일을應응ᄒᆞᆯᄉᆡ말ᄉᆞᆷ이아니면엇디베프리오말ᄉᆞᆷ이節절애中듕ᄒᆞ면가히ᄡᅥ뉘오ᄎᆞᆷ을면ᄒᆞᆯ거시오말ᄉᆞᆷ이理리애當당티아니ᄒᆞ면지쇄반ᄃᆞ시조ᄎᆞ리니諺언애ᄀᆞᆯᄋᆞ듸誾은誾은ᄒᆞ고謇건謇건ᄒᆞ면돌텨로可가히구을닐거시아니오訾ᄌᆞ訾ᄌᆞᄒᆞ고譞현譞현ᄒᆞ면모딘블이두던에븓틈이

라ᄒᆞ고ᄯᅩᄀᆞᆯᄋᆞ되입을扃경곧티ᄒᆞ면말
ᄉᆞᆷ이ᄒᆞᆼ샹ᄒᆞᆷ이잇고입을注주곧티ᄒᆞ면
말ᄉᆞᆷ이의거ᄒᆞᆷ이업다ᄒᆞ니甚심ᄒᆞ다말
ᄉᆞᆷ을가히삼가디아니티몯ᄒᆞᆯ딘뎌ᄒᆞ믈
며婦부人인은德덕性셩이幽유閑한ᄒᆞ
야말ᄉᆞᆷ을숭샹ᄒᆞᆯ배아니며말ᄉᆞᆷ이만ᄒᆞ
면과실이만ᄒᆞᆯ일ᄉᆡ말ᄉᆞᆷ적을만ᄀᆞᆺ디몯
ᄒᆞᆫ디라故고로書셔애암ᄃᆞᆰ의사ᄇᆡᄅᆞᆯ斥
쳑ᄒᆞ엿고詩시애厲려階계의그릇ᄒᆞ미
잇고禮례애梱곤에나ᄂᆞᆫ경계ᄅᆞᆯ嚴엄히

ᄒᆞ니스ᄉᆞ로몸가지기잘ᄒᆞᄂᆞ니이반ᄃᆞ시
이에삼가믈더ᄒᆞ면거의그可가ᄒᆞ니라
그러ᄒᆞ면삼가미道도ㅣ잇ᄂᆞ냐ᄀᆞᆯ오ᄃᆡ
이시니南남宮궁縚도ᄅᆞᆯ學ᄒᆞᆨ홈이可가
ᄒᆞᆫ디라그입을다다안호로닷그며허락
을重듕히너기면허믈이업슬띠니그ᄆᆞ
ᄋᆞᆷ을평안히ᄒᆞ며그ᄠᅳᆺ을定뎡ᄒᆞ며그긔
운을온화히ᄒᆞ야仁인厚후로ᄡᅥ딕희며
莊장敬경으로ᄡᅥ가지며信신義의로ᄡᅥ
질정ᄒᆞ야ᄒᆞᆫ번말ᄉᆞᆷ과ᄒᆞᆫ번ᄌᆞᆷᄌᆞᆷ홈을從

죵容용히 道도애 맏게 ᄒᆞ야 버坤곤 靜졍
ᄒᆞᆫ 體톄애 합당케 ᄒᆞ면 ᄎᆞᆷ소와 샤특이 진
디 몸ᄒᆞ고 家가 道도ㅣ 화목ᄒᆞᆯ써라 故고
로 계집은 色식을 쟈랑티 아니ᄒᆞ고 그 ᄒᆡᆼ
실이 德덕애 이실ᄉᆡ 無무鹽염이 비록 더
러오나 말ᄉᆞᆷ이 齊제애 ᄡᅳ이매 나라히 ᄇᆡ
평안ᄒᆞ니 孔공子ᄌᆞㅣ ᄀᆞᆯᄋᆞ샤ᄃᆡ 德덕읻
ᄂᆞᆫ 이ᄂᆞᆫ 반ᄃᆞ시 말ᄉᆞᆷ이 이시려니와 말ᄉᆞᆷ
읻ᄂᆞᆫ 이ᄂᆞᆫ 구ᄐᆡ여 德덕이 읻디 못ᄒᆞᄂᆞ다 ᄒᆞ
시니라

謹근行힝章쟝第뎨四ᄉ

甚심哉지라 婦부人인之지行힝이 不블可가以이不블謹근也야ㅣ며 自ᄌ是시者쟈ᄂᆞᆫ 其기行힝이 專젼ᄒᆞ고 自ᄌ矜긍者쟈ᄂᆞᆫ 其기行힝아 危위ᄒᆞ고 自ᄌ欺긔者쟈ᄂᆞᆫ 其기行힝이 驕교以이汙오ᄒᆞᄂᆞ니 行힝專젼則즉綱강常상이 廢폐ᄒᆞ고 行힝危위則즉疾질戾녀ㅣ 興흥ᄒᆞ고 行힝驕교以이汙오則즉人인道도ㅣ 絶절ᄒᆞ리니 有유一일於어此ᄎᆞᄒᆞ면 鮮션克극終종也야ㅣ리라 夫부干간霄쇼之지木목

은本본之지深심也야오ㅣ凌능雲운之지臺

디ᄂᆞᆫ基긔之지厚후也야오ㅣ婦부有유令녕

譽예ᄂᆞᆫ行ᄒᆡᆼ之지純슌也야니! 本본深심은

在ᄌᆡ乎호栽ᄌᆡ培ᄇᆡᄒᆞ고基긔厚후ᄂᆞᆫ在ᄌᆡ乎호

호積젹累누ᄒᆞ고行ᄒᆡᆼ純슌은在ᄌᆡ乎호自ᄌᆞ

力력ᄒᆞ니不블爲위純슌行ᄒᆡᆼ則즉戚쳑踈소

ㅣ離니焉언ᄒᆞ며長댱幼유ㅣ紊문焉언ᄒᆞ며貴

귀賤쳔이淆효焉언ᄒᆞᄂᆞ니是시故고로欲욕

成셩其기大대댄當당謹근其기微미니라縱

종於어毫호末말ᄒᆞ면本본大대不블伐벌ᄒᆞ고

昧미於어冥명冥명ᄒᆞ면神신鑑감이孔공明명ᄒᆞᆯ씨百ᄇᆡᆨ行ᄒᆡᆼ一일虧휴ᄒᆞ면終죵累누全젼德덕ᄒᆞ리라體톄柔유順슌ᄒᆞ며率솔貞뎡潔결ᄒᆞ야服복三삼從죵之지訓훈ᄒᆞ고謹근內ᄂᆡ外외之지別별이니勉면之지敬경之지ᄒᆞ야始시終죵惟유一일ᄒᆞ면由유是시로可가以이修슈家가政졍이며可가以이和화上샹下하ㅣ며可가以이睦목親친戚쳑ᄒᆞ야而이動동無무不블協협矣의리라易역曰왈恒ᄒᆞᆼ其기德덕이면貞뎡이니婦부人인은吉길타ᄒᆞ니此ᄎᆞ之

지謂위也야ㅣ니라○스ᄉᆞ로오ᄅᆞᆺᄒᆞᄂᆞᆫ쟈ᄂᆞᆫ님군도업게녀기며지아비도업게녀겨綱강常상의큰節졀을폐ᄒᆞ고스ᄉᆞ로위티히ᄒᆞᄂᆞᆫ쟈ᄂᆞᆫ사ᄅᆞᆷ의뮈위ᄒᆞᆷ을불러致지禍화ㅣ나그스ᄉᆞ로교만ᄒᆞ며ᄒᆡᆼ실이汙오賤쳔ᄒᆞᄂᆞᆫ쟈ᄂᆞᆫ婦부道도ㅣ絶졀滅멸ᄒᆞ야사ᄅᆞᆷ의類뉴ㅣ아니라ᄒᆞᆷ이라

甚심ᄒᆞ다婦부人인의ᄒᆡᆼ실이可가히ᄡᅥ삼가디아니티몯ᄒᆞᆯ거시여스ᄉᆞ로올ᄒᆞᆫ톄ᄒᆞᄂᆞ니ᄂᆞᆫ그ᄒᆡᆼ실이젼쳔ᄒᆞ고스ᄉᆞ로쟈랑ᄒᆞᄂᆞ니ᄂᆞᆫ그ᄒᆡᆼ실이위틔ᄒᆞ고스ᄉᆞ로소기ᄂᆞ니ᄂᆞᆫ그ᄒᆡᆼ실이교만ᄒᆞ며ᄡᅥ쳔ᄒᆞᄂᆞ니ᄒᆡᆼ실을젼쳔이ᄒᆞ면綱강常상이

廢폐ᄒᆞ고힝실을위ᄐᆡ히ᄒᆞ면아쳐홈과
ᄌᆡ앙이니러나고힝실이교만ᄒᆞ며버오
쳔ᄒᆞ면사ᄅᆞᆷ의道도ㅣ긋ᄎᆞ리니ᄒᆞᆫ가지
이예이시면能능히終종ᄒᆞ리젹으리라
하ᄂᆞᆯ히다ᄒᆞᆫ남근블희깁픔이오구롬의
다ᄒᆞᆫ臺ᄃᆡ는터히두터옴이오계집이令
령譽예이심은힝실이슌젼홈이니블희
깁기는栽ᄌᆡ培ᄇᆡᄒᆞᆫ기예읻고터히두터
옴은積젹累누ᄒᆞᆫ기예읻고힝실이슌젼
ᄒᆞᆫ기는ᄉᆞᄉᆞ로힘ᄡᅳ기예이시니슌젼ᄒᆞᆫ

힝실을ᄒᆞᆫ디아니ᄒᆞ면戚척과疏소ㅣ離
니ᄒᆞ며長댱과幼유ㅣ紊문ᄒᆞ며貴귀와
賤쳔이淆효ᄒᆞᄂᆞ니이런故고로그큰거
ᄉᆞᆯ이로고쳐홀딘대말당이그젹은거ᄉᆞᆯ
삼갈셔니라毫호末말애縱죵ᄒᆞ면근본
이커버히지몯ᄒᆞ고冥명冥명ᄒᆞᆫ듸숨기
면神신鑑감이크게블글ᄉᆡᄇᆡᆨ가지힝실
애ᄒᆞᆫ가지이즈러디면ᄆᆞᄎᆞᆷ내온젼ᄒᆞᆫ德
덕을더러이리라柔유順슌을몸바드며
貞뎡潔결을말미암아三삼從죵의끌ᄋᆞ

침을服복ᄒᆞ고內닉外외의각별홈을삼
갈서니힘쓰며공경ᄒᆞ야처음과나죵을
오직ᄒᆞᆫᄀᆞᆯᄀᆞ티ᄒᆞ면일노말미암아可가
히뻐家가政졍을닫그며可가히뻐上샹
下하ᄅᆞᆯ和화ᄒᆞ며可가히뻐親친戚쳑을
睦목ᄒᆞ야動동홈애和화티아님이업ᄉᆞ
리라易역에ᄀᆞᆯᄋᆞ되그德덕을恒ᄒᆞᆼ샹이
ᄒᆞ면貞뎡ᄒᆞ미니婦부人인은吉길타ᄒᆞ
니이ᄅᆞᆯ니ᄅᆞᆷ이니라

勤근勵려章쟝第뎨五오

怠ᄐᆡ惰타恣ᄌᆞ肆ᄉᆞᄂᆞᆫ身신之지灾ᄌᆡ也야
ㅣ오勤근勵려不블息식은身신之지德덕也
야ㅣ니是시故고로農농勤근於어耕경ᄒᆞ고士
ᄉᆞ勤근於어學ᄒᆞᆨᄒᆞ고女녀勤근於어工공ᄒᆞᄂᆞ
니農농惰타則즉五오穀곡이不블穫확ᄒᆞ고
士ᄉᆞ惰타則즉學ᄒᆞᆨ問문이不블成셩ᄒᆞ고女
녀惰타則즉機긔杼뎌ㅣ空공乏핍ᄒᆞᄂᆞ니라古
고者쟈에后후妃비ㅣ親친蠶ᄌᆞᆷᄒᆞ야躬궁以
이率솔下하ᄒᆞ며庶셔士ᄉᆞ之지妻쳐ㅣ皆기
衣의其기夫부ᄒᆞ되效효績젹有유制제ᄒᆞ야愆

건則즉有유辟벽ᄒᆞᄂᆞ니夫부治티絲ᄉᆞ執딥
麻마ᄒᆞ야以이供공衣의服복ᄒᆞ고冪멱酒쥬漿
댱ᄒᆞ며具구菹저醢해ᄒᆞ야以이供공祭제祀ᄉᆞ
ᄂᆞᆫ女녀之지職직也야ㅣ니不불勤근其기事
ᄉᆞᄒᆞ야以이廢폐其기功공ᄒᆞ면何하以이辭ᄉᆞ
辟벽이리오夫부早조作작晩만休휴ㅣ면可가
以이無무憂우ㅣ며縷누績젹不블息식이면可
가以이成셩匹필이니戒계之지哉지ᄒᆞ야毋무
荒황寧령이어다荒황寧령者쟈ᄂᆞᆫ劌귀身신
之지廉렴刃인也야ㅣ니雖슈不블見견其기

鋒봉이나陰음爲위所소戕장矣의리라 詩시曰왈 婦부無무公공事ᄉᆞㅣ어ᄂᆞᆯ 休휴其기蠶ᄌᆞᆷ織직이라ᄒᆞ니 此ᄎᆞᄂᆞᆫ 怠ᄐᆡ惰타之지慝특也야ㅣ라 於오乎호ㅣ라 貧빈賤천不블怠ᄐᆡ惰타者쟈ᄂᆞᆫ 易이ᄒᆞ고 富부貴귀不블怠ᄐᆡ惰타者쟈ᄂᆞᆫ 難난ᄒᆞ니 當당勉면其기難난ᄒᆞ고 毋무忽홀其기易이니라 ○ 冪멱은 덥단 말이오 荒황은 폐ᄒᆞ단 말이오 寧녕은 한가탄 말이오 劌귀ᄂᆞᆫ 버히단 말이오 廉뎜은 ᄂᆞᆯ갑단 말이오 戕장은 추기단 말이라

怠ᄐᆡ惰타ᄒᆞ며 恣ᄌᆞ肆ᄉᆞ홈은 몸의 직홰오 브즈런ᄒᆞ며 ᄀᆞ다듬아 쉬디 아니홈은

몸의德덕이니이런故고로農농은받갈기에브즈런ᄒᆞ고士ᄉᆞᄂᆞᆫ學ᄒᆞᆨ에브즈런ᄒᆞ고女녀ᄂᆞᆫ일에브즈런ᄒᆞᄂᆞ니農농이게어르면五오穀곡을거두디몯ᄒᆞ고士ᄉᆞㅣ게어르면學ᄒᆞᆨ問문을일오디몯ᄒᆞ고女녀ㅣ게어르면機긔杼뎌ㅣ브여업ᄂᆞ니라녜后후妃비親친히누에쳐몸소ᄲᅵ아래로거ᄂᆞ리며庶셔士ᄉᆞ의妻쳐ㅣ다그지아비로닙피되공젹을효측ᄒᆞ미법졔이셔愆건ᄒᆞ면辟벽이잇ᄂᆞ니실

을다ᄉᆞ리며삼을잡아ᄡᅥ衣의服복을이
밧고酒쥬漿쟝을ᄃᆞᆷ으며菹저醢혜ᄅᆞᆯ곤
초와ᄡᅥ祭제祀ᄉᆞᄅᆞᆯ供공봉홈은女녀의
職직이니그일을힘ᄡᅳ디아니ᄒᆞ야ᄡᅥ그
功공을廢폐ᄒᆞ면얻디ᄡᅥ죄ᄅᆞᆯᄉᆞ양ᄒᆞ리
오일즉닐고늗게야쉬면可가히ᄡᅥ근심
이업ᄉᆞ며縷누績적ᄒᆞ기ᄅᆞᆯ쉬디아니ᄒᆞ
면可가히ᄡᅥ疋필을일올ᄯᅵ니경계ᄒᆞ야
荒황ᄒᆞ며寧녕티말올ᄯᅵ어다荒황ᄒᆞ며
寧녕홈은몸버히ᄂᆞᆫᄂᆞᆯ가온칼ᄂᆞᆯ이니비

록 그 놀흘 보디 몯ᄒᆞ나 ᄀᆞ만이 戕장해홀 배 되리라 詩시애 ᄀᆞᆯ오ᄃᆡ 계집이 公공事ᄉᆞㅣ 업거ᄂᆞᆯ 그 蠶ᄌᆞᆷ織직을 ᄇᆞ린다 ᄒᆞ니 이ᄂᆞᆫ 怠틔惰타ᄒᆞᆫ 허믈이라 於오乎호ㅣ라 貧빈賤쳔코 怠틔惰타티 아니홈은 쉽고 富부貴귀코 怠틔惰타티 아니홈은 어려오니 맏당히 그 어려온 거ᄉᆞᆯ 힘ᄡᅳ고 그 쉬온 거ᄉᆞᆯ 忽홀티 말올세니라

節절儉검章쟝第뎨六뉵

戒계奢샤者쟈ᄂᆞᆫ 必필先션於어節절儉검

이니夫부澹담素소ᄂᆞᆫ養양性셩ᄒᆞ고奢샤靡미

ᄂᆞᆫ伐벌德덕을人인率솔知디之지ᄒᆞ되而이

取취舍샤ㅣ不블決결焉언은何하也야오

志지不블能능帥솔氣긔ᄒᆞ며理리不블足죡

御어情졍일ᄉᆡ是시以이로覆복敗패者쟈ㅣ

多다矣의니라傳뎐애曰왈儉검者쟈ᄂᆞᆫ聖셩

人인之지寶보也야ㅣ라ᄒᆞ고又우曰왈儉검은

德덕之지共공也야ㅣ오侈치ᄂᆞᆫ惡악之지大

대也야ㅣ라ᄒᆞ니라若약夫부一일縷누之지帛

빅이出츌工공女녀之지勤근ᄒᆞ고一일粒닙

之지食식이出츌農농夫부之지勞노ᄒᆞ야致
티之지不블易이어늘而이用용之지不블節
절ᄒᆞ야暴포殄단天텬物믈ᄒᆞ야無무所소顧고
惜셕ᄒᆞ고上샹率솔下하ᄒᆞ야承승靡미然연一
일ᄒᆞ니軌궤孰슉勝승其기弊폐哉재리오夫부
錦금繡슈ㅣ華화麗려ᄒᆞ나不블如여布포帛
빅之지溫온也야ㅣ며奇긔饈슈ㅣ美미味미
나不블如여糲랄粢ᄌᆞ之지飽포也야ㅣ오且
샤五오色식이壞괴目목ᄒᆞ며五오味미昏혼
智디ᄒᆞ고飮음淸청茹여淡담ᄒᆞ면祛거疾질延

연齡령ᄒᆞ리니 得득失실損손益익이 判판然
연懸현絕절矣의라 古고之지賢현妃비哲
텰后후ㅣ 深심戒계守슈此ᄎᆞ시ᄂᆞᆫ 故고 絺티
綌격無무斁역은 見견美미於어周쥬詩시
ᄒᆞ고 大대練련麤조疏소ᄂᆞᆫ 垂슈光광於어漢
한史ᄉᆞᄒᆞ나 敦돈廉렴儉검之지風풍ᄒᆞ며 絕절
侈치麗려之지質질ᄒᆞ야 天텬下하ㅣ 從죵化
화ᄒᆞ시ᄂᆞᆫ 是시以이로 海히內ᄂᆡ殷은富부ᄒᆞ고 閭
려閻염이 足죡給급焉언ᄒᆞ나 蓋개上샹以이
導도下하ᄒᆞ며 內ᄂᆡ以이表표外외라 故고后

ᄒᆞ 必필 敦돈 節절 ᄒᆞ야 以이 率솔 六뉵 宮궁 ᄒᆞ고
諸제 侯후 之지 夫부 人인 와 以이 至지 士ᄉᆞ
庶셔 之지 妻쳐 ㅣ 皆ᄀᆡ 敦돈 節절 儉검 ᄒᆞ야 以
이 率솔 其기 家가 然연 後후 에 民민 無무 凍
동 餒뇌 ᄒᆞ야 禮례 義의 ㅣ 可가 興흥 ᄒᆞ며 風풍 化
화 ㅣ 可가 紀긔 矣의니라 或혹 有유 問문 者쟈
ㅣ 曰왈 節절 儉검 이 有유 禮례 乎호 아 曰왈
禮례 ㅣ 與여 其기 奢샤 也야론ㅣ 寧녕 儉검 이나
然연 有유 可가 約약 者쟈 爲언 ᄒᆞ며 有유 可가
腆뎐 者쟈 爲언 ᄒᆞ니 是시 故고 로 處쳐 己긔 ᄂᆞᆫ

不블可가不블儉검이오事ᄉ親친은不블可

가不블豐풍이라니○擷날은데쓸흔쌀이라周쥬詩시눈葛갈覃담이니文문王왕妃비의일이오大대練련은明명德덕馬마皇황后후의일이라

샤치경계홈은반ᄃᆞ시節절儉검애몬져ᄒᆞᆯ꺼니그澹담素소홈은性셩을티고奢샤靡미홈은德덕을伐벌ᄒᆞᆯ줄을사ᄅᆞᆷ이다알오ᄃᆡ取취舍샤홈이결단티몯홈은얻디오ᄠᅳᆮ이能능히그욕을거ᄂᆞ리디몯ᄒᆞ며理리ㅣ足죡히情졍을졔어티몯ᄒᆞ릴ᄉᆡ일노ᄡᅥ覆복敗패ᄒᆞᆫ者쟈ㅣ만ᄒᆞ니

라傳뎐애ᄀᆞᆯᄋᆞᄃᆡ검박홈은聖셩人인의보ᄇᆡ라ᄒᆞ고ᄯᅩᄀᆞᆯᄋᆞᄃᆡ검박홈은德덕의共공이오샤치홈은惡악의큰거시라ᄒᆞ니라만일ᄒᆞᆫ니음깁도工공女녀의부즈런으로나고ᄒᆞᆫ낟밥도農농夫부의슈고롭기로나니뢰기쉽디아니커ᄂᆞᆯ쓰기ᄅᆞᆯ존절티아니ᄒᆞ야天텬物믈을暴포殄딘ᄒᆞ야도라보아앗기ᄂᆞᆫ배업고우히거ᄂᆞ리며아래니어ᄒᆞᆫ박회로靡미然연ᄒᆞ니뉘그弊폐ᄅᆞᆯ이그리오錦금繡슈ㅣ華화

麗녀ᄒᆞ나布포帛빅의ᄃᆞᄉᆞ니만곤디몯
ᄒᆞ며奇긔饈슈ㅣ아름다온마시나糲날
粢ᄌᆞ의비브ᄅᆞ기만곤디몯ᄒᆞ고ᄯᅩ五오
色식이눈을어즈러이며五오味미더혀
ᄅᆞᆯ어둡게ᄒᆞ고ᄆᆞᆯ근거슬마시며淡담ᄒᆞᆫ
거슬먹으면병을업시ᄒᆞ고나흘길게ᄒᆞ
리니得득失실과損손益익이判판然연
히懸현絶절ᄒᆞᆫ디라텰賢현妃비와哲텰
后후ㅣ깁히경계ᄒᆞ야이ᄅᆞᆯ딕힐시故고
로締티와絡격이ᄉᆞᆯ희여ᄒᆞᆷ이업ᄉᆞᆷ은아

몸다옴이周쥬詩시애뵈고大대練년의麤조疏소홈은비ᄎᆞᆯ漢한史ᄉᆞ의드리워시니廉념儉검ᄒᆞᆫ풍쇽을도타이ᄒᆞ며修치麗녀ᄒᆞᆫ그질을근쳐天텬下하ㅣ조차化화ᄒᆞ릴시일로ᄡᅥ海ᄒᆡ內ᄂᆡ가음열고閭녀閻염이녁녁ᄒᆞ니대개우ᄒᆞ로ᄡᅥ아리ᄅᆞᆯ인도ᄒᆞ며안ᄒᆞ로ᄡᅥ밧글表표홈이라故고로后후ㅣ반ᄃᆞ시節절을도타이ᄒᆞ야ᄡᅥ六뉵宮궁을거ᄂᆞ리고諸졔侯후의夫부人인와ᄡᅥ士ᄉᆞ庶셔의妻쳐애니

ᄅᆞ히다節절儉검을도타이ᄒᆞ야뻐그집을거ᄂᆞ린然연後후에야빅셩이치움과주림이업서禮례와義의를可가히니르혀며풍쇽과교화를可가히긔록ᄒᆞᆯᄯᅥ니라或혹이무ᄅᆞ리이셔ᄀᆞᆯ오ᄃᆡ節절儉검이禮례인ᄂᆞ냐ᄀᆞᆯ오ᄃᆡ禮례ㅣ그샤치홈으로더부러론졀ᄒᆞ리검박ᄒᆞ라ᄒᆞ야시나그러나可가히간략ᄒᆞᆯ것도이시며可가히듯터올것도이시니이런故고로몸處쳐ᄒᆞ기ᄂᆞᆫ可가히검박디아니티몯ᄒᆞᆯ

거시오 어버이 셤기기ᄂᆞᆫ 可가히 풍셩티 아니티 몯ᄒᆞᆯ 거시니라

警경戒계章쟝第뎨七칠

婦부人인之지德덕이 莫막大대於어端단己긔ᄒᆞ고 端단己긔之지要요ㅣ 莫막重듕於어警경戒계ᄒᆞ니 居거富부貴귀也야而이恒ᄒᆞᆼ懼구乎호驕교盈영ᄒᆞ며 居거貧빈賤쳔也야而이恒ᄒᆞᆼ懼구乎호敗패失실ᄒᆞ며 居거安안寧녕也야而이恒ᄒᆞᆼ懼구乎호患환難난ᄒᆞ야 奉봉危치在지手슈ᄒᆞ되 若약將쟝傾경爲

언ᄒᆞ며擇ᄐᆡᆨ地디而이旋션ᄒᆞᄃᆡ若약將장陷함焉언일시故고一일念념之지微미와獨독處처之지際제애不블可가不블愼신ㅣ니謂위無무有유見견ㅣ나能능隱은於어天텬乎호ㅣ며謂위無무有유知디나不블欺긔於어心심、乎호아故고肅슉然연警경惕텩ᄒᆞ야恒ᄒᆞᆼᄒᆞ야存존乎호矩구度도ᄒᆞ며湛담然연純슌一일ᄒᆞ야不블干간於어非비僻벽ᄒᆞ고擧거動동之지際제애如여對ᄃᆡ舅구姑고ᄒᆞ며閨규門문之지間간애如여臨님師ᄉᆞ保보ᄒᆞ야不블惰

타於어冥명冥명ᄒᆞ며不블驕교於어昭쇼昭
쇼ᄒᆞ야行ᄒᆡᆼ之지以이誠셩ᄒᆞ고持디之지以이
久구ᄒᆞ야顯현隱은不블貳이시ᄂᆞᆫ由유是시로
德덕宜의於어家가族족ᄒᆞ고行ᄒᆡᆼ通통於어
神신明명ᄒᆞ야而이百ᄇᆡᆨ福복ㅣ咸함臻진矣
의라夫부念념慮녀ㅣ有유常샹ᄒᆞ면動동必
필無무過과ᄒᆞ고思ᄉᆞ患환預예防방은所소
以이免면禍화시ᄂᆞᆫ一일息식不블戒계ᄒᆞ면災
지害해攸유萃췌며累ᄂᆡ德덕終종身신이면
悔회何하追튜矣의리오是시故고로鑑감古

그之지失실이면吾오則즉得득焉언이오惕텩
勵녀未미形형이면吾오何하尤우焉언이리오
詩시曰왈相샹在지爾이室실혼대尙샹不블
媿괴於어屋옥漏누ㅣ라ᄒᆞ며禮례애曰왈戒계
愼신乎호其기所소不블覩도ᄒᆞ며恐공懼구
乎호其기所소不블聞문이니라此ᄎᆞ之지謂
위也야ㅣ니라 ○ 屋옥漏누는집西서北북隅우니사ᄅᆞᆷ기어두운집에이셔도能능히屋옥漏누에븟그러온일이업단말이라
婦부人인의德덕이몸단졍이ᄒᆞᆷ만큰이
업고몸단졍이ᄒᆞᆷ종요ㅣ警경戒계ᄒᆞᆷ만

重듕ᄒᆞᆫ이업ᄉᆞ니富부貴귀애居거홈애
미양驕교盈영을두려ᄒᆞ며貧빈賤쳔애
居거홈애미양敗패失실홈을두려ᄒᆞ며
安안寧녕애居거홈애미양患환難난을
두려ᄒᆞ야잔을받드러손에이시되장ᄎᆞᆺ
기우러딜ᄃᆞᆺ시ᄒᆞ며ᄡᅥ홀곰히여두로혀
되장ᄎᆞᆺ빠딜듯홀시故고로一일念념의
微미홈과獨독處쳐ᄒᆞᆫ즈음애可가히삼
가디아니티몯홀ᄊᆡ니보리이시리업다
닐으나能능히하ᄂᆞᆯ을ᄉᆞᆷ기며알니이시

리업다니ᄅᆞ나ᄆᆞᄋᆞᆷ을소기디아니미냐
故고로식식히警경惕텩ᄒᆞ야미양규구
와법도ᄅᆞᆯ두며湛담然연히純슌一일ᄒᆞ
야그르며샤벽ᄒᆞᆫ디干간티아니ᄒᆞ고舉
거動동ᄌᆞ음애舅구姑고ᄭᅴ對ᄃᆡᄒᆞᆷᄀᆞᆮ티
ᄒᆞ며閨규門문ᄉᆞ이애師ᄉᆞ保보ᄅᆞᆯ臨님
ᄒᆞᆷᄀᆞᆮ티ᄒᆞ야冥명冥명ᄒᆞᆫ디게어르디아
니ᄒᆞ며昭쇼昭쇼ᄒᆞᆫ디교만ᄒᆞ디아니ᄒᆞ
야行ᄒᆡᆼ키ᄅᆞᆯ정셩으로ᄡᅥᄒᆞ고가지기ᄅᆞᆯ
오라기로ᄡᅥᄒᆞ야顯현ᄒᆞ며隱은ᄒᆞᆫ디貳

이티아닐시일노말미암아德덕이家가族족애만당ᄒᆞ고行힝이神신明명애通통ᄒᆞ야百빅가지福복이다닐을디라念념慮녀ㅣ셛셛홈이이시면움조기매반ᄃᆞ시허믈이업고근심을싱각ᄒᆞ야미리막음은ᄡᅥ禍화ᄅᆞᆯ免면ᄒᆞᆯᄲᆡᆯ시一일息식애경계티아니ᄒᆞ면災지害해몯ᄂᆞᆫ배며累누德덕으로몸을몯ᄎᆞ면뉘오ᄎᆞᆷᄃᆞᆯ얻디ᄯᆞ로리오이런故고로텰그른거ᄉᆞᆯ보면나ᄂᆞᆫ곧어ᄃᆞᆷ이오나타나디아닌ᄃᆡ惕

텩勵녀ᄒᆞ면내무슴허믈되리오詩시애

골ᄋᆞᄃᆡ네집에이심을相샹혼ᄃᆡ오히려

屋옥漏누에붇그럽디아니타ᄒᆞ며禮례

애골ᄋᆞᄃᆡ그보디몯ᄒᆞᄂᆞᆫ바애戒계愼신

ᄒᆞ며그듣디몯ᄒᆞᄂᆞᆫ바애恐공懼구ᄒᆞᆫ다

ᄒᆞ니이를니롬이니라

積뎍善션章쟝第뎨八팔

吉길凶흉災지祥샹이匪바由유天텬作작

이라善션惡악之지應응이各각以이其기類

뉴ᄂᆞ시善션德덕攸유積젹애ᄂᆞᆫ天텬降강陰음

隲즐ᄒᆞ시ᄂᆞ니라 昔셕者쟈애 成셩周쥬之지先
션이 世세累누忠튱厚후ᄒᆞ고 繼계於어文문
武무ᄒᆞ야 伐벌暴포救구民민ᄒᆞ며 又우有유聖
셩母모賢현妃비ㅣ 善션德덕이 內ᄂᆡ助조
시ᄂᆞᆯ 故고上샹天텬이 陰음隲즐ᄒᆞ샤 福복慶경
이 攸유長댱ᄒᆞ니라 我아國국家가ㅣ 世세積
젹厚후德덕ᄒᆞ야 天텬命명攸유集집시일 我아
太태祖조高고皇황帝뎨ㅣ 順슌天텬應응
人인ᄒᆞ샤 除뎨殘잔削샥暴포ᄒᆞ시고 救구民민
水슈火화ㅣ어시ᄂᆞᆯ 孝효慈ᄌᆞ高고皇황后후ㅣ

好호生싱大대德덕으로助조勤근於어內ᄂᆡ셔ᄒᆞ실故고上샹天텬이陰음騭즐ᄒᆞ샤奄엄有유天텬下하ᄒᆞ샤生싱民민이用용乂예ᄒᆞ니天텬之지陰음騭즐이不블爽상於어德덕ᄒᆞ미昭쇼著뎌明명鑑감ᄒᆞ시니夫부享향福복祿녹之지報보者쟈ᄂᆞᆫ由유積젹善션之지慶경ᄒᆞᄂᆞ니婦부人인의內ᄂᆡ助조於어國국家가ᄒᆞ야豈긔可가以이不블積젹善션哉지리오古고語어애云운ᄒᆞ되積젹德덕ᄒᆞ면成셩王왕ᄒᆞ고積젹怨원ᄒᆞ면成셩亡망이라ᄒᆞ고荀슌子ᄌᆞㅣ

曰왈積젹土토成셩山산ᄒᆞ면風풍雨우ㅣ興
흥焉언ᄒᆞ고積젹水슈成셩淵연ᄒᆞ면蛟교龍룡
이生ᄉᆡᆼ焉언ᄒᆞ고積젹善션成셩德덕ᄒᆞ면神신
明명이自ᄌᆞ格격ᄒᆞᄂᆞ니라自ᄌᆞ后후妃비로至
지於어士ᄉᆞ庶셔人인之지妻쳐ㅣ其기必
필勉면於어積젹善션ᄒᆞ야以이成셩內ᄂᆡ助
조之지美미ㅣ니라婦부人인의善션德덕은柔
유順슌貞뎡靜졍ᄒᆞ니樂락乎호和화平평ᄒᆞ야
無무乖괴戾려也야ㅣ며存존乎호寬관洪홍
ᄒᆞ야無무恚귀嫉질也야ᄒᆞ며敦돈乎호仁인慈

조ᄒᆞ야 無무殘잔害해也야ᄒᆞ며 執집禮례秉병

義의ᄒᆞ야 無무縱종越월也야ᄒᆞ며 祗지率솔先션

訓훈ᄒᆞ야 無무愆건違위也야ᄒᆞ고 不블厲녀

人인ᄒᆞ야 以이適뎍己긔ᄒᆞ며 不블縱종欲욕ᄒᆞ야

以이戕장物믈이니 積젹而이不블已이ᄒᆞ면 福

복祿녹이 萃췌焉언ᄒᆞ야 嘉가祥상이 被피於

어夫부子조ᄒᆞ고 餘여慶경이 流뉴於어後후

昆곤ᄒᆞ니리 可가謂위賢현內닉助조矣의라

易역애 曰왈 積젹善션之지家가애 必필有

유餘여慶경이라ᄒᆞ고 書서애 曰왈 作작善션이어

든降강之지百ᄇᆡᆨ祥샹이라ᄒᆞ니此ᄎᆞ之지謂위也야ㅣ니라

吉길과凶흉과災ᄌᆡ와祥샹이ᄒᆞᆫ갈로말ᄆᆡ암아作작ᄒᆞᆷ이아니라善션惡악의應응ᄒᆞᆷ이각각그類뉴로ᄡᅥᄂᆞ리시어딘德덕을ᄡᅡᄒᆞᆫ바애하ᄂᆞᆯ히陰음騭즐을ᄂᆞ리오시ᄂᆞᆫ이라녜成셩周쥬의조션이世세로忠튱厚후로ᄡᅥ文문武무에니어사오나온거슬티고ᄇᆡᆨ셩을救구ᄒᆞ며ᄯᅩ聖셩母모와賢현妃비이셔어딘德덕이안ᄒᆞ

로도올ᄉᆡ故고로上샹天텬이陰음騭즐
ᄒᆞ샤福복慶경이댱구ᄒᆞᆫ배니라우리國
국家가ㅣ世셰로두터온德덕을ᄡᅡ흐샤
天텬命명이모ᄃᆞᆫ밸ᄉᆡ우리太태祖조
高고皇황帝뎨하ᄂᆞᆯ을順슌ᄒᆞ시며사ᄅᆞᆷ
을應응ᄒᆞ샤殘잔을덜며暴포ᄅᆞᆯ削샥ᄒᆞ
시고ᄇᆡᆨ셩을水슈火화의救구ᄒᆞ샤ᄂᆞᆯ
孝효慈ᄌᆞ高고皇황后후ㅣ好호生ᄉᆡᆼᄒᆞ
신큰德덕으로도ᄋᆞ시미안히브즈런ᄒᆞ
실ᄉᆡ故고로上샹天텬이陰음騭즐ᄒᆞ샤

믄득天텬下하ᄅᆞᆯ두샤生싱民민이버평
안ᄒᆞ니하ᄂᆞᆯ의陰음隲즐이德덕애爽상
티아니ᄒᆞᆷ이ᄇᆞᆰ기明명鑑감도곤나타나
니라福복祿녹의갑흠을享향ᄒᆞᄂᆞᆫ이ᄂᆞᆫ
積적善션의慶경으로말미암ᄂᆞ니婦부
人인이안ᄒᆞ로國국家가ᄅᆞᆯ도아얻디가
히버積적善션티아니리오녤말애닐ᄋᆞ
ᄃᆡ德덕을싸ᄒᆞ면王왕을이로고怨원을
싸ᄒᆞ면亡망을이론다ᄒᆞ고荀슌子ᄌᆞㅣ
ᄀᆞᆯᄋᆞᄃᆡᄒᆞᆰ을싸하뫼ᄒᆞᆯ이로면風풍雨우

ㅣ니러나고물을싸하못을이로면蛟교龍룡이나고어디기ᄅᆞᆯ싸하德덕을이로면神신明명이스ᄉᆞ로니ᄅᆞ다ᄒᆞ니后후妃비로븓터士ᄉᆞ庶셔人인의妻쳐의니ᄅᆞ히그반ᄃᆞ시積젹善션애힘ᄡᅥᄡᅥ內ᄂᆡ助조의아ᄅᆞᆷ다옴을일올때니라婦부人인의어딘德덕은柔유順슌ᄒᆞ며貞뎡靜정ᄒᆞᆷ이니和화平평ᄒᆞᆷ을즐겨ᄒᆞ야乖괴戾려ᄒᆞᆷ이업스며寬관洪홍ᄒᆞᆷ을存존ᄒᆞ야忌긔嫉질ᄒᆞᆷ이업스며仁인慈ᄌᆞᄒᆞᆷ을

도타이ᄒᆞ야殘잔害해ᄒᆞᆷ이업스며禮례
ᄅᆞᆯ잡으며義의ᄅᆞᆯ잡아縱종越월홈이업
스며공경ᄒᆞ야先션訓훈을조차愆건違
위홈이업고사ᄅᆞᆷ을해롭게ᄒᆞ야ᄡᅥ몸애
맏게말며욕심을방종히ᄒᆞ야ᄡᅥ物믈을
장해티말올ᄯᅵ니ᄡᅡ기를마디아니ᄒᆞ면
福복祿녹이모다아ᄅᆞᆷ다온샹셔夫부子
조ᄡᅴ닙히이고남은경해後후昆곤애흘
르리니可가히어딘內내助조ㅣ라니ᄅᆞᆯ
ᄯᅵ라易역애ᄀᆞᆯᄋᆞᄃᆡ積적善션ᄒᆞᆫ집애반

ᄃᆞ시나믄경홰잇다ᄒᆞ고書셔애ᄀᆞᆯ오ᄃᆡ
어딘일을作작ᄒᆞ거든빅가지상셔롤ᄂᆞ
리온다ᄒᆞ니이롤니롬이니라

遷텬善션章쟝第뎨九구

人인非비上샹智디면其기孰슉無무過과ㅣ리오ㅣ過과而이能능知디면可가以이爲위明명이며知디而이能능改기면可가以이跂기聖셩이니라小쇼過과롤不블改기ᄒᆞ면大대惡악이形형焉언ᄒᆞ고小쇼善션애能능遷쳔이면大대德덕이成셩焉언ᄒᆞᄂᆞ니라夫부婦부人

인之지過과ᄂᆞᆫ無무他타라ᅵ惰타慢만也야와嫉질妬투也야와邪샤僻벽也야니ᅵ惰타慢만則즉驕교ᄒᆞ야孝효敬경이衰쇠焉언ᄒᆞ고嫉질妬투則즉刻각ᄒᆞ야菑지害해興흥焉언ᄒᆞ고邪샤僻벽則즉佚일ᄒᆞ야節절義의頹퇴焉언ᄒᆞ니리是시數수者자ᄂᆞᆫ皆기德덕之지弊폐而이身신之지殃앙이라或혹有유一일焉언이어든이必필去거之지를如여蟊모螣특ᄒᆞ며遠원之지를如여蜂봉蠆태니蜂봉蠆태를不블遠원則즉螫셕身신ᄒᆞ고蟊모螣특을不

불遠원則즉傷상稼가ᄒᆞ고 己긔過과로 不불
改기則즉累누德덕이니라 若약夫부以이惡
악小쇼而이為위之지無무恤휼則즉必필
敗패ᄒᆞ고 以이善션小쇼而이忽홀之지不불
為위則즉必필覆복이니 能능行ᄒᆡᆼ小쇼善션
ᄒᆞ면 大대善션의 攸유基긔여 戒계於어小쇼
惡악ᄒᆞ면 終동無무大대戾려ᄒᆞ리라 故고諺언
애 有유之지ᄒᆞ니 曰왈屋옥漏누ㅣ어든 遷텬居
거ᄒᆞ고 路노紆우ㅣ어든 改기塗도ㅣ라ᄒᆞ며 傳뎐애
曰왈人인孰슉無무過과ㅣ리오 過과而이能

능改기면善션莫막大대焉언이라ᄒᆞ니라 ○ 蠆태ᄂᆞᆫ全젼蝎갈뉘오蟊모螣특은곡셕먹ᄂᆞᆫ버러지라

사ᄅᆞᆷ이上상智디아니면그뉘허믈이업ᄉᆞ리오허믈을能능히알면可가히ᄲᅥᆯ금이되며알고能능히끈티면可가히ᄲᅥ聖셩을跂기ᄒᆞᆯᄡᅵ니라적은허믈을곳티디아니ᄒᆞ면큰惡악이날타나고적근어틘거새能능히올므면큰德덕이이ᄂᆞ니라믈잇婦부人인의허믈은다ᄅᆞᆷ이업손디라惰타慢만ᄒᆞᆷ과嫉질妬투ᄒᆞᆷ과邪샤

僻벽홈이나惰타慢만ᄒᆞ면驕교ᄒᆞ야孝
효敬경이衰쇠ᄒᆞ고嫉질妬투ᄒᆞ면刻극
ᄒᆞ야菑지害해니러나고邪샤僻벽ᄒᆞ면
佚일ᄒᆞ야節절義의문허디ᄂᆞ니이두어
가지ᄂᆞᆫ다德덕의弊폐오몸의殃앙이라
或혹ᄒᆞᆫ가지일거든반ᄃᆞ시업시홈을蟊
모螣특ᄀᆞᆫ티ᄒᆞ며멀니홈을蜂봉蠆태ᄀᆞᆫ
티ᄒᆞᆯ띠니蜂봉蠆태ᄅᆞᆯ멀니아니ᄒᆞ면몸
을ᄡᅳ고蟊모螣특을멀니아니ᄒᆞ면곡식
을傷샹ᄒᆡ오고몸허믈을곧티다아니ᄒᆞ

면德덕을더러이ᄂᆞ니라만일그惡악이
젹기로벼ᄒᆞ기를恤휼티아니ᄒᆞ면반ᄃᆞ
시敗패ᄒᆞ고善션이젹기로벼忽홀ᄒᆞ야
ᄒᆞ디아니ᄒᆞ면반ᄃᆞ시覆복홀ᄯᅵ니能능
히小쇼善션을行ᄒᆡᆼᄒᆞ면大대善션의터
홀배며小쇼惡악을경계ᄒᆞ면ᄆᆞᄎᆞᆷ내大
대戾려ㅣ업스리라故고로諺언애이ᄅᆞ시
니골ᄋᆞ되집이ᄉᆡ거든올마居거ᄒᆞ고길
히굽거든길홀곧티라ᄒᆞ며傳뎐애골ᄋᆞ
되사ᄅᆞᆷ이뉘허믈이업ᄉᆞ리오허믈을能

능히곧티면어딜미이만코니업다ᄒᆞ니라

崇숭聖셩訓훈章쟝第뎨十십

自ᄌᆞ古고로國국家가ㅣ肇됴基긔애皆기有유內ᄂᆡ助조之지德덕ᄒᆞ야垂슈範범後후世세ᄒᆞ니夏하商샹之지初초애塗도山산有유莘신이皆기明명教교訓훈之지功공ᄒᆞ고成셩周쥬之지興흥애文문王왕后후妃비克극廣광關관雎져之지化화ᄒᆞ니라我아太태祖조高고皇황帝뎨受슈命명而이興

흥ᄉᆞᆫ을이어 孝효慈ᄌᆞ高고皇황后후ㅣ內ᄂᆡ

助조之지功공이至티隆늉至지盛셩ᄒᆞ시니

蓋개以이明명聖셩之지資ᄌᆞ로秉병貞뎡

仁인之지德덕ᄒᆞ시며博박古고今금之지務

무ᄒᆞ샤艱간難난之지初초애則측同동勤근

開ᄀᆡ創창ᄒᆞ시고平평治티之지除제예則즉

弘홍基긔風풍化화ᄒᆞ샤表표壼곤範범於어

六뉵宮궁ᄒᆞ시며著뎌母모儀의於어天텬下

하ᄒᆞ시니驗험之지往왕哲텰에莫막之지與

여京경씨일譬비之지日일月월ᄒᆞ면天텬下하

ㅣ仰앙其기高고明명ᄒᆞ고譬비之지滄창海
ᄒᆡᄒᆞ면江강河하ㅣ趍추其기浩호溥보ᄒᆞ니라
然연이나史ᄉᆞ傳뎐所소載ᄌᆡ는什십裁ᄌᆡ一
일二이而이徽미言언奧오義의ㅣ若약南
남金금焉언ᄒᆞ야銖슈兩냥이라도可가寶보也
야ᄒᆞ며若약穀곡粟속焉언ᄒᆞ야一일日일이라도
不블可가無무也야ㅣ라貫관徹텰上샹下하
ᄒᆞ며包포括괄鉅거細세ᄒᆞ니誠셩道도德덕之
지至디要요며而이福복慶경之지大대本
본也야ㅣ라后후妃비遵준之지則즉可가以

이 配비至디尊존ᄒᆞ야 奉봉宗종廟묘ᄒᆞ며 化화天텬下하ᄒᆞ야 衍연慶경源원이오 諸뎨侯후大대夫우之지夫부人인와 與여士ᄉᆞ庶셔人인之지妻쳐ㅣ 遵준之지則즉 可가以이內닉佐좌君군子ᄌᆞᄒᆞ야 長댱保보富부貴귀ᄒᆞ며 利니安안家가室실ᄒᆞ야 而이垂슈慶경後후人인矣의리라 詩시에 曰왈 太태姒ᄉᆞㅣ 嗣ᄉᆞ徽휘音음ᄒᆞ시니 則즉百빅斯ᄉᆞ男남이니라 敬경之지哉지어다 敬경之지哉지어다 ○ 塗도山산氏시는 夏하禹우의 妃비오 有유莘신氏시는 殷은湯탕의 妃비라 京경은 配비匹필이란

말이오 太태姒ᄉᆞᆫ 文문王왕의 妃비니 닐온 그 싀어마님 太태任임의 알음다온 德덕을 니으시니 百빅男남의 慶경이 잇단 말이라

녜로븓터 國국家가ㅣ 터흘 비로ᄉᆞ매 다 內ᄂᆡ助조의 德덕이 이셔 법을 後후世세 애드리오니 夏하와 商상 처엄애 塗도山산과 有유莘신이다 敎교訓훈의 功공을 블키고 成셩周쥬의 興흥홀 제 文문王왕의 后후妃비 능히 關관雎저의 化화로 늘피니라 우리 太태祖조 高고皇황帝뎨 命명을 받ᄌᆞ와 니러나셔늘 孝효慈ᄌᆞ

高고皇황后후ㅣ內ᄂᆡ助조의功공이지극히놉고지극히盛셩ᄒᆞ시니대개明명聖셩ᄒᆞ신ᄌᆞ질노ᄡᅥ貞뎡仁인ᄒᆞᆫ德덕을잡으시며古고今금의務무ᄅᆞᆯ블리알오샤艱간難난ᄒᆞᆫ처엄애ᄭᅳᆮᄒᆞᆫ가지로開기創창을부즈런히ᄒᆞ시고平평治티ᄒᆞᆯ즈음애녀비風풍化화ᄅᆞᆯ터자브샤壼곤範범을六뉵宮궁애表표ᄒᆞ시며母모儀의ᄅᆞᆯ天텬下하애낫타내시니往왕哲텰애驗험ᄒᆞᆷ애더부러비ᄡᅳᆯᄋᆞ리업ᄉᆞ릴ᄉᆡ曰

일月월애譬비ᄒᆞ면天텬下하ㅣ그高고明명홈을우럴고滄창海히애譬비ᄒᆞ면江강河하ㅣ그浩호溥보홈애趍추ᄒᆞᆫ니라그러나史ᄉᆞ傳뎐애실닌바ᄂᆞᆫ열헤계요ᄒᆞᆫ나둘히로ᄃᆡ微미ᄒᆞᆫ말ᄉᆞᆷ과깁흔義의南남金금ᄀᆞᆮᄒᆞ여銖슈兩냥이라도可가히보비로오며穀곡粟속ᄀᆞᆮᄒᆞ여一일日일이라도可가히업디몯ᄒᆞᆯ디라上샹下하애貫관徹텰ᄒᆞ며鉅거細세ᄅᆞᆯ包포括괄ᄒᆞ니진실로道도德덕의지극ᄒᆞᆫ

종요며福복慶경의근본이라后후妃비遵준ᄒᆞ면可가히ᄡᅧ至지尊존을配비ᄒᆞ야宗종廟묘ᄅᆞᆯ받들며天텬下하ᄅᆞᆯ化화ᄒᆞ야慶경源원을널니거시오諸뎨侯후와大태夫우의夫부人인와다ᄆᆞᆫ士ᄉᆞ庶셔人인의妻쳐ㅣ遵준ᄒᆞ면可가히ᄡᅧ안ᄒᆞ로君군子ᄌᆞ를도와기리富부貴귀ᄅᆞᆯ보젼ᄒᆞ며家가室실을利니安안케ᄒᆞ야경화을ᄒᆞᆫ사ᄅᆞᆷ의게드리오리라詩시애ᄀᆞᆯᄋᆞᄃᆡ太태姒ᄉᆞㅣ徽휘音음을니ᄋᆞ

시니곧百ᄇᆡᆨ인이男남이라ᄒᆞ니공경ᄒᆞᆯ디어다공경ᄒᆞᆯ디어다

景경賢현範범章쟝第뎨十십一일

詩시書셔所소載ᄌᆡ賢현妃비貞뎡女녀ㅣ德덕懿의行ᄒᆡᆼ備비ᄒᆞ야師ᄉᆞ表표後후世셰ᄒᆞ니皆ᄀᆡ可가法법也야ㅣ라ㅣ니夫부女녀無무毋무敎교ᄒᆞ면則즉婉완娩만을何하從죵이며不블親친書셔史ᄉᆞᄒᆞ면則즉往왕行ᄒᆡᆼ을奚ᄒᆡ考고ㅣ리오稽계往왕行ᄒᆡᆼᄒᆞ며質질前젼言언ᄒᆞ야模모而이則측之지則즉德덕行ᄒᆡᆼ이

成셩焉언이니라 夫부明명鏡경은可가以이鑑감姸연媸티ᄒᆞ며權권衡형은可가以이擬의輕경重듕ᄒᆞ며尺텩度도는可가以이測측長댱短단ᄒᆞ며往왕轍텰은可가以이軌궤新신跡젹이니希희聖셩者쟈ᄂᆞᆫ昌챵ᄒᆞ고踵죵弊폐者쟈ᄂᆞᆫ亡망ᄒᆞᄂᆞ니라 是시故고로修슈恭공儉검인대莫막盛셩於어皇황英영ᄒᆞ고求구誠셩莊장인대莫막隆늉於어太태任임ᄒᆞ고孝효敬경은莫막純슌於어太태姒ᄉᆞᄒᆞ니儀의式식刑형之지ᄒᆞ야齊제之지則즉聖셩이오下하

之지則즉賢현이오否부도ㅣ라亦역不불失실
於어從종善션이니라夫부珠쥬玉옥이非비
寶보ㅣ라淑숙聖셩이爲위寶보ㅣ며令령德덕
이不블虧휴ᄒᆞ면室실家가ㅣ是시宜의니詩
시애曰왈高고山산仰앙止지ᄒᆞ며景경行힝
行힝止지라ᄒᆞ니其기謂위是시與여더고
軌궤는뎌자최를블와힝ᄒᆞᆫ단말이라皇황英영은堯요의女녀ㅣ오舜슌의妻쳐
ㅣ오太태任임은文문王왕의母모ㅣ오太태姒ᄉᆞ는文문王왕의妃비라
詩시書셔애실닌바賢현妃비와貞뎡女
녀ㅣ德덕이아름답고힝실이ᄀᆞ자後후

世세애師ᄉᆞ表표ᄒᆞ니다可가히법바담족ᄒᆞ니라女녀ㅣ娒무敎교ㅣ업스면믄婉완娩만ᄒᆞᆷ을얻디존太대書셔史ᄉᆞ로親친히아니ᄒᆞ면믄往왕行ᄒᆡᆼ을얻디샹고ᄒᆞ리오간ᄒᆡᆼ실을샹고ᄒᆞ며前젼말ᄉᆞᆷ을질졍ᄒᆞ야模모ᄒᆞ야법바드면德덕行ᄒᆡᆼ이일올셔니라明명鏡경은可가히벼아ᄅᆞᆷ다오며더러온거ᄉᆞᆯ비최며權권衡형은可가히벼가뵈야오며무거옴을비기며尺쳑度도ᄂᆞᆫ可가히벼길며다ᄅᆞᆫ거

ᄉᆞᆯ혀아리며往왕徹텰은可가히ᄡᅥ새자
최예법되게ᄒᆞᆯ다니聖셩을ᄇᆞ라ᄂᆞᆫ者쟈
ᄂᆞᆫ昌챵ᄒᆞ고弊폐ᄅᆞᆯᄇᆞᆲᄂᆞᆫ者쟈ᄂᆞᆫ亡망ᄒᆞ
ᄂᆞ니라이런故고로恭공儉검을닷그려
ᄒᆞᆯ딘대皇황英영에셔盛셩ᄒᆞ니업고識
셩莊장ᄒᆞᄆᆞᆯ求구ᄒᆞᆯ딘대太태任임에셔
놉ᄒᆞ니업고孝효敬경은太태姒ᄉᆞ에셔
슌일ᄒᆞᆫ이업ᄉᆞ니儀의ᄒᆞ며式식ᄒᆞ며刑
형ᄒᆞ야ᄀᆞ족ᄒᆞ면聖셩이오ᄂᆞ리면賢현
이오몸ᄒᆞ야도ᄯᅩᄒᆞᆫ善션을從종ᄒᆞ기에

일티아닐디니라珠듀玉옥이보ᄇᆡ아니

라淑슉聖셩홈이보ᄇᆡ되ᄂᆞ니어딘德덕

이虧휴티아니ᄒᆞ면室실家가ㅣ이예맏

당ᄒᆞᆯ셔니詩시애ᄀᆞᆯ오ᄃᆡ高고山산을仰

앙ᄒᆞ며景경行ᄒᆡᆼ을行ᄒᆡᆼᄒᆞ다ᄒᆞ니그이

ᄅᆞᆯ니ᄅᆞᆷ인뎌

事ᄉᆞ父부母모章쟝弟뎨十십二이

孝효敬경者쟈ᄂᆞᆫ事ᄉᆞ親친之지本본也야

ㅣ니養양이非비難난也야ㅣ라敬경이爲위難

난ᄒᆞᆯ시以이飮음食식供공奉봉으로爲위孝효

면ㅣ斯ᄉ末말矣의니라孔공子ᄌㅣ曰왈孝효
者쟈ᄂᆞᆫ人인道도之지至지德덕이시니라ᄒᆞ夫
부通통於어神신明명ᄒᆞ며感감於어四ᄉ海
ᄒᆡᄂᆞᆫ孝효之지至지也야ㅣ라昔셕者쟈애虞
우舜순이善션事ᄉ其기親친ᄒᆞ샤終종身신
而이慕모ᄒᆞ고시文문王왕이善션事ᄉ其기
親친ᄒᆞ샤色식憂우滿만容용ᄒᆞ시니라或혹曰왈
此ᄎᆞᄂᆞᆫ聖셩人인之지孝효ㅣ니非비婦부人
인之지所소宜의也야ㅣ니라是시不블然연
ᄒᆞ다孝효悌뎨ᄂᆞᆫ天텬性셩也야ㅣ라豈긔有유

間간於어男남女녀乎호ㅣ리오事ᄉᆞ親친者
자ㅣ以이聖셩人인으로爲위至지니若약夫
부以이聲셩音음笑쇼貌모로爲위樂낙者
자ᄂᆞᆫ不블善션事ᄉᆞ其기親친者자也야ㅣ오
誠셩孝효愛ᄋᆡ敬경ᄒᆞ야無무所소違위者쟈
ㅣ야斯ᄉᆞ善션事ᄉᆞ其기親친者쟈也야ㅣ니라
縣현衾금斂렴簟뎜은節절文문之지末말
이오紉인箴침補보綴듀ᄂᆞᆫ帥솔事ᄉᆞ之지微
미니必필也야恪각勤근朝됴夕셕ᄒᆞ야無무
怠ᄐᆡ逆역於어所소命명ᄒᆞ며祗지敬경이尤

우嚴엄於어杖댱屨구ᄒᆞ고旨지甘감을必필
謹근於어饌쟌餘여ㅣ니而이況황大대於어
此ᄎᆞ者쟈爭호샤티是시故고로不블辱욕其
기身신ᄒᆞ며不블違위其기親친이斯ᄉᆞ事ᄉᆞ
親친之지大대者쟈也야ㅣ라니夫부自ᄌᆞ幼
유而이笄계ᄒᆞ고既긔笄계而이有유室실家
가之지望망焉언ᄒᆞ니推츄事ᄉᆞ父부母모之
지道도於어舅구姑고ᄒᆞ면無무以이復부加
가損손矣의니라故고仁인人인之지事ᄉᆞ親
친也야ᄂᆞᆫ不블以이既긔貴귀而이移이其

기孝효ᄒᆞ며不블以이旣긔富부而이改기其기心심ᄒᆞᆯ시故고曰왈事ᄉᆞ親친을如여事ᄉᆞ天텬이라ᄒᆞ고又우曰왈孝효莫막大대於어寧녕親친이라ᄒᆞ니可가不블敬경乎호아詩시曰왈害할澣한害할否부오歸귀寧녕父부母모ㅣ라ᄒᆞ니此ᄎᆞᄂᆞᆫ后후妃비之지謂위也야ㅣ니라

○니블을개ᄒᆞ여놉피들고삿글거뎟다가밤의자실ᄣᅢ예ᄂᆞ리와펴ᄂᆞᆫ말이라澣한은ᄲᅢᆫ단말이니어ᄂᆞ니오슬ᄲᆞᆯ고어ᄂᆞ니오슬ᄲᆞᆯ디말나내닙고父부母모ᄭᅴ도라가問문安안ᄒᆞ련노라師ᄉᆞ姆무ᄃᆞ려니ᄅᆞᄂᆞᆫ말이라

孝효와敬경은어버이셤기ᄂᆞᆫ근본이니

공양ᄒᆞᆷ이어려온줄이아니라공경ᄒᆞᆷ이
어려올시飮음食식供공奉봉으로써孝
효ᄅᆞᆯ삼으면이末말이니라孔공子ᄌᆞㅣ
ᄀᆞᆯᄋᆞ샤ᄃᆡ孝효ᄂᆞᆫ人인道도의지극ᄒᆞᆫ德
덕이라ᄒᆞ시니神신明명애通통ᄒᆞ며四
ᄉᆞ海ᄒᆡ에감동ᄒᆞᆷ은孝효의지극ᄒᆞᆷ이라
녜虞우舜슌이그어버이셤기기ᄅᆞᆯ잘ᄒᆞ
샤몸이ᄆᆞᆺ도록ᄉᆞ모ᄒᆞ시고文문王왕이
그어버이셤기기ᄅᆞᆯ잘ᄒᆞ샤色ᄉᆡᆨ憂우ㅣ
얼굴에ᄀᆞ득ᄒᆞ시니라或혹이ᄀᆞᆯᄋᆞᄃᆡ이

는聖셩人인의孝효ㅣ니婦부人인의맏
당ᄒᆞᆫ배아니라ᄒᆞ니이ᄂᆞᆫ그러티아니ᄒᆞ
다孝효와悌뎨ᄂᆞᆫ天텬性셩이라얻디男
남女녀에간격이이시리오어버이셤기
ᄂᆞᆫ者쟈ㅣ聖셩人인으로뻐닐음을삼을
디니만일그聲셩音음과笑쇼貌모로뻐
즐거움을삼ᄂᆞᆫ者쟈ᄂᆞᆫ그어버이셤간기
ᄅᆞᆯ잘몯ᄒᆞᄂᆞᆫ者쟈ㅣ오誠셩孝효ᄒᆞ며愛
이敬경ᄒᆞ야어긔로온배업ᄉᆞᆫ者쟈ㅣ야
이그어버이셤기기ᄅᆞᆯ잘ᄒᆞᄂᆞᆫ者쟈ㅣ니

라니블을돌며삳글거든은節절文문의
末말이오바놀에실세여붇티며깁기ᄂᆞᆫ
일을帥솔ᄒᆞᄂᆞᆫ微미ᄒᆞ거시니반ᄃᆞ시朝
됴夕셕애恪각勤근ᄒᆞ야命명ᄒᆞ시ᄂᆞᆫ바
애怠틔逆역홈이업스며祗디敬경홈이
더옥막대와신에嚴엄ᄒᆞ고만나며ᄃᆞᆫ거
솔반ᄃᆞ시뒤꽁에도삼갈디니ᄒᆞ믈며이
예셔큰이ᄯᆞ녀이런故고로그몸을辱욕
디아니ᄒᆞ며그어버이롤어긔디아니홈
이이어버이셤기ᄂᆞᆫ큰者쟈ㅣ니라어림

으로븟터笄계ᄒᆞ고입의笄계홈애室실
家가의望망이이시니父부母모셤기ᄂᆞᆫ
道도ᄅᆞᆯ舅구姑고에미뢰면뻐다시더으
며損손홈이업ᄉᆞᆫ디니라故고로어딘사
ᄅᆞᆷ의어버이셤김은이믜貴귀홈으로뻐
그孝효ᄅᆞᆯ옴기디아니ᄒᆞ며이믜富부홈
으로뻐그ᄆᆞᄋᆞᆷ을곤티디아니홀ᄉᆡ故고
로ᄀᆞᆯᄋᆞᄃᆡ어버이셤김을하ᄂᆞᆯ셤김과ᄀᆞᆮ
티ᄒᆞ라ᄒᆞ고ᄯᅩᄀᆞᆯᄋᆞᄃᆡ孝효ㅣ어버이편
안케홈만ᄒᆞᆫ이업다ᄒᆞ니可가히공경티

아니ᄒᆞ랴 詩시애 ᄀᆞᆯᄋᆞ듸 어니롤 ᄉᆞᆯ고 어
니롤 말녀뇨 도라가 父부母모ᄭᅴ 寧녕ᄒᆞ
리라 ᄒᆞ니 이는 后후妃비롤 니롬이니라

事ᄉᆞ君군章쟝第뎨十십三삼

婦부人인之지事ᄉᆞ君군애 比비昵닐左좌
右우ᄒᆞ야 難난制졔而이易이惑혹ᄒᆞ고 難난抑
억而이易이驕교ᄒᆞ니 然연則즉 有유道도乎
호아 曰왈 有유ᄒᆞ니 忠튱誠셩以이爲위本본
ᄒᆞ며 禮녜義의以이爲위防방ᄒᆞ고 勤근儉검以
이 率솔下하ᄒᆞ며 慈ᄌᆞ和화以이處쳐衆듕ᄒᆞ고

誦송詩시讀독書셔야ᄒᆞ不블忘망規규諫간ᄒᆞ며寢침興흥夙슉夜야야ᄒᆞ惟유職직愛이君군ᄒᆞ고居거處쳐有유常상ᄒᆞ며服복食식有유節절ᄒᆞ며言언語어有유章쟝ᄒᆞ고戒계謹근讒참慝특ᄒᆞ야中듕饋궤是시專젼ᄒᆞ며外외事ᄉᆞ不블涉섭ᄒᆞ야教교令령不블出츌ᄒᆞ며遠원離니邪샤僻벽ᄒᆞ야威위儀의是시力력ᄒᆞ고毋무擅뎐寵툥而이怙호恩은ᄒᆞ며毋무干간政졍而이撓요法법니아擅쳔專젼則즉驕교ᄒᆞ고怙호恩은則즉妬투ᄒᆞ며干간政졍則즉乖괴ᄒᆞ고

撓요法법則즉亂난이니諺언애云운汩골水
슈ᄂᆞᆫ淖뇨泥니ㅣ오破파家가ᄂᆞᆫ妬투妻쳐ㅣ라
ᄒᆞ니不블驕교不블妬투ᄂᆞᆫ身신之지福복也
야ㅣ니詩시애曰왈樂낙只지君군子ᄌᆞㅣ여福
복履니綏유之지라ᄒᆞ니라夫부受슈命명守슈
分분이면僭ᄎᆞᆷ瀆독이不블生ᄉᆡᆼᄒᆞ리니詩시曰
왈夙슉夜야在ᄌᆡ公공은寔식命명不블同
동이라ᄒᆞ니是시故고로姜강后후ㅣ脫탈珥이
ᄅᆞᆯ載ᄌᆡ籍젹애攸유賢현이오班반姬희辭ᄉᆞ
輦년을古고今금애稱칭譽예ᄒᆞ니라我아國

국家가ㅣ隆늉盛셩ᄒᆞ실 제 孝효慈ᄌᆞ高고

皇황后후ㅣ事ᄉᆞ我아 太태祖조高고皇

황帝뎨ᄒᆞ샤 輔보成셩鴻홍業업ᄒᆞ샤 居거富부

貴귀而이不블驕교ᄒᆞ시며 職직內ᄂᆡ道도而

이益익謹근ᄒᆞ샤 兢긍兢긍業업業업ᄒᆞ샤 不블

忘망夙슉夜야ᄒᆞ샤 실德덕蓋개前젼古고ᄒᆞ샤

垂슈訓훈萬만世셰ᄒᆞ시고 化화行ᄒᆡᆼ天텬下

ᄒᆞ시니 詩시曰왈思ᄉᆞ齊졔太태任임이 文

문王왕之지母모ㅣ시니 思ᄉᆞ媚미周쥬姜강

ᄒᆞ샤 京경室실之지婦부ㅣ라 ᄒᆞ니 此ᄎᆞ之지謂위

也야ㅣ라縱종觀관往왕古고ᄒᆞ니國국家가廢폐興흥이未미有유不불由유於어婦부之지賢현否부신事ᄉᆞ君군者쟈ㅣ不불可가以이不불愼신이니라詩시曰왈夙슉夜야匪비懈ᄒᆡᄒᆞ야以이事ᄉᆞ一일人인이라ᄒᆞ니苟구不블能능胥셔匡광以이道도ᄒᆞ면則즉必필自ᄌᆞ荒황厥궐德덕ᄒᆞ야若약網망之지無무綱강이면衆중目목이難난擧거ᄒᆞ야上상無무所소毗비ᄒᆞ고下하無무所소法법ᄒᆞ니라則즉胥셔淪륜之지漸졈矣의니라夫부木목瘁췌者

쟈ᄂᆞᆫ 內ᄂᆡ蠹두ㅣ 攻공之지ᄒᆞ고 政정荒황者
쟈ᄂᆞᆫ 內ᄂᆡ嬖폐蠱고之지시ᄂᆞᆫ 女녀寵툥之지
戒계ㅣ 甚심於어防방敵뎍ᄒᆞ니 詩시曰왈 赫
혁赫혁宗종周쥬ᄅᆞᆯ 褒포姒ᄉᆞㅣ 滅멸之지
니라ᄒᆞ 可가不블鑑감哉재아 夫부上샹下하
之지分분은 尊존卑비之지等등也야ㅣ오 夫
부婦부之지道도ᄂᆞᆫ 陰음陽양之지義의也
야ㅣ니 諸졔侯후와 大태夫우와 士ᄉᆞ庶셔人
인之지妻쳐ㅣ 能능推츄是시道도ᄒᆞ야 以이
事ᄉᆞ其기君군子ᄌᆞᄒᆞ면 則즉家가道도ㅣ 鮮

선有유不블盛셩矣의리라 ○ 婦부人인이宮궁예드러가님군을셤길ᄉᆡ님군의左좌右우ᄅᆞᆯ比비狎압ᄒᆞ고親친昵닐ᄒᆞ야그ᄆᆞ음은졔어ᄒᆞ기어렵고님군의게惑혹ᄒᆞ기ᄂᆞᆫ쉬오며그몸은겸억ᄒᆞ기어렵고아래사ᄅᆞᆷ의게교만ᄒᆞ기ᄂᆞᆫ쉽단말이라履니ᄂᆞᆫ祿녹이오綏유ᄂᆞᆫ평안케ᄒᆞ단말이라님군의命명을바다그分분을딕희여僭참越월ᄒᆞᆫᄆᆞ음이업ᄂᆞᆫ고로夙슉夜야에公공에인기ᄂᆞᆫ실로命명이后후妃비의貴귀ᄒᆞᆷ과ᄀᆞᆮ디아닐시라ᄒᆞ니이ᄂᆞᆫ庶셔妾쳡을니ᄅᆞᆷ이라周듀宣션王왕이妾쳡을ᄃᆞ라고ᄂᆞᆫ도톡자졍ᄉᆞᄅᆞᆯ廢폐ᄒᆞ거ᄂᆞᆯ姜강后후ㅣ빈혀ᄅᆞᆯ빼히고妃비妾쳡ᄀᆞᄅᆞ치디몯ᄒᆞᆫ罪죄ᄅᆞᆯ기ᄃᆞ리고漢한成셩帝뎨班반婕쳡好여과輦년을ᄒᆞᆫ가지로ᄐᆞ려ᄒᆞ거ᄂᆞᆯ婕쳡好여ㅣᄉᆞ양ᄒᆞ니라媚미ᄂᆞᆫᄉᆞ랑ᄒᆞ단말이오京경은周쥬나라흘닐음이니이齊지莊장ᄒᆞᆫ太태任임이실로文문

王왕의어마님이시니오직능히그姑고太태姜강을ᄉᆞ랑ᄒᆞ야孝효道도를극진이ᄒᆞ야우리周쥬室실에孝효婦부ㅣ되시단말이라論논은諂함溺닉ᄒᆞ단말이라하ᄂᆞᆯ은우히오ᄯᆞ흔아래며하ᄂᆞᆯ은尊존ᄒᆞ고ᄯᆞ흔卑비ᄒᆞᆫ고로女녀子ᄌᆞㅣ지아비셤기기ᄅᆞᆯ하ᄂᆞᆯᄀᆞ티ᄒᆞ며夫부ᄂᆞᆫ陽양이오婦부ᄂᆞᆫ陰음이라陽양은剛강健건ᄒᆞ고陰음은柔유順순ᄒᆞᆫ고로后후妃비이하로다이도리ᄅᆞᆯ말ᄆᆡ암ᄂᆞᆫ이라

婦부人인이님군을셤기매左좌右우에比비昵닐ᄒᆞ야졔어ᄒᆞ기어려오며惑혹ᄒᆞ기쉽고겸억ᄒᆞ기어려오며교만ᄒᆞ기쉬오니그러ᄒᆞᆫ則즉道도ㅣ이시라ᄀᆞᆯᄋᆞᄃᆡ이시니忠튱誠셩으로ᄡᅥ근본을삼으

며禮례義의로ᄡᅥ테방을삼고勤근儉검
으로ᄡᅥ아래ᄅᆞᆯ거ᄂᆞ리며慈ᄌᆞ和화로ᄡᅥ
衆즁에處처ᄒᆞ고詩시ᄅᆞᆯ오요며書셔ᄅᆞᆯ
닑어規규諫간ᄒᆞᆷ을닛디아니ᄒᆞ며자며
닐기ᄅᆞᆯ일져무리ᄒᆞ야오직님군ᄉᆞ랑ᄒᆞᆷ
을소임ᄒᆞ고居거處처ㅣ셜셥ᄒᆞᆷ이이시
며服복食식이節졀이이시며言언語어
ㅣ章쟝이읻고츔소와샤특ᄒᆞᆷ을경계ᄒᆞ
며삼가中듕饋궤ᄅᆞᆯ이에오로디ᄒᆞ며받
일을간셥디아니ᄒᆞ야敎교令령이마디

아니ᄒᆞ며멀니邪샤僻벽을여희여威위

儀의로ᄅᆞᆯ이에힘ᄡᅳ고寵통을쳔ᄌᆞᄒᆞ야은

혜ᄅᆞᆯ믿디말며졍ᄉᆞᄅᆞᆯ간예ᄒᆞ야法법을

요동티말올띠니쳔ᄌᆞᄒᆞ며오로디ᄒᆞ면

교만ᄒᆞ고은혜ᄅᆞᆯ미드면투긔ᄒᆞ며졍ᄉᆞ

에간예ᄒᆞ면괴패ᄒᆞ고法법을요동ᄒᆞ면

어즐러올디니諺언애닐오ᄃᆡ믈을汨골

ᄒᆞᆷ은ᄌᆞᆫ흙이오집을破파ᄒᆞᆷ은투긔ᄒᆞᄂᆞᆫ

妻쳐ㅣ라ᄒᆞ니교만티아니ᄒᆞ며투긔티

아니ᄒᆞᆷ은몸에福복이니詩시애골ᄋᆞᄃᆡ

樂낙ᄒᆞᆫ君군子ᄌᆞㅣ여福복履니로綏유
타ᄒᆞ니라命명을바다分분을득ᄒᆞ면僭
참瀆독이나다아니ᄒᆞ리니詩시애ᄀᆞᆯ오
ᄃᆡ夙슉夜야애公공에잇기ᄂᆞᆫ실노命명
이ᄀᆞᆫ디아님이라ᄒᆞ니이런故고로姜강
后후ㅣ빈혀ᄲᅢ힘을載ᄌᆡ籍젹애어딜게
너긴배오班반姬희輦년ᄉᆞ양ᄒᆞᆷ을古고
今금애稱칭譽예ᄒᆞ니라우리國국家가
ㅣ隆늉盛셩ᄒᆞ실제孝효慈ᄌᆞ高고皇
황后후ㅣ우리太태祖조高고皇황帝

뎨롤셤겨샤鴻홍業업을도아일우샤富부貴귀에居거ᄒᆞ샤ᄃᆡ교만티아니ᄒᆞ시며內닋道도에소입ᄒᆞ샤ᄃᆡ더옥삼가샤兢긍兢긍ᄒᆞ며業업業업ᄒᆞ샤夙슉夜야에닏디아니ᄒᆞ실ᄉᆡ德덕이前젼古고에덥히샤訓훈이萬만世셰에드리오고교화ㅣ天텬下하에行ᄒᆡᆼᄒᆞ시니詩시애골ᄋᆞᄃᆡ지장ᄒᆞ신太태任임이文문王왕의母모ㅣ시니周쥬ㄷ姜강을ᄉᆞ랑ᄒᆞ샤京경室실의婦부ㅣ라ᄒᆞ니이ᄅᆞᆯ니롬이라

두로往왕古고ᄅᆞᆯ보니國국家가의廢폐
ᄒᆞ며興흥ᄒᆞᆷ이婦부人인의賢현否부로
말미암디아니리잇디아닐시님군셤기
ᄂᆞᆫ者쟈ㅣ可가히ᄡᅥ삼가디아니티몯ᄒᆞᆯ
셔니라詩시애ᄀᆞᆯ오ᄃᆡ夙슉夜야애懈ᄒᆡ
티아니ᄒᆞ야ᄡᅥ一일人인을셤긴다ᄒᆞ니
진실노能능히道도로ᄡᅥ서ᄅᆞ바로게몯
ᄒᆞ면ᄭᅳᆫ반ᄃᆞ시스ᄉᆞ로그德덕을황폐ᄒᆞ
야그믈에綱강이업ᄉᆞ면모ᄃᆞᆫ目목이들
기어려옴ᄭᅳᆫᄒᆞ야우흐로의지ᄒᆞᆯ배업고

아리로法법바들배업스리니곧서ᄅᆞ淪
륜陷함ᄒᆞᆯ漸졈이니라그남기瘁췌ᄒᆞ기
ᄂᆞᆫ內ᄂᆡ蠹두ㅣ팀이오졍ᄉᆡ荒황ᄒᆞ기ᄂᆞᆫ
內ᄂᆡ嬖폐蠱고ᄒᆞᆷ일ᄉᆡ女녀寵툥의경계
뎍국막기에셔甚심ᄒᆞ니詩시애ᄀᆞᆯ오ᄃᆡ
赫혁赫혁ᄒᆞᆫ宗종周쥬ᄅᆞᆯ褒포姒ᄉᆞㅣ滅
멸ᄒᆞ다ᄒᆞ니可가히鑑감티아니랴上샹
下하의分분은尊존卑비의等등이오夫
부婦부의道도ᄂᆞᆫ陰음陽양의義의니諸
졔侯후와大태夫우와士ᄉᆞ庶셔人인의

妻쳐ㅣ能능히이道도롤미릐여배그君
군子ᄌ롤셤기면곤家가道도ㅣ盛셩티
아닐이이시리젹으리라
事ᄉ舅구姑고章쟝第뎨十십四ᄉ
婦부人인이旣긔嫁가애致티孝효於어舅
구姑고ㅣ니舅구姑고者쟈ᄂᆞᆫ親친同동於어
父부母모ᄒᆞ고尊존擬의於어天텬地디시니善
션事ᄉ者쟈ᄂᆞᆫ在지致티敬경이니致티敬경
則즉嚴엄ᄒᆞ고在지致티愛애니致티愛애則
즉順슌ᄒᆞ리니專뎐心심竭갈誠셩ᄒᆞ야毋무敢

감有유怠ᄐᆡ이홈此ᄎᆞㅣ孝효之지大대節절

也야ㅣ오衣의服복飮음食식은其기次ᄎᆞ矣의

라니故고極극甘감旨지之지奉봉ᄒᆞ되而이

毫호髮발有유不블盡진焉언ᄒᆞ면猶유未미

嘗상養양也야ㅣ며盡딘勞노勩예之지力력

ᄒᆞ되而이頃경刻각有유不블恭공焉언ᄒᆞ면猶

유未미嘗상事ᄉᆞ也야ㅣ라니舅구姑고所소

愛이ᄋᆞᆯ婦부亦역愛이之지ᄒᆞ며舅구姑고所

소敬경을婦부亦역敬경之지ᄒᆞ야樂낙其기

心심ᄒᆞ며順슌其기志지ᄒᆞ고有유所소行힝이어

든不블敢감專젼ᄒᆞ며有유所소命명이어시든不블敢감緩완이니此ᄎᆞㅣ孝효事ᄉᆞ舅구姑고之지要요也야ㅣ라昔셕애太태任임이思ᄉᆞ媚미ᄒᆞ시周쥬業업이基긔隆륭ᄒᆞ고長댱孫손이盡진孝효ᄒᆞ시唐당祚조ㅣ以이固고ᄒᆞ니甚심哉ᄌᆡ라孝효事ᄉᆞ舅구姑고之지大대也야ㅣ여夫부不블得득於어舅구姑고ㅣ면不블可가以이事ᄉᆞ君군子ᄌᆞㅣ온而이況황於어動동天텬地디ᄒᆞ며通통神신明명ᄒᆞ며集집嘉가禎뎡乎호아故고로自ᄌᆞ后후妃비以이下

하로至지卿경大태夫우와及급士ᄉ庶셔人인之지妻쳐ㅣ壹일是시皆지以이孝효事ᄉ舅구姑고로爲위重듕이니詩시曰왈夙슉興흥夜야寐미ᄒ야無무忝텸爾이所소生싱이라ᄒ니라 ○長댱孫손은唐당文문德덕皇황后후ㅣ니太태宗종의配비라忝텸은욕이니父부母모의게辱욕되게말란말이라

婦부人인이엄의嫁가홈애孝효로舅구姑고게닐월디니舅구姑고ᄂᆞᆫ親친이父부母모와ᄀᆞᆮ고尊존이天텬地디에비길시잘셤기ᄂᆞᆫ者쟈ᄂᆞᆫ공경닐외기에아시

니공경을닐외면嚴엄ᄒᆞ고ᄉᆞ랑닐외기
에이시니ᄉᆞ랑을닐외면順슌ᄒᆞ리니ᄆᆞ
옴을오로디ᄒᆞ며졍셩을다ᄒᆞ야敢감히
게어름을두디아니홈이이孝효의큰節
졀이오衣의服복과飮음食식은그버금
이니라故고로甘감旨지의奉봉을극진
이호ᄃᆡ毫호髮발이라도다몯홈이이시
면일ᄌᆞᆨ養양티아님과곤ᄒᆞ며勞노勤에
의힘을극진이호ᄃᆡ頃경刻국이라도공
슌티아님이이시면일ᄌᆞᆨ셤기디아님과

곧ᄒᆞ니라舅구姑고의ᄉᆞ랑ᄒᆞᄂᆞᆫ바ᄅᆞ며
ᄂᆞ리ᄯᅩᄒᆞᆫᄉᆞ랑ᄒᆞ며舅구姑고의공경ᄒᆞ
ᄂᆞᆫ바ᄅᆞ며ᄂᆞ리ᄯᅩᄒᆞᆫ공경ᄒᆞ야그ᄆᆞᄋᆞᆷ을
즐겁게ᄒᆞ며그ᄠᅳᆮ을順슌케ᄒᆞ고行ᄒᆡᆼᄒᆞᆯ
배인거든敢감히오로디몯ᄒᆞ며命명효
배인거시든敢감히디완히몸ᄒᆞᆯ디니아
舅구姑고ᄅᆞᆯ孝효로셤기ᄂᆞᆫ죵외니라昔
셕애太태任임이思ᄉᆞ媚미ᄒᆞᆯ시周쥬ㄷ
業업이隆늉ᄒᆞ믈基긔ᄒᆞ고長댱孫손이
孝효ᄅᆞᆯ다ᄒᆞᆯ시唐당祚조ㅣ뻐구드니甚

심ᄒᆞ다舅구姑고ᄅᆞᆯ孝효로셤김의크기
여舅구姑고드긔얻디몯ᄒᆞ면可가히ᄡᅥ
君군子ᄌᆞᄅᆞᆯ셤기디몯ᄒᆞᆯ거시온ᄒᆞ믈며
天텬地디ᄅᆞᆯ動동ᄒᆞ며神신明명에通통
ᄒᆞ며아ᄅᆞᆷ다온샹셔ᄅᆞᆯ모도랴故고로后
후妃비로부터ᄡᅥ아ᄅᆡ로卿경大태夫우
와믿士ᄉᆞ庶셔人인의妻쳐애니ᄅᆞ히효
골ᄀᆞ티이다舅구姑고ᄅᆞᆯ孝효事ᄉᆞᄒᆞ기
로ᄡᅥ重듕ᄒᆞᆷ을삼을디니詩시애ᄀᆞᆯ오ᄃᆡ
일죽니러나며밤들게야자녜나ᄒᆞᆫ바애

忝텸홈미업게ᄒᆞ라ᄒᆞ니라

奉봉祭뎨祀ᄉᆞ章쟝第뎨十십五오

人인道도ㅣ重듕夫부昏혼禮례者쟈ᄂᆞᆫ以
이其기承승先션祖조ᄒᆞ며共공祭뎨祀ᄉᆞ而
이己이라故고父부ㅣ醮초子ᄌᆞ애命명之
지曰왈往왕迎영爾이相샹ᄒᆞ야承승我아宗
종事ᄉᆞᄒᆞ라ᄒᆞ며母모ㅣ送송女녀애命명之지
曰왈往왕之지女여家가ᄒᆞ야必필敬경必필
戒계ᄒᆞ야無무違위夫부子ᄌᆞᄒᆞ라ᄒᆞ며國국君군
이取취夫부人인애辭ᄉᆞ曰왈共공有유敝

폐邑읍ᄒᆞ야事ᄉᆞ宗종廟묘社샤稷직이라ᄒᆞ니分분雖슈不블同동이나求구助조ᄂᆞᆫ一일也야ㅣ니라蓋개夫부婦부ㅣ親친祭뎨ᄂᆞᆫ所소以이備비外외內ᄂᆡ之지官관也야ㅣ시며若약夫부后후妃비ᄂᆞᆫ奉봉神신靈령之지統통ᄒᆞ며爲위邦방家가之지基긔ᄒᆞ니蠲견潔결烝증嘗상ᄒᆞ야以이佐좌其기事ᄉᆞ호되必필本본之지以이仁인孝효ᄒᆞ며將쟝之지以이誠셩敬경ᄒᆞ고躬궁蠶잠桑상ᄒᆞ야以이爲위玄현紞담ᄒᆞ며備비儀의物믈ᄒᆞ야以이共공豆두籩변

ᄒᆞ고 夙숙夜야애 在ᄌᆡ公공ᄒᆞ야 不블以이爲위勞노ᄒᆞᄂᆞ니 詩시曰왈 君군婦부ㅣ 莫막莫막ᄒᆞ야 爲위豆두孔공庶셔ㅣ라ᄒᆞ니 夫부相샹禮례罔망愆건ᄒᆞ며 威위儀의ㅣ 孔공時시ᄒᆞ면 宗종廟묘享향之지ᄒᆞ고 子ᄌᆞ孫손順슌之지ᄒᆞ리니 故고로 曰왈 祭졔者쟈ᄂᆞᆫ 敎교之지本본也야ㅣ라 苟구不블盡진道도而이忘망孝효敬경ᄒᆞ면 神신斯ᄉᆞ弗블享향矣의니라 神신不블享향而이能능保보躬궁裕유後후者쟈ㅣ 未미之지有유也야ㅣ라 凡범內ᄂᆡ助조於어

君군子자者쟈ㅣ其기尙샹勗욱之지어다 ◯ 蠲견은다ᄉᆞ리란말이오烝증嘗샹은四ᄉᆞ時시祭제일홈이오玄현紞담은祭제服복冠관의드리온셰히오籩변豆두ᄂᆞᆫ대그릇과나모그릇시오莫막莫막은정성된거등이라

자ᄅᆞᆷ의道도ㅣ昏혼禮례ᄅᆞᆯ重듕히녀이ᄂᆞᆫ者쟈ᄂᆞᆫ그先션祖조ᄅᆞᆯ니으며祭제祀ᄉᆞᄅᆞᆯ공궤ᄒᆞᆯᄯᆞᄅᆞᆷ으로베라故고로父부ㅣ아ᄃᆞᆯ을醮쵸ᄒᆞᆯ제命명ᄒᆞ야골오ᄃᆡ가네도오리ᄅᆞᆯ마자우리宗종事ᄉᆞᄅᆞᆯ니으라ᄒᆞ며母모ㅣᄯᆞᆯ을보낼제命명ᄒᆞ야골

오ᄃᆡ네집의가반ᄃᆞ시공경ᄒᆞ며반ᄃᆞ시경계ᄒᆞ야夫부子ᄌᆞ로어긔오디말나ᄒᆞ며國국君군이夫부人인을取취ᄒᆞ실ᄉᆡ말ᄉᆞᆷᄒᆞ야ᄀᆞᆯᄋᆞᄃᆡᄒᆞᆫ가지로敝폐邑읍을두어宗종廟묘와社사稷직을셤기리라ᄒᆞᄂᆡ分분이비록ᄒᆞᆫ가지아니나도음을求구ᄒᆞ기ᄂᆞᆫᄒᆞᆫ가지니라대개夫부婦부ㅣ親친히祭졔ᄒᆞᆷ은벼와外외內ᄂᆡ의직ᄉᆞ로ᄀᆞ초ᄂᆞᆫ밸시며만일后후妃비ᄂᆞᆫ神신靈령의統통을받들며邦방家가의基긔되

ᄂᆞ니烝증嘗상을蠲견潔결히ᄒᆞ야ᄡᅥ그
일을도으되반ᄃᆞ시仁인孝효로ᄡᅥ本본
ᄒᆞ며誠셩敬경으로ᄡᅥ將쟝ᄒᆞ고蠶잠桑
상을몸소ᄒᆞ야ᄡᅥ玄현紞담을민들며儀
의物믈을곧초아ᄡᅥ豆두籩변을共공ᄒᆞ
고夙슉夜야애公공애이셔ᄡᅥ슈고로옴
을삼디아니ᄒᆞᄂᆞ니詩시애ᄀᆞᆯᄋᆞ되君군
婦부ㅣ莫막莫막ᄒᆞ야豆두민들기ᄅᆞᆯ심
히庶셔히ᄒᆞᆫ다ᄒᆞ니禮례ᄅᆞᆯ도와愆건이
업스며威위儀의ᄀᆞ장時시ᄒᆞ면宗종廟

묘ㅣ享향ᄒᆞ고子ᄌᆞ孫손이順슌ᄒᆞ리니
故고로ᄀᆞᆯᄋᆞᄃᆡ祭졔ᄂᆞᆫ敎교의本본이라
진실노道도ᄅᆞᆯ다ᄒᆞᄃᆡ몯ᄒᆞ고孝효敬경
ᄒᆞᆷ을니ᄌᆞ면神신이이에享향티아니리
니神신이享향티아니ᄒᆞ고能능히몸을
보젼ᄒᆞ여後후ᄅᆞᆯ넉넉게ᄒᆞᆯ者쟈ㅣ잇ᄃᆡ
아니ᄒᆞᆫᄃᆡ라믈읫君군子ᄌᆞᄅᆞᆯ內ᄂᆡ助조
ᄒᆞᄂᆞᆫ者쟈ㅣ그거의힘ᄡᅳᆯᄃᆡ어다

母모儀의章쟝第뎨十십六뉵

孔공子ᄌᆞㅣ曰왈女녀子ᄌᆞ者쟈ᄂᆞᆫ順슌男

남子ᄌᆞ之지、教교ᄒᆞ야而이長댱其기理리者
쟈ㅣ也야ㅣ라是시故고로無무專젼制졔之지
義의ᄒᆞ고所소以이爲위教교ㅣ不블出츌閨
규門문ᄒᆞ야以이訓훈其기子ᄌᆞ者쟈ㅣ也야ㅣ라
ᄒᆞ시니教교之지者쟈ᄂᆞᆫ導도之지以이德덕
美미ᄒᆞ며養양之지以이廉렴遜손ᄒᆞ며率솔之
지以이勤근儉검ᄒᆞ며本본之지以이慈ᄌᆞ愛
이ᄒᆞ며臨림之지以이嚴엄恪각ᄒᆞ야以이立닙
其기身신ᄒᆞ고以이成셩其기德덕ᄒᆞ되慈ᄌᆞ愛
이ㅣ不블至지於어姑고息식ᄒᆞ며嚴엄恪각

이 不블至지於어傷샹恩은이니 傷샹恩은則

즉 離니ᄒᆞ고 姑고息식則즉縱죵而이敎교不

블行힝矣의리라 詩시曰왈載ᄌᆡ色ᄉᆡᆨ載ᄌᆡ笑

쇼ᄒᆞ야 匪비怒노伊이敎교ㅣ라ᄒᆞ니 夫부敎교之

지有유道도矣의어니와 而이在ᄌᆡ己긔者쟈

도 亦역不블可가不블愼신시ᄂᆞᆫ 是시故고로

女녀德덕이 有유常샹ᄒᆞ야 不블踰유貞뎡信

신ᄒᆞ고 婦부德덕이 有유常샹ᄒᆞ야 不블踰유孝

효敬경ᄒᆞ니 貞뎡信신孝효敬경ᄒᆞ면 而이人인

이 則측之지리라 詩시曰왈其기儀의不블忒

특ᄒᆞ야 正정是시四ᄉᆞ國국이라ᄒᆞ니 此ᄎᆞ之지謂

위也야니라 ○ 長댱其기理리란말은男남子ᄌᆞ의ᄀᆞᄅᆞ침을順슌히ᄒᆞ야그義의理리ᄅᆞᆯ길우단말이라

孔공子ᄌᆞㅣᄀᆞᄅᆞ샤ᄃᆡ女녀子ᄌᆞᄂᆞᆫ男남

子ᄌᆞ의ᄀᆞᄅᆞ침을順슌히ᄒᆞ야그理리ᄅᆞᆯ

長댱케ᄒᆞᄂᆞᆫ者쟈ㅣ라이런故고로專젼

制졔ᄒᆞᄂᆞᆫ義의업고ᄇᆡ敎교ᄅᆞᆯᄒᆞᄂᆞᆫ배閨

규門문애나디아니ᄒᆞ야ᄇᆡ그子ᄌᆞᄅᆞᆯ訓

훈ᄒᆞᄂᆞᆫ者쟈ㅣ라ᄒᆞ시니敎교ᄂᆞᆫ德덕義미로

ᄇᆡ인도ᄒᆞ며廉렴遜손ᄒᆞ기ᄅᆞᆯᄇᆡ치며勤

근儉검ᄒᆞ기로뻐거ᄂᆞ리며慈ᄌᆞ愛ᄋᆡᄒᆞ
기로뻐근본ᄒᆞ며嚴엄恪각홈오로뻐臨림
남ᄒᆞ야뻐그몸을셰오고뻐그德덕을일
오ᄃᆡ慈ᄌᆞ愛ᄋᆡ홈이姑고息식애니르ᄃᆡ
아니ᄒᆞ며嚴엄恪각홈이은혜傷샹ᄒᆞ긴
의니르ᄃᆡ아닐디니은혜傷샹ᄒᆞ면離니
ᄒᆞ고姑고息식ᄒᆞ면縱죵ᄒᆞ야敎교ㅣ行
힝티몯ᄒᆞᄂᆞ니라詩시애골ᄋᆞᄃᆡ곧色식
ᄒᆞ며곧笑쇼ᄒᆞ야怒노ㅣ아니오이敎교ㅣ
ㅣ라ᄒᆞ니敎교홈이道도ㅣㅣ읻거니와몸

에읻ᄂᆞᆫ걷도ᄯᅩᄒᆞᆫ可가히삼가디아니티
몯ᄒᆞ릴ᄉᆡ이런故고로女녀의德덕이셥
셥ᄒᆞᆷ이아셔貞뎡과信신에넘디아니ᄒᆞ
고婦부의德덕이셥셥ᄒᆞᆷ이이셔孝효와
敬경애넘디아니ᄒᆞ니貞뎡信신ᄒᆞ며孝
효敬경ᄒᆞ면사ᄅᆞᆷ이법바ᄃᆞ리라詩시애
ᄀᆞᆯᄋᆞᄃᆡ그위의忒특디아니ᄒᆞ야이四ᄉᆞ
國국을正정타ᄒᆞ니이ᄅᆞᆯ니ᄅᆞᆷ이니라

睦목親친章쟝第뎨十십七칠

仁인者쟈ㅣ無무不불愛ᄋᆡ也야나親친疏

소와 內ᄂᆡ外외ㅣ有유本본末말焉언ᄒᆞ니一
일ᄋᆡ家가之지親친이近근之지爲위兄형弟
뎨ᄒᆞ며遠원之지爲위宗종族족ᄒᆞ나則즉同동
乎호一일源원矣의어니와若약夫부娣뎨姒
ᄉᆞ姑고姊ᄌᆞ妹ᄆᆡᄂᆞᆫ親친之지至지近근者
쟈矣의니宜의無무所소不블用용其기情
졍이니라夫부木목不블榮영於어幹간이면不
블能능以이達달支지ᄒᆞ고火화不블灼작于
우中듕이면不블能능以이照죠外외ᄒᆞᄂᆞ니是
시以이로施시仁인애必필先션睦목親친

ᄒᆞ고 睦목親친之지務무ᄂᆞᆫ 必필有유內ᄂᆡ助
조ㅣ니라 一일源원之지出츌이 本본無무異
이어 情정이언만ᄂᆞᆫ 間간以이異이姓셩ᄒᆞᆯ셔 乃내生
ᄉᆡᆼ 乖괴別별이니 書셔云운 惇돈睦목九구族
족이라ᄒᆞ고 詩시云운 宜의其기家가人인이라ᄒᆞ니
主쥬乎호內ᄂᆡ者쟈ㅣ 體톄君군子ᄌᆞ之지
心심ᄒᆞ며 重듕源원本본之지義의ᄒᆞ고 敦돈頍
가 弁변之지德덕ᄒᆞ며 廣광行ᄒᆡᆼ葦위之지風
풍ᄒᆞ야 仁인恕셔寬관厚후ᄒᆞ고 敷부洽흡惠혜
施시ᄒᆞ야 不블忘망小쇼善션ᄒᆞ며 不블記긔小

쇼過과ㅣ니錄녹小쇼善션則즉大대義의明명ᄒᆞ고略냑小쇼過과則즉讒ᄎᆞᆷ慝특이息식ᄒᆞᄂᆞ니讒ᄎᆞᆷ慝특이息식則즉親친愛이全젼ᄒᆞ고親친愛이ㅣ全젼則즉恩은義의ㅣ備비矣의ㅣ리니踈소戚척之지際제ㅣ藹애然연和화樂락ᄒᆞ야由유是시推튜之지ᄒᆞ면内니和화而이外외和화ᄒᆞ며一일家가ㅣ和화而이一일國국이和화ᄒᆞ며一일國국이和화而이天텬下하ㅣ和화矣의리니可가不불重듕哉ᄌᆡ아 ○娣뎨姒ᄉᆞ는지아뷔아의안해를娣뎨라ᄒᆞ고兄형의안해를姒ᄉᆞ라ᄒᆞ

ᄂᆞ니라頍기弁변은詩시小쇼雅아ㅣ오行ᄒᆡᆼ葦위ᄂᆞᆫ大대雅아ㅣ니다篇편名명이라

仁인ᄒᆞᆫ者쟈ㅣᄉᆞ랑티아니리업스나親친ᄒᆞᆫ이며疏소ᄒᆞᆫ이와內ᄂᆡ며外외ㅣ本본과末말이이시니一일家가의親친ᄒᆞᆫ이갓가오면兄형弟뎨되며멀면宗종族족이되나ᄀᆞᆮᄒᆞᆫ근원이ᄀᆞᆮ거니와만일娣뎨와姒ᄉᆞ와姑고와姊ᄌᆞ와妹ᄆᆡᄂᆞᆫ親친의지극히갓가온者쟈ㅣ니맏당이그情졍을ᄡᅳ디아닐배업ᄡᅳᆯ디니라남기幹간

애榮영티 아니ᄒᆞ면 能능히 ᄡᅥ 支지애 達달티 몯ᄒᆞ고 블이 가온대 灼작디 아니ᄒᆞ면 能능히 ᄡᅥ 받그 빈최디 몯ᄒᆞᄂᆞ니 일노 ᄡᅥ 仁인을 베프매 반ᄃᆞ시 親친을 睦목홈을 몬져ᄒᆞ고 親친을 睦목홀 務무ᄂᆞᆫ 반ᄃᆞ시 內뇌助조ㅣ 이실디니라 一일源원의 난 거시 본ᄃᆡ 다른 情졍이 업건만은 異이姓셩으로 ᄡᅥ 間간홀시 이에 어긤과 끌히옴이 나ᄂᆞ니 書셔애 닐오ᄃᆡ 九구族족을 惇돈睦목ᄒᆞ다 ᄒᆞ고 詩시애 닐오ᄃᆡ 그 家

가人인을宜의ᄒᆞ다ᄒᆞ니안해主듀ᄒᆞᆫ者
쟈ㅣ君군子ᄌᆞ의모몸을體톄ᄒᆞ며源원
本본의義의ᄅᆞᆯ重듕히너기고頍기弁변
의德덕을돈탑게ᄒᆞ며行ᄒᆡᆼ幃위의風풍
을너르게ᄒᆞ야仁인恕셔ᄒᆞ며寬관厚후
ᄒᆞ고은혜ᄅᆞᆯ펴며베품을洽흡히ᄒᆞ야小
쇼善션을닐디말며小쇼過과ᄅᆞᆯ괴록디
말셔니小쇼善션을錄록ᄒᆞ면大대義의
ᄇᆞᆰ고小쇼過과ᄅᆞᆯ略략ᄒᆞ면讒ᄎᆞᆷ慝특이
긋ᄂᆞ니讒ᄎᆞᆷ慝특이긋치면親친愛이흠

이온젼ᄒᆞ고親친愛애ᄒᆞᆷ이온젼ᄒᆞ면恩은義의ᄀᆞᄌᆞ리니疎소와戚쳑즈음이謂아然연히和화樂락ᄒᆞ야일노말미암아미뢰면안히和화ᄒᆞᆷ애받기和화ᄒᆞ며一일家가ㅣ和화ᄒᆞᆷ애一일國국이和화ᄒᆞ며一일國국이和화ᄒᆞᆷ애天텬下하ㅣ和화ᄒᆞ리니可가히重듕티아니ᄒᆞ랴

慈ᄌᆞ幼유章장第뎨十십八팔

慈ᄌᆞ者쟈ᄂᆞᆫ上샹之지所소以이撫무下하也야ㅣ니上샹이慈ᄌᆞ而이不블懈ᄒᆡᄒᆞ면則즉

下하ㅣ順슌而이益약親친ᄒᆞ리니故고喬교
木목이竦숑而이枝디不블附부焉언ᄒᆞ며淵
연水슈ㅣ清청而이魚어不블藏장焉언ᄒᆞ고
甘감瓠호ᄂᆞᆫ藟뉴於어樛규木목ᄒᆞ며庶서草
초ᄂᆞᆫ繁번於어深심澤ᄐᆡᆨᄒᆞᆯ시則즉子ᄌᆞ婦부
ㅣ順슌於어慈ᄌᆞ仁인은理리也야ㅣ어니와若
약夫부待ᄃᆡ之지以이不블慈ᄌᆞᄒᆞ고而이欲
욕責칙之지以이孝효ᄒᆞ면則즉下하必필不
블安안ᄒᆞ리니下하不블安안則즉心심離니
ᄒᆞ고心심離니則즉忮기ᄒᆞ고忮기則즉不블祥

상이 莫막大대焉언ᄒᆞ니 爲위人인父부母모者쟈ㅣ 其기慈ᄌᆞ乎호ㅣ며 其기慈ᄌᆞ乎호ㅣᆫ뎌 然연ㅣ나 有유姑고息식ᄒᆞ야 以이爲위慈ᄌᆞᄒᆞ며 溺닉愛이ᄒᆞ야 以이爲위德덕ᄒᆞ면 是시ᄂᆞᆫ 自ᄌᆞ蔽폐其기下하也야ㅣ니 故고 慈ᄌᆞ者쟈ᄂᆞᆫ 非비違위理리之지謂위也야ㅣ라 必필也야 盡진敎교訓훈之지道도乎호ㅣᆫ뎌 亦역有유不불慈ᄌᆞ者쟈ㅣ되라 則즉下하不불可가以이不불孝효ㅣ니 必필也야 勇용於어順슌令령을 如여伯빅奇긔者쟈乎호ㅣᆫ뎌 ○枝기ᄂᆞᆫ 害해ᄒᆞᆫ단 말

이니아라사ᄅᆞᆷ의ᄆᆞᄋᆞᆷ이離니背비ᄒᆞ야 평안티아니ᄒᆞ면枝기害해홀ᄆᆞᄋᆞᆷ이나

단말이오自ᄌᆞ蔽폐ᄂᆞᆫ스ᄉᆞ로ᄀᆞ리와그 허물을모로단말이라伯ᄇᆡᆨ奇긔ᄂᆞᆫ周쥬

尹윤吉길甫보의아ᄃᆞᆯ이니吉길甫보ㅣ 後후妻쳐의게惑혹ᄒᆞ야伯ᄇᆡᆨ奇긔ᄅᆞᆯ죽

이려ᄒᆞ거ᄂᆞᆯ命명을 順슌ᄒᆞ야죽으니라

慈ᄌᆞ홈은우히뻐아ᄅᆡ를무휼ᄒᆞᄂᆞᆫ배니

우히ᄉᆞ랑ᄒᆞ야게어르디아니면곧아ᄅᆡ

順슌ᄒᆞ야더옥親친ᄒᆞ리니故고로놉흔

남기소쇼아오르면가지붇디몯ᄒᆞ며몯

물이ᄆᆞᆰ그면고기ᄀᆞᆷ초이디몯ᄒᆞ고甘감

瓠호ᄂᆞᆫ樛규木목애얼거이며庶셔草초

난深심澤ᄐᆡᆨ애번셩ᄒᆞᆯ시곧子ᄌᆞ婦부ㅣ慈ᄌᆞ仁인애順슌ᄒᆞᆷ은理리어니와만일ᄉᆞ랑티아니키로ᄡᅥᄃᆡ졉ᄒᆞ고孝효ᄒᆞ기로ᄡᅥᄎᆡᆨ망코져ᄒᆞ면끗아리반ᄃᆞ시평안티아니ᄒᆞ리니아리평안티아니ᄒᆞ면ᄆᆞ옴이여희고ᄆᆞ옴이여희면忮기ᄒᆞ고忮기ᄒᆞ면샹셔롭디아님이이만크니업ᄉᆞ니사ᄅᆞᆷ의父부母모된者쟈ㅣ그ᄉᆞ랑ᄒᆞ며그ᄉᆞ랑ᄒᆞᆯ띤뎌그러나姑고息식ᄒᆞ야ᄡᅥᄉᆞ랑을삼으며溺닉愛ᄋᆡᄒᆞ야ᄡᅥ德덕

을삼으면이 ᄂᆞᆫ스ᄉᆞ로그아ᄅᆡ롤蔽폐ᄒᆞᆷ
이니故고로ᄉᆞ랑ᄒᆞᆷ은理리에어긔오믈
니롬이아니라반ᄃᆞ시教교訓훈의道도
롤다ᄒᆞᆯ띤뎌또ᄒᆞᆫᄉᆞ랑티아닐者쟈ㅣ이
셔도곧아ᄅᆡᄂᆞᆫ可가히ᄡᅥ孝효티아니티
몯ᄒᆞᆯ디니반ᄃᆞ시令령順슌키예ᄂᆞᆯ내믈
伯빅奇긔곧티ᄒᆞᆯ띤뎌

逮톄下하章쟝第뎨十십九구

君군子ᄌᆞㅣ爲위宗종廟묘之지主쥬ᄒᆞ야奉
봉神신靈령之지統통ᄒᆞᆯ셔宜의蕃번衍연嗣

ᄉᆞ續쇽ᄒᆞ야傳뎐序서無무窮궁이니故고夫부

婦부之지道도ᄂᆞᆫ世세祀ᄉᆞㅣ爲위大대ᄒᆞ니

라古고之지哲텰后후賢현妃비ㅣ皆기推

츄德덕逮톄下하ᄒᆞ야薦쳔達달貞뎡淑슉ᄒᆞ고

不블獨독任임己긔ㄹ시是시以이로茂무衍

연來릐裔예ᄒᆞ야長댱流뉴慶경澤튁ᄒᆞ니周쥬

之지太태姒ᄉᆞᄂᆞᆫ有유逮톄下하之지德덕

ㅣ라故고樛규木목이形형福복履니之지詠

영ᄒᆞ고螽죵斯ᄉᆞㅣ揚양振진振진之지美미

ᄒᆞ야終둉能능昌챵大대本본枝지ᄒᆞ고綿면固

고宗종社샤ᄒᆞ야三삼王왕之지隆늉이莫막此ᄎᆞ爲위盛셩ᄒᆞ니故고婦부人인之지行ᄒᆡᆼ이貴귀於어寬관惠혜ᄒᆞ고惡오於어妬투忌긔ᄒᆞ니라月월星셩이並병麗니ᄒᆞ나豈긔掩엄於어末말光광ᄒᆞ며松숑蘭난이同동畝묘ㅣ라도不블嫌혐於어並병秀슈ᄒᆞ니自ᄌᆞ后후妃바로以이至지士ᄉᆞ庶셔人인之지妻쳐ㅣ誠셩能능貞뎡靜졍寬관和화ᄒᆞ야明명大대孝효之지端단ᄒᆞ고廣광至지人인之지意의ᄒᆞ야不블專젼一일己긔之지欲욕ᄒᆞ며不블蔽

폐衆중下하之지義미ᄒᆞ야務무廣광君군子ᄌᆞ之지澤택ᄒᆞ면斯ᄉᆞ上상安안下하ㅣ順슌ᄒᆞ야和화氣긔ㅣ烝증融늉ᄒᆞ리니善션慶경源원源원이肇됴於어此ᄎᆞ矣의리라 ◯ 螽죵斯ᄉᆞ는蝗황蟲튱의屬쇽이니ᄒᆞᆫ긔九구十십九구子ᄌᆞ를나ᄒᆞ니詩시篇편名명이니后후妃비의妬투忌긔아니ᄒᆞ고子ᄌᆞ孫손盛셩ᄒᆞᆷ을比비ᄒᆞ니라振진振진은날음답고盛셩ᄒᆞᆫ말이오世세祀ᄉᆞ는世세를傳뎐ᄒᆞ고祀ᄉᆞ를닏단말이라

君군子ᄌᆞㅣ宗종廟묘읫主쥬ㅣ되야神신靈령의統통을받들ᄉᆡ맏당이嗣ᄉᆞ續쇽을蕃번衍연ᄒᆞ야來래를無무窮궁애

傳뎐ᄒᆞᆯ디니故고로夫부婦부의道도ᄂᆞᆫ世세祀ᄉᆞㅣ크니라哲텰后후와賢현妃비다德덕을미뢰여아ᄅᆡ믿처貞뎡淑슉ᄒᆞ니롤薦쳔達달ᄒᆞ고홀노몸만任임티아닐시일노ᄡᅥ來ᄅᆡ裔예ㅣ茂무衍연ᄒᆞ야기리慶경澤ᄐᆡᆨ을흐르게ᄒᆞ니周쥬의太태姒ᄉᆞᄂᆞᆫ아ᄅᆡ믿ᄂᆞᆫ德덕이인ᄂᆞᆫ디라故고로樛규木목이福복履니의을픔을낟타내고螽죵斯ᄉᆞㅣ振진振진의아ᄅᆞᆷ다옴을포양ᄒᆞ야ᄆᆞᄎᆞᆷ내能능히本본

枝지ᄅᆞᆯ챵셩ᄒᆞ야크게ᄒᆞ고宗종社샤ᄅᆞᆯ
멀니굳게ᄒᆞ야三삼王왕의놉픔이이만
盛셩ᄒᆞᆫ이업ᄉᆞ니故고로婦부人인의힝
실이寬관惠혜ᄒᆞᆷ을貴귀히너기고妬투
忌긔ᄒᆞᆷ을아쳐ᄒᆞᆯ디니라ᄃᆞᆯ과별이즒부
터신ᄃᆞᆯ업디末말光광에니르리오며솔과
난최이랑이ᄒᆞᆫ가지라도즒빠여남을협
의티아니ᄒᆞᄂᆞ니后후妃비로부터뻐士
ᄉᆞ庶셔人인의妻쳐애니르히진실노能
능히貞뎡靜졍ᄒᆞ며寬관和화ᄒᆞ야大대

孝효의근츌ᄇᆞᆰ키고至지人인의듣을널
펴一일己긔의欲욕을오로디아니ᄒᆞ며
衆즁下하의아ᄅᆞᆷ다온거ᄉᆞᆯᄀᆞ리오디아
니ᄒᆞ야함ᄡᅥ君군子ᄌᆞ의澤ᄐᆡᆨ을너르게
ᄒᆞ면이에우히평안ᄒᆞ고아ᄅᆡ順슌ᄒᆞ야
和화氣긔烝증融융ᄒᆞ리니어딘慶경의
源원源원ᄒᆞᆷ이이에비로ᄉᆞ리라

待ᄃᆡ外외戚쳑章쟝第뎨二이十십

知디幾긔者쟈ᄂᆞᆫ見견於어未마明명ᄒᆞ고禁
금微미者쟈ᄂᆞᆫ謹근於어抑억末말ᄒᆞᄂᆞ니自

ᄌᆞ昔셕之지待ᄃᆡ外외戚쳑이鮮션不블由
유始시縱죵而이終죵難난制졔也야니ㅣ雖
슈曰왈外외戚쳑之지過과ㅣ亦역係계乎
호后후德덕之지賢현否부耳이라니漢한明
명德덕皇황后후ㅣ修슈飾식內ᄂᆡ政졍ᄒᆞᆯ시
患환外외家가ㅣ以이驕교肆ᄉᆞ로取취敗
패ᄒᆞ야未미嘗샹加가以이封봉爵쟉ᄒᆞ고唐당
長댱孫손皇황后후ㅣ慮녀外외家가ㅣ以
이富부貴귀로招툐禍화ᄒᆞ야請쳥無무屬쇽
以이樞츄柄병ᄒᆞᆯ시故고能능使ᄉᆞ之지保보

全젼ᄒᆞ고 其기餘여若약呂려霍곽楊양氏시之지流류ᄂᆞᆫ 僭참、踰유奢샤靡미ᄒᆞ야 氣긔燄염이 熏훈灼쟉ᄒᆞ야 無무所소顧고忌긔ᄒᆞ야 遂슈致티傾경覆복ᄒᆞ니 良량由유內ᄂᆡ政졍이 偏편陂피ᄒᆞ야 養양成셩禍화根근이 非비一일日일矣의니라 易역曰왈馴슌致티其기道도ᄒᆞ야 至지堅견冰빙也야ㅣ라ᄒᆞ니 夫부欲욕保보全젼之지者쟈ᄂᆞᆫ 擇튁師ᄉᆞ傅부ᄒᆞ야 以이教교之지ᄒᆞ야 隆늉之지以이恩은ᄒᆞ고 而이不블使ᄉᆞ撓요法법ᄒᆞ며 優우之지以이祿녹ᄒᆞ고

而이不블使ᄉ預예政졍ᄒᆞ야杜두私ᄉ謁알
之지門문ᄒᆞ며絶졀請쳥求구之지路노ᄒᆞ며謹
근奢사侈치之지戒계ᄒᆞ며長댱謙겸遜손之
지風풍ᄒᆞ면則즉其기患환이自ᄌ弭이矣의
리라若약夫부恃시恩은姑고息식은非비保
보全젼之지道도ㅣ니恃시恩은則즉侈치心
심이生싱爲언ᄒᆞ고姑고息식則즉禍화機긔
ㅣ蓄튝爲언ᄒᆞ니리蓄튝禍화召쇼亂란은其
기患환이無무斷단일니시라盈영滿만ᄒᆞ면招됴
辱욕ᄒᆞ고守슈正졍ᄒᆞ면獲획福복이니愼신之지

哉지어다 ○ 呂려ᄂᆞᆫ 漢한 高고帝뎨의 后후ㅣ오 霍곽은 漢한 宣션帝뎨의 后후ㅣ오 楊양은 晉진 武무帝뎨의 后후ㅣ라 서리오면 졈졈 구든 얼음에 닐월 줄 아단 말이라 外외戚쳑이 은혜를 믿고 后후妃비 姑고息식ᄒᆞ면 몸 보젼ᄒᆞᆯ 도리 아니니 그 患환이 결단 업기의 잇단 말이라

幾긔를 아ᄂᆞᆫ 者쟈ᄂᆞᆫ ᄇᆞᆰ디 아닌ᄃᆡ 보곰 微미를 禁금ᄒᆞᄂᆞᆫ 者쟈ᄂᆞᆫ 末말을 억졔ᄒᆞᆷ애 삼가ᄂᆞ니 녜로부터 外외戚쳑 ᄃᆡ졉ᄒᆞᆷ이 처음애 방죵ᄒᆞ고 나죵애 졔어키 어렵가로 말믜암디 아닌이 져그니 비록 外외戚쳑의 허믈이라 니ᄅᆞ나 ᄯᅩᄒᆞᆫ 后후人 德덕

의賢현홈과否부홈애미엿ᄂᆞ니라漢한明명德덕皇황后후ㅣ內ᄂᆡ政졍을修슈飾식ᄒᆞᆯ시外외家가ㅣ驕교肆ᄉᆞᄒᆞ기로ᄡᅥ敗패ᄅᆞᆯ取취홈을근심ᄒᆞ야일즉封봉爵쟉으로ᄡᅥ더으디아니ᄒᆞ고唐당長댱孫손皇황后후ㅣ外외家가ㅣ富부貴귀로ᄡᅥ禍화ᄅᆞᆯ招툐ᄒᆞᆯ가념녀ᄒᆞ야樞츄柄병으로ᄡᅥ屬쇽디마롬을請쳥ᄒᆞᆯ시故고로能능히ᄒᆞ야곰保보全젼케ᄒᆞ고그남은呂려와霍곽과楊양氏시의流뉴고ᄐᆞ

니ᄂᆞᆫ僭참踰유ᄒᆞ며奢사靡미ᄒᆞ야氣긔燄염이熏훈ᄒᆞ고灼작ᄒᆞ야도라보며써리ᄂᆞᆫ배업서드듸여傾경覆복홈을니뢰니진실노內ᄂᆡ政정의偏편陂피홈으로말ᄆᆡ암아禍화根근을養양成셩홈이一일日일이아닌디라易역애ᄀᆞᆯᄋᆞ되그道도ᄅᆞᆯ馴슌ᄒᆞ야니릐여구ᄃᆞᆫ얼름애니ᄅᆞ다ᄒᆞ니그保보全젼코져ᄒᆞᄂᆞᆫ者쟈ᄂᆞᆫ師ᄉᆞ傅부ᄅᆞᆯ골희여ᄡᅥᄀᆞᄅᆞ쳐은혜로ᄡᅥ隆늉ᄒᆞ고ᄒᆞ야곰法법을撓요티몯ᄒᆞ게ᄒᆞ

며禄녹으로써優우ᄒᆞ고ᄒᆞ야곰졍ᄉᆞ에
간예티몯ᄒᆞ게ᄒᆞ야私ᄉᆞ謁알ᄒᆞᄂᆞᆫ門문
을막으며請청求구ᄒᆞᄂᆞᆫ길흘굿太태奢
샤侈치의경계ᄅᆞᆯ삼가며謙겸遜손의風
풍을길우면곧그患환이스ᄉᆞ로긋티리
라만일은혜ᄅᆞᆯ미더姑고息식홈은保보
全젼ᄒᆞᆯ道도ㅣ아니니은혜ᄅᆞᆯ미드면侈
치心심이나고姑고息식ᄒᆞ면禍화幾긔
蓄튝ᄒᆞ리니禍화ᄅᆞᆯ蓄튝ᄒᆞ며亂난을부
ᄅᆞᆷ은그患환이길단이업ᄉᆞ시니라盈영

滿만ᄒᆞ면辱욕을부르고正졍을딕희면

福복을어들디니삼갈디어다

女녀四ᄉᆞ書셔卷권之지三삼終죵

女녀四ᄉ書셔卷권之지四ᄉ

王왕節절婦부女녀範범捷첩錄

劉뉴氏시ᄂᆞᆫ江강寧녕사ᄅᆞᆷ이셔글을잘ᄒᆞ야王왕氏시集집공의元원配비되얏더니三삼十십애寡과居거ᄒᆞ야씀고節절六륙十십年년애壽슈ㅣ九구十십이라지은배古고ᄉᆞ금女녀鑑감과밋女녀範범捷첩錄녹이世셰애行ᄒᆡᆼᄒᆞᄂᆞ니라

統통論논篇편

乾건象상乎호陽양ᄒᆞ고坤곤象상乎호陰음ᄒᆞᆯ시日일月월이普보兩냥儀의之지照죠ᄒᆞ며男남正정乎호外외ᄒᆞ고女녀正정乎호內니

ᄒᆞᆯ시夫부婦부ㅣ造조萬만化화之지端단이라五오常상之지德덕이著뎌而이大대本본이以이敦돈ᄒᆞ고三삼綱강之지義의ㅣ明명而이人인倫륜이以이正정ᄒᆞ니ᄒᆞᆫ ○五오常상은仁인과義의와禮례와智디와信신이오三삼綱강은君군은臣신의綱강이오父부눈子ᄌᆞ의綱강이오夫부눈妻처의綱강이니綱강은그믈에벼리라故고修슈身신者쟈ᄂᆞᆫ齊제家가之지要요也야ㅣ오而이立닙敎교者쟈ᄂᆞᆫ明명倫륜之지本본也야ㅣ라正정家가之지道도ᄂᆞᆫ禮례謹근於어男남女녀ᄒᆞ고養양蒙몽之지節절은敎교始

시於어飮음食식ᄒᆞᄂᆞ니幼유而이不블敎교ᄒᆞ고長댱而이失실禮례ᄒᆞ면在ᄌᆡ男남애ᄂᆞᆫ猶유可가以이尊존師ᄉᆞ取취友우ᄒᆞ야以이成셩其기德덕이어니와在ᄌᆡ女녀애ᄂᆞᆫ又우何하從죵擇ᄐᆡᆨ善션誠셩身신ᄒᆞ야而이格격其기非비耶야아是시以이로敎교女녀之지道도ㅣ猶유甚심於어男남而이正졍內ᄂᆡ之지儀의ㅣ宜의先션乎호外외也야ㅣ니라以이銅동爲위鑑감ᄒᆞ면可가正졍衣의冠관이며以이古고爲위師ᄉᆞᄒᆞ면可가端단模모範범이니能

능師ᄉᆞ古고人인면ᄒᆞ又우何하患환德덕之

지不블修슈而이家가之지不블正졍哉ᄌᆡ

오리

乾건은陽양을象샹ᄒᆞ고坤곤은陰음을

象샹ᄒᆞ시날과ᄃᆞᆯ이兩냥儀의의비쵬을

ᄇᆞᆰ게ᄒᆞ며男남은外외애正졍ᄒᆞ고女녀

ᄂᆞᆫ內ᄂᆡ애正졍ᄒᆞ시夫부와婦부ㅣ萬만

化화의처음을짓ᄂᆞᆫ디라五오常샹의德

덕이낫타나면大대本본이버돗합고三

삼綱강의義의ᄇᆞᆯ그면人인倫륜이버바

롤시故고로몸닥ᄂᆞᆫ者쟈ᄂᆞᆫ齊제家가의
要요ㅣ오教교셰오ᄂᆞᆫ者쟈ᄂᆞᆫ明명倫륜의
근본이라집을바로게ᄒᆞᆯ道도ᄂᆞᆫ禮례ㅣ
男남女녀애삼가고아히치ᄂᆞᆫ節절은教
교ㅣ飮음食식애비롤ᄂᆞ니얼여셔ᄀᆞᄅᆞ
치디아니ᄒᆞ고조라셔禮례롤일흐면男
남애이셔ᄂᆞᆫ오히려可가히벼스싱을노
피며벗을取취ᄒᆞ야벼그德덕을일우려
니와女녀애이셔ᄂᆞᆫ또어듸롤조차善션
을擇ᄐᆡᆨᄒᆞ며身신롤誠셩ᄒᆞ야그그른거

솜바로게ᄒᆞ리오일로ᄡᅥ女녀ᄀᆞᄅᆞ치ᄂᆞᆫ道도ㅣ오히려男남도곤심ᄒᆞ고안ᄒᆞᆯ바로게ᄒᆞᆯ례의맛당히밧긔셔몬져ᄒᆞᆯ세니라구리로ᄡᅥ거울을삼으면可가히衣의冠관을바로게ᄒᆞᆯ거시오녜로ᄡᅥ스싱을삼으면可가히模모範범을단졍케ᄒᆞᆯ셔니能능히古고人인을스싱삼오면ᄯᅩ엇디德덕의닥디몯ᄒᆞ며집의바로디몯ᄒᆞᆷ을근심ᄒᆞ리오

后후德덕篇편

鳳봉儀의龍룡馬마눈聖셩帝뎨之지祥상이오麟린趾지關관雎져눈后후妃비之지德덕이니○舜슌새의鳳봉凰황이來릭儀의ᄒᆞ고伏복羲희새의龍룡馬마ㅣ글임을지고나니다聖셩王왕의샹셔니일로아ᄅᆡ쓸뜻을여러내려ᄒᆞ미라○麟린趾지關관雎져두詩시눈다文문王왕의妃비太태姒ᄉᆞ의德덕을을펏ᄂᆞ니라是시故고로帝뎨嚳곡三삼妃비눈生싱稷직契셜唐당堯요之지聖셩ᄒᆞ고文문王왕百ᄇᆡᆨ子ᄌᆞ눈紹쇼姜강任임太태姒ᄉᆞ之지徽휘ᄒᆞ며○太태王왕의妃비太태姜강과王왕季계의妃비太태任임과文문王왕의妃비太태姒ᄉᆞㅣ다仁인孝효ᄒᆞ야그아름다온거슬낫간말이라嬀귀汭예二이

女녀ᄂᆞᆫ紹쇼際제唐당虞우之지盛셩ᄒᆞ고塗

도華션雙쌍后후ᄂᆞᆫ肇됴開기夏하商상之

지祥샹ᄒᆞ며○堯요ㅣ二이女녀ᄅᆞᆯ嬀규汭예애降강ᄒᆞ샤嬪舜슌을셤기시

다○夏하禹우의妃비塗도山산氏시오湯탕의妃비有유莘신氏시다賢현明명ᄒᆞ니

라宣션王왕이晩만朝됴ㅣ어늘姜강后후ㅣ

有유待ᄃᆡ罪죄之지諫간ᄒᆞ고楚초昭쇼ㅣ晏

안駕가ㅣ어늘越월姬희ㅣ踐쳔心심許허之

지言언ᄒᆞ며○周쥬宣션王왕이날이느즌후의됴회罷밧거늘姜강后후ㅣ

빈혀ᄅᆞᆯ빠히고永영巷항의가待ᄃᆡ罪죄ᄒᆞ니라○晏안駕가ᄂᆞᆫ죽단말이라昭쇼王왕

이나가놀시즐겨ᄀᆞᆯᄋᆞᄃᆡ寡과人인죽ᄋᆞᆫ후의뉘조ᄎᆞ리오諸제姬희다ᄀᆞᆯᄋᆞᄃᆡ원컨대

조太라이다越월姬희홀로말아니ᄒᆞ엿더니밋王왕이薨훙ᄒᆞ매諸제姬희다좃디아니호되越월姬희ᄀᆞᆯᄋᆞ되내비록좃디아니ᄒᆞ나ᄆᆞᄋᆞᆷ애ᄂᆞᆫ許허ᄒᆞ엿ᄂᆞᆫ디라이제엇디ᄆᆞᄋᆞᆷ의許허ᄒᆞᆫᄇᆞᆺ을져ᄇᆞ리리오ᄒᆞ고드ᄃᆡ여죽어王왕을조초니라

明명和화ㅣ嗣ᄉᆞ漢한애史ᄉᆞ稱칭馬마鄧등之지賢현ᄒᆞ고高고文문이興흥唐당애內ᄂᆡ有유竇두孫손之지助조ᄒᆞ며 ○ 漢한明명帝뎨의馬마皇황后후와和화帝뎨의鄧등皇황后후ㅣ다賢현明명ᄒᆞ니라○唐당高고祖조의竇두皇황后후와太태宗종文문皇황帝뎨의長댱孫손皇황后후ㅣ다두님군을도아ᄡᅥ帝뎨業업을일오니라

暨계夫부宋송室실之지宣선仁인은可가謂위女녀中듕之지堯요舜슌이니라 ○

宋송英영宗종의宣션仁인高고太태后후ㅣ孫손哲텰宗종을셰고政졍事ᄉᆞ를들으니ᄉᆞ그애女녀中듕堯요舜슌이라일ᄏᆞᄅ니라烏오林님이盡진節절於어世세宗종ᄒᆞ고弘홍吉길이加가恩은於어宋송后후ᄒᆞ며○金금主쥬亮냥이宗종婦부를淫음奸간ᄒᆞᆯ시葛갈王왕의妃비烏오林님氏시스ᄉᆞ로목ᄆᆡ야죽엇더니後후애葛갈王왕이位위예即즉ᄒᆞ니이世세宗종이라몸이못도록后후를세우디아니ᄒᆞ다○宋송이元원에항복ᄒᆞ매太태后후謝샤氏시들어와효ᄒᆞ야ᄂᆞᆯ元원世셰祖조의后후弘홍吉길氏시셤기기를姊ᄌᆞ姒ᄉᆞᄀᆞᆺ티ᄒᆞ니라高고帝뎨ㅣ創창鴻홍基긔於어草초莽무ᄒᆞ시實실藉자孝효慈ᄌᆞᄒᆞ고文문皇황이肅슉內ᄂᆡ治티於어宮궁

闈위ᄒᆞ실 爰원 資ᄌᆞ 仁인 孝효ᄒᆞ시니 ○ 明명高고帝뎨의 孝효慈ᄌᆞ皇황后후馬마氏시효가 지、로 草초野야의셔 닐어나 勤근儉검愛이民민ᄒᆞ시고 ○ 成셩祖조의 仁인孝효文문皇황后후徐셔氏시ᄂᆞᆫ 仁인恕셔ᄒᆞ고 孝효敬경ᄒᆞ더시니 內ᄂᆡ訓훈二이十십篇편을 지으시니라 稽계 古고 興흥 王왕 之지 君군대권 必필 有유 賢현 明명 之지 后후호미 不불 亦역 信신 哉쟤아

鳳봉 儀의와 龍룡 馬마ᄂᆞᆫ 聖셩 帝뎨의 샹셰오 麟린 趾지와 關관 雎져ᄂᆞᆫ 后후 妃비의 德덕이니 이런 故고로 帝뎨 嚳곡의 三삼 妃비ᄂᆞᆫ 稷직과 契셜과 唐당 堯요의 聖

셩을나ᄒᆞ시고文문王왕의百ᄇᆡᆨ子ᄌᆞᄂᆞᆫ
太태姜강과太태任임과太태姒ᄉᆞ의아
ᄅᆞᆷ다온거ᄉᆞᆯ니으며嬀규汭예二이女녀
ᄂᆞᆫ니어唐당虞우ㅅ盛셩ᄒᆞᆫᄣᅢ를즈음ᄒᆞ
고塗도莘신雙쌍后후ᄂᆞᆫ비로소夏하商
샹의샹셔를여러내며宣션王왕이늣게
야도회ᄒᆞ야姜강后후ㅣ罪죄ᄅᆞᆯ기ᄃᆞ
리ᄂᆞᆫ諫간이잇고楚초昭쇼ㅣ晏안駕가
ᄒᆞ야ᄂᆞᆯ越월姬희ᄆᆞ옴의許허ᄒᆞᆫ말을뵈
오며明명과和화ㅣ漢한애니으매ᄉᆡ

애馬마와鄧등의어딜믈일ᄏᆞ시고高고와

文문이唐당을興흥홈애안ᄒᆞ로竇두와

孫손의도음이이시며밋宋송室실의宣

션仁인은可가히女녀中듕의堯요舜슌

이라니ᄅᆞᆯᄯᅴ니라烏오林님은節졀을世

셰宗종의게다ᄒᆞ고弘홍吉길은은혜ᄅᆞᆯ

宋송后후의게더으며高고帝뎨ㅣ洪홍

基긔ᄅᆞᆯ草초莽무의셔기창ᄒᆞ실ᄉᆞ실로

孝효慈ᄌᆞᄅᆞᆯ쟈뢰ᄒᆞ시고文문皇황이內

니治티ᄅᆞᆯ宮궁闈위애썩썩이ᄒᆞ실ᄉᆞ이

애仁인孝효로조리ᄒᆞ시니뎌興흥王왕
윗님군을샹고ᄒᆞ건대반ᄃᆞ시賢현明명
ᄒᆞᆫ后후ㅣ이심이ᄯᅩᄒᆞᆫ밋부디아니ᄒᆞ나

母모儀의篇편

父부ᄂᆞᆫ天텬이오母모ᄂᆞᆫ地디라天텬施시地
디生ᄉᆡᆼᄒᆞᆯ시骨골氣긔ᄂᆞᆫ像샹父부ᄒᆞ고性셩氣
긔ᄂᆞᆫ像샹母모ᄒᆞᄂᆞ니上샹古고賢현明명之
지女녀ㅣ有유娠신애胎ᄐᆡ教교之지方방
을必필愼신ᄒᆞᆯ시故고母모儀의先션於어父
부訓훈ᄒᆞ고慈ᄌᆞ教교ㅣ嚴엄於어義의方방

이니라 是시以이로 孟밍母모ㅣ 買미肉육以
이明명信신ᄒᆞ고 陶도母모ㅣ 封봉鮓차以이
教교廉념ᄒᆞ며 ○ 孟밍子ᄌᆞㅣ 어려셔 母모의게 뭇ᄌᆞ오ᄃᆡ 隣닌家가의셔
돋홀 죽여 무엇ᄒᆞ려ᄒᆞᄂᆞ니잇고 母모ㅣ 희롱ᄒᆞ야 ᄀᆞᆯᄋᆞᄃᆡ 너를 먹이려ᄒᆞᄂᆞ니라 이윽
고 뉘웃처 ᄀᆞᆯᄋᆞᄃᆡ 이ᄂᆞᆫ ᄌᆞ식을 밋부디 아님으로 ᄡᅥ ᄀᆞᄅᆞ침이라 ᄒᆞ고 이에 고기ᄅᆞᆯ 사 먹
이니라 ○ 晉진陶도侃간이 監감魚어吏니 되야 젓을 母모의게 보내니 母모ㅣ 도로 봉
ᄒᆞ야 보내여 ᄀᆞᆯᄋᆞᄃᆡ 네 監감吏니 되야 官관物믈로 ᄡᅥ 내게 보내니 이ᄂᆞᆫ 쳥념되지 못ᄒᆞ고
法법을 干간홈이니라 侃간이 감동ᄒᆞ야 ᄀᆞ다드마 드ᄃᆡ여 名명臣신이 되니라 和
화熊웅知지苦고ᄒᆞ니 柳뉴氏시以이興흥ᄒᆞ고
畫획荻뎍為위書셔ᄒᆞ니 歐구陽양以이顯현

ᄒᆞ며 ○ 柳뉴公공綽쟉의妻쳐韓한夫부人인이熊웅膽담으로ᄡᅥ丸환을和화ᄒᆞ야
子ᄌᆞ姪딜들로ᄒᆞ야곰입에먹음고글을닑어ᄡᅥ그苦고志지를ᄀᆞ다듬게ᄒᆞ니라○宋
송歐구陽양脩슈ㅣ어려서간난ᄒᆞ니母모夫부人인이ᄀᆞᆯ로ᄡᅥ그을畫획ᄒᆞ야ᄡᅥ니기기
블ᄆᆞᄅᆞ치니라 子ᄌᆞ發발이 爲위將쟝애 自ᄌᆞ奉봉
이 厚후而이御어下하薄박이어늘 母모ㅣ 拒거
戶호而이責척其기無무恩은ᄒᆞ고 王왕孫
손이 從죵君군이가라 主쥬失실亡망而이已
긔 獨독歸귀ㅣ어ᄂᆞᆯ 母모ㅣ倚의閭려而이言
언 其기不블義의ᄒᆞ며 ○ 子ᄌᆞ發발이楚초ᄃᆞ쟝슈되엿더니도라
와母모ᄅᆞᆯ본대母모ㅣ責척ᄒᆞ야ᄀᆞᄅᆞᄃᆡ네쟝슈되야粱냥肉육으로ᄡᅥ스ᄉᆞ로밧들고

將장士ᄉᆞㅣ다菽슉粒닙을비블으디몯ᄒᆞ니이ᄂᆞᆫ暴포ᄒᆞ야은혜업슴이라반ᄃᆞ시軍

군을喪상ᄒᆞ고나라홀辱욕홀씨니내조식이아니로다子ᄌᆞ發발이뉘웃쳐스ᄉᆞ로責

칙ᄒᆞ고衆즁으로더브러甘감苦고롤ᄒᆞᆫ가지로ᄒᆞ니將쟝士ᄉᆞㅣ다깃거ᄒᆞ고○齊졔

王왕孫손賈가ㅣ湣민王왕을조차나ᄃᆞ라낫더니王왕을일코도라왓거늘毋모ㅣᄀᆞᆯ

ᄋᆞᄃᆡ네아ᄎᆞᆷ의나가도라오디아니ᄒᆞ면내門문애의치ᄒᆞ야ᄇᆞ라고져녁의나가도라

오디아니ᄒᆞ면내閭려애의지ᄒᆞ야ᄇᆞ라더니이제네王왕의잇ᄂᆞᆫ바ᄅᆞᆯ아디몯ᄒᆞ니엇

디시러곰義의되리오賈가ㅣ이에나가王왕울ᄎᆞ자王왕죽긴者쟈롤쳐죽기니라

不블疑의ㅣ尹윤京경ᄒᆞ야寬관刑형活활衆

즁ᄒᆞ니賢현哉ᄌᆡ라慈ᄌᆞ母모之지仁인이오田

뎐稷직이爲위相샹애反반金금待ᄃᆡ罪죄

ᄒᆞ니 卓탁矣의라 孀상親친之지訓훈이며 ○ 漢한
雋쥰不불疑의京경兆됴尹윤이되야형벌을만히ᄒᆞ면毋모ㅣ노ᄒᆞ여밥을먹디아니
ᄒᆞ고全젼活활이만ᄒᆞ면毋모ㅣ깃거ᄒᆞᄂᆞᆫ고로不불疑의ㅣ官관의居거홈애仁인ᄒᆞ
고殘잔티아니ᄒᆞ니毋모의教교를遵준호미오 ○ 田뎐稷직이齊제애相샹ᄒᆞ야金금
을바다妒모의게보번대毋모ㅣ도로보내고그貪탐홈을責칙ᄒᆞ니稷직이王왕의게
罪죄ᄅᆞᆯ기ᄃᆞ리거ᄂᆞᆯ王왕이赦샤ᄒᆞ야ᄆᆞᄎᆞᆷ내賢현臣신이되니라 景경讓양
이 失실士ᄉᆞ心심이어ᄂᆞᆯ 毋모ㅣ 撻달之지而
이 部부下하ㅣ 安안ᄒᆞ고 延연年년이 多다殺
살 戮뉵이어ᄂᆞᆯ 毋모ㅣ 惡오之지而이 終종不
불 免면ᄒᆞ며 ○ 唐당李니景경讓양이節절度도使ᄉᆞㅣ되야性셩이嚴엄刻

국ᄒᆞ니將장士ᄉᆞ叛반ᄒᆞᆯᄯᅳᆮ이잇거ᄂᆞᆯ毋모
鄭뎡氏시景경讓양을섬아리셔撻달楚초
ᄒᆞ니將장士ᄉᆞㅣ다머리ᄅᆞᆯ조아免면ᄒᆞ기
ᄅᆞᆯ求구ᄒᆞ더니後후의어딘쟝쉬되니라ㅇ
漢한河하南남守슈嚴엄延연年년의毋모
ㅣ延연年년의사ᄅᆞᆷ만히죽임을보고노ᄒᆞ
야ᄀᆞᆯ오ᄃᆡ人인命명이지극히重듕ᄒᆞ거ᄂᆞᆯ
엇디殘잔酷혹ᄒᆞ미이예니르ᄂᆞ뇨반ᄃᆞ시
免면티몯ᄒᆞ리라ᄒᆞ더니延연年년이과연죄로죽으니라紫식繼계毋
모ㅣ捨샤己긔子ᄌᆞ而이代ᄃᆡ前젼兒ᄋᆞᄒᆞ고
程뎡祿녹妻처ㅣ甘감己긔罪죄而이免면
孤고女녀ᄒᆞ며◯齊제宣션王왕새예죽임을닙은이이시되마춤兄형弟
뎨ᄃᆞᆯ히겻희잇더니兄형이ᄀᆞᆯ오ᄃᆡ내주여노라弟뎨ᄀᆞᆯ오ᄃᆡ내죽엿노라王왕이능히
결단티몯ᄒᆞ야그毋모ᄃᆞ려무ᄅᆞᆫ대毋모ㅣ
ᄀᆞᆯ오ᄃᆡ맛당이져근자ᄅᆞᆯ좌죄ᄒᆞ리이다王

왕이 ᄀᆞᆯᄋᆞᄃᆡ 뎌 근재 비子ᄌᆞㅣ 아니가 毋모
ㅣ ᄀᆞᆯᄋᆞᄃᆡ 젹근 쟈ᄂᆞᆫ 妾쳡의 나ᄒᆞᆫ 배오 큰 쟈
ᄂᆞᆫ 지아비 前젼妻쳐의 子ᄌᆞㅣ라 妾쳡이 실
로 뉘 사ᄅᆞᆷ을 죽인 디 아디 못ᄒᆞ거니와 만일
큰 쟈ᄅᆞᆯ 좌ᄒᆞ야 죽게 ᄒᆞ면 이ᄂᆞᆫ 妾쳡이 지
아비의 탁을 바닷다가 젼 사ᄅᆞᆷ의 ᄌᆞ식을 ᄇᆞ
리미니이다 王왕이 착히 너겨 다 免면ᄒᆞ니
라 ○ 南남齊졔 崖애州쥬 參참軍군의 繼계
妻쳐 王왕氏시ㅣ 지아비 죽으매 喪상을 밧
들고 도라올씨 ᄒᆞᆫ 어린 ᄌᆞ식이 잇고 前젼妻
쳐의 ᄒᆞᆫ ᄯᆞᆯ이 잇더니 王왕氏시 큰 진쥬로 ᄲᅧ
女녀의 ᄑᆞᆯ 黙년絡낙을 ᄆᆞᆫᄃᆞ랏더니 새예 珠
쥬禁금이 심히 嚴엄ᄒᆞᆫ디라 女녀ㅣ 그 진쥬
로 ᄇᆞ렷더니 子ᄌᆞㅣ 어려 아디 못ᄒᆞ고 셩뎍
함의 녀호되 毋모와 女녀ㅣ 다 모로ᄂᆞᆫ디라
디경을 나매 官관吏니의게 搜수檢검ᄒᆞᆫ 배
되니 法법의 맛당이 죽을 씨라 官관이 무로
되 뉘 맛당이 좌죄ᄒᆞᆯ 者쟈ㅣ뇨 毋모ㅣ ᄀᆞᆯᄋᆞ
되 내 실로 ᄉᆞ랑ᄒᆞ여시나 맛당이 나ᄅᆞᆯ 좌죄
ᄒᆞ리라 女녀ㅣ ᄀᆞᆯᄋᆞ되 毋모ㅣ 임의 ᄇᆞᆯ엿거

니妾쳡이감히取츄ᄒᆞ여시니맏당이妾쳡을좌죄ᄒᆞ리라毋모子ᄌᆞㅣ쁟히셔痛통哭곡ᄒᆞ고죽기로ᄃᆞ토거ᄂᆞᆯ官관이歎탄ᄒᆞ야ᄀᆞᆯᄋᆞ되어지다繼계毋모며효도롭다女녀이ᄒᆞ고다노호니라

程뎡毋모之지教교ᄂᆞᆫ恕셔於어僕복妾쳡而이嚴엄於어諸제子ᄌᆞᄒᆞ고尹윤毋모之지訓훈은樂락於어菽슉水슈而이忘망於어祿녹養양ᄒᆞ니

○宋송두程뎡子ᄌᆞ의毋모候후氏시ㅣ子ᄌᆞᄀᆞᄅᆞ치기ᄅᆞᆯ方방嚴엄히ᄒᆞ야비록쟈근ᄒᆡ믈이라도반ᄃᆞ시아븨게請쳥ᄒᆞ야責척교졍ᄒᆞ고미양ᄀᆞᆯᄋᆞ되아비ᄌᆞ식의허믈모로기ᄂᆞᆫ다어미溺닉愛ᄋᆡᄒᆞ야숨기고ᄆᆞ리옴이니라이런고로子ᄌᆞᄀᆞᄅᆞ치기ᄅᆞᆯ嚴엄ᄒᆞ고禮례이시되僕복妾쳡ᄃᆡ졉ᄒᆞ거예니ᄅᆞ러ᄂᆞᆫ용셔ᄒᆞ고ᄂᆞᆫ혜이셔일족答디샤박ᄒᆞ디아니ᄒᆞ더라○宋송尹윤和화靖

졍의 母모 陳진氏시ㅣ 子ᄌᆞᄅᆞᆯ ᄀᆞᄋᆞ쳐 ᄀᆞᄋᆞ
ᄃᆡ 學ᄒᆞᆨᄒᆞ야 니르디 못ᄒᆞ미 밧가라 獲확디
못ᄒᆞᆷ 곳ᄒᆞ야 可가히 ᄎᆞ쳐디 몯ᄒᆞ리라 ᄒᆞ더
라 紹쇼聖셩初초애 和화靖졍이 進진士ᄉᆞ
ᄅᆞᆯ 應응ᄒᆞᆯ시 쌔예 二이程뎡의 學ᄒᆞᆨ을 禁금
ᄒᆞ거ᄂᆞᆯ 對ᄃᆡ티 아니코 나와 뻐 母모의게 고
ᄒᆞᆫ대 母모ㅣ ᄀᆞᆯᄋᆞᄃᆡ 내원권대 菽슉水슈의
養양을 좃고 비벼ᄉᆞᆯ로 뻐 養양홈을 원티 아
니ᄒᆞ노라 伊이川쳔先션生ᄉᆡᆼ이 歎탄ᄒᆞ야
ᄀᆞᆯᄋᆞ샤ᄃᆡ 이 母모 곧 아니면 이 ᄌᆞ不ᄅᆞᆯ 나티
못ᄒᆞ리로다
ᄒᆞ시더라
是시皆기秉병坤곤儀의之지
淑슉訓훈ᄒᆞ며 著뎌母모德덕之지徽휘音음
者쟈也야ㅣ라
아비ᄂᆞᆫ 하ᄂᆞᆯ이오 어미ᄂᆞᆫ 따히라 하ᄂᆞᆯ이
베프고 따히 낼시 骨골氣긔ᄂᆞᆫ 아비ᄅᆞᆯ 像

샹ᄒᆞ고性셩氣긔ᄂᆞᆫ어미ᄅᆞᆯ像샹ᄒᆞᄂᆞ니
上샹古고애賢현明명ᄒᆞᆫ女녀ㅣ娠신이
이심애胎ᄐᆡ教교의方방을반ᄃᆞ시삼갈
시故고로母모儀의ㅣ父부訓훈의셔몬
져ᄒᆞ고慈ᄌᆞ教교ㅣ義의方방의셔嚴엄
ᄒᆞ니라일로ᄡᅥ孟밍母모ㅣ고기ᄅᆞᆯ사ᄡᅥ
信신을ᄇᆞᆰ히고陶도母모ㅣ젓을封봉ᄒᆞ
야ᄡᅥ쳥렴을ᄀᆞᄅᆞ치며熊웅膽담을和화
ᄒᆞ야苦고ᄅᆞᆯ알게ᄒᆞ니柳뉴氏시ᄡᅥ興흥
ᄒᆞ고골을그어글은삼으니歐구陽양이

버낫타나며子ᄌᆞ發발이쟝슈되여스ᄉᆞ
로밧들기를듯거이ᄒᆞ고아리御어ᄒᆞ기
를薄박히ᄒᆞ거놀母모ㅣ지게를벙어리
아다그은혜업슴을責책ᄒᆞ고王왕孫손
이님군을조찻다가님군을일코몸이홀
로도라오거놀母모ㅣ閭려에의지ᄒᆞ야
그義의티아니홈을닐으며不블疑의京
경애尹윤ᄒᆞ야형별을어그러히ᄒᆞ고罪
죄을살으니어디다慈ᄌᆞ母모의仁인ᄒᆞ
미오田뎐稷직이졍승이되야金금을[illegible]

로주고罪죄를기ᄃᆞ리니卓탁ᄒᆞ다孀상
親친의訓훈이며景경讓양이士ᄉᆞ心심
을일헛거ᄂᆞᆯ母모ㅣ달초ᄒᆞ매部부下하
ㅣ평안ᄒᆞ고延연年년이殺살戮뉵을만
히ᄒᆞ거ᄂᆞᆯ母모ㅣ아쳐ᄒᆞ더니ᄆᆞᄎᆞᆷ내免
면티못ᄒᆞ며柴싀繼계母모ᄂᆞᆫ내ᄌᆞ식을
ᄇᆞ려前전아희ᄅᆞᆯ代ᄃᆡᄒᆞ고程뎡祿녹의
妻쳐ᄂᆞᆫ내罪죄ᄅᆞᆯᄃᆞᆯ게텩여孤고女녀ᄅᆞᆯ
免면케ᄒᆞ며程뎡母모의ᄀᆞᄅᆞ침은僕복
妾쳡의게용셔ᄒᆞ되諸제子ᄌᆞ의게嚴엄

ᄒᆞ고尹윤母모의ᄀᆞᄅᆞ침은菽슉水슈을
즐겨ᄒᆞ고祿녹養양을니ᄌᆞ니이다坤곤
儀의의어딘訓훈을잡으며母모德덕의
아ᄅᆞᆷ다온기림을낫타낸者쟈ㅣ니라

孝효行ᄒᆡᆼ篇편

男남女녀ㅣ雖슈異이ᄒᆞ나劬구勞로則즉均
균ᄒᆞ며子ᄌᆞ媳식이雖슈殊슈ᄒᆞ나孝효敬경則
즉一일이니夫부孝효者쟈ᄂᆞᆫ百ᄇᆡᆨ行ᄒᆡᆼ之지
源원而이猶유爲위女녀德덕之지首슈也
야ㅣ라니是시故고로楊양香향이搤익虎호

ᄒᆞ아 知디 有유 父부 而이 不블 知디 有유 身신
ᄒᆞ고 緹뎨 縈영 이 贖쇽 親친ᄒᆞ니 則즉 生싱 男남
而이 不블 如여 生싱 女녀ᄒᆞ며 ○ 楊양香향은 晉진農농夫
부楊양豐풍의女녀ㅣ라나히열비힌지아비밧가다가범을만나믈려ᄒᆞ거ᄂᆞᆯ香향이
몸을소소와범의목을잡아ᄌᆞ르니범이ᄂᆞᆯ라ᄃᆞ라나고아비사라나니라○漢한太태
倉창令령淳슌于우意의罪죄ᄅᆞᆯ닙어당당이刑형ᄒᆞᆯ시少쇼女녀緹뎨縈영이글을올
려원컨대몸으로ᄡᅥ官관의들어종이되여아비刑형을贖쇽ᄒᆞ여지라ᄒᆞᆫ대文문帝뎨
그孝효ᄅᆞᆯ아ᄅᆞᆷ따이녁이샤免면ᄒᆞ니라 張댱 婦부ㅣ 蒙몽 寃원
이어ᄂᆞᆯ 三삼 年년 不블 雨우ᄒᆞ고 姜강 妻쳐ㅣ 至
지 孝효ㅣ어ᄂᆞᆯ 雙쌍 鯉니ㅣ 湧용 泉쳔ᄒᆞ며 ○ 漢한

東동海ᄒᆡ張댱氏시ㅣ寡과居거ᄒᆞ야싀엄
이ᄅᆞᆯ孝효ᄒᆞ養양ᄒᆞ더니싀엄이그졈은줄·을엄
에엿비녀겨몸이累누ㅣ되야시러곰改ᄀᆡ嫁
가ᄒᆞ다몯ᄒᆞᆯ가두려이에自ᄌᆞ經경ᄒᆞ여죽
으니싀엄이ᄯᆞᆯ이며ᄂᆞ리죽이다告고ᄒᆞᆫ대
官관이ᄉᆞᆯ피디아니ᄒᆞ고極극刑형을ᄡᅥ더
니東동海ᄒᆡ三삼年년을크게ᄀᆞ므더니後
후官관이니르러寃원死ᄉᆞᄒᆞᆫ줄알고이에
스ᄉᆞ로그무덤의祭졔ᄒᆞ니大대雨우ㅣ霑
졈足죡ᄒᆞ니라 ○漢한姜강詩시의妻쳐ㅣ龐
방氏시ㅣ지극이효도롭더니싀엄이江강
믈먹기ᄅᆞᆯ됴하ᄒᆞ는디라龐방氏시ㅣ멀리
가기러다가공양ᄒᆞ고싀엄이江강고기ᄅᆞᆯ
즐기거늘粧장具구ᄅᆞᆯᄒᆞᆯ어ᄡᅥ사더니집겻
틔홀연이甘감泉쳔이소소되그맛이江강
믈ᄀᆞᄐᆞᆫᄂᆞᆺ고믈가온대날마다두鯉니魚어
ㅣ나거늘취ᄒᆞ여ᄡᅥ공양ᄒᆞ니
다孝효感감의닐원배러라

唐당氏시乳유姑고而이毓육山산南남之지貴귀胤윤

ᄒᆞ고盧노氏시冒모刃인而이全젼垂슈白빅
之지孀상慈ᄌᆞᄒᆞ며○唐당崔최山산南남의
曾증祖조母모長댱孫
손氏시나히만하니업거늘祖조母모唐당
氏시졋ᄉᆞ로ᄡᅧ고싀어미ᄅᆞᆯ먹이더니山산
南남이後후애節졀度도使ᄉᆞㅣ되야祖조
母모ᄅᆞᆯ孝효養양ᄒᆞ니라○唐당鄭뎡義의
宗종의妻쳐盧노氏시ㅣ밤의모ᄃᆞᆫ도적이
그집의ᄃᆞ니長댱幼유ㅣ다ᄃᆞ라나고오직
싀어미잇더니盧노氏시ㅣ白빅刃인을무ᄅᆞᆸ
읍ᄡᅥ고몸으로ᄡᅧ싀어미ᄅᆞᆯᄀᆞ리와도적의
틴배되야거의죽을번ᄒᆞ니라도적이간후
의사ᄅᆞᆷ이무ᄅᆞᄃᆡ엇디피ᄒᆞ야가디아니ᄒᆞ
효ᄃᆡ답ᄒᆞ야ᄀᆞᆯᄋᆞᄃᆡ鄕향隣린애難난이이
셔도오히려맛당이救구ᄒᆞ려든老노親친이
이집애잇ᄂᆞᆫ디라죽기ᄅᆞᆯ두려救구티아니
ᄒᆞ면이ᄂᆞᆫ禽금獸슈의힝실이라ᄒᆞ더라
劉뉴氏시嚙설姑고之지蛆져ᄒᆞ고刺ᄌᆞ臂비

斬참指지ᄒᆞ야和화血혈以이丸환藥약ᄒᆞ고聞문氏시舐디姑고之지目목ᄒᆞ고斷단髮발矢시志지ᄒᆞ야負부土토以이成셩墳분ᄒᆞ며○明명韓한太태初초의妻쳐劉뉴氏시ㅣ싀어미瘡창疾질이ᄲᅥᆨ어귀덕이낫거늘씹어먹고플을디ᄅᆞ며손가락을버혀피로취ᄒᆞ야藥약에和화ᄒᆞ야나오니病병이ᄒᆞ리니라○明명徽휘郡군俞유新신의妻쳐聞문氏시ㅣ夫부ㅣ亡망ᄒᆞ매머리털을버히고節절을딕ᄒᆡ여ᄲᅧ싀어미ᄅᆞᆯ치더니싀어미눈이멀거늘입을조히ᄒᆞ야할트니눈이다시불그니라싀어미죽으매스ᄉᆞ로흙을져무덤을일우니라陳딘氏시ㅣ方방于우歸귀而이夫부卒졸於어戍슈늘ㅣ어力력養양其기姑고五오十십年년ᄒᆞ고張댱

氏시ㅣ 當당雷뇌擊격而이恐공驚경其기姑고ㅣ니러 更깅延연厥궐壽슈三삼十십載ᄌᆡᄒᆞ며

○宋송陳딘氏시ㅣ 셔방 마잔디 열흘이 몯ᄒᆞ야 지아비 변방의 슈자리 갈 시 妻쳐 더려 어미롤 의탁ᄒᆞ엿더니 지아비 죽고 도라오디 아니ᄒᆞ니 아비 그 改기嫁가ᄒᆞ기롤 勸권ᄒᆞᆫ대 陳딘氏시ㅣ ᄀᆞᆯᄋᆞᄃᆡ 엇디 지아비의 탁을 바다 비반ᄒᆞ리오 ᄉᆞᄉᆞ로 죽고져 ᄒᆞ거ᄂᆞᆯ 아비 ᄃᆞᆯ여 곳치니 힘ᄡᅥ 비으러 싀어미 공양ᄒᆞ기롤 五오十십餘여年년을 ᄒᆞ니라

○宋송顧고德덕謙겸의 妻쳐 張댱氏시 ᄭᅮᆷ애 神신이 明명日일애 맛당이 雷뇌擊격ᄒᆞ야 죽으리라 ᄒᆞᆫ고 ᄒᆞ더니 새배 雷뇌聲성이 심히 큼을 듯고 그 싀어미롤 놀랠가 두려 밧긔 나가 ᄉᆡᆼ남오 아래 셔러 ᄲᅥ 죽기롤 기ᄃᆞ리더니 空공中듕의셔 神신이 닐러 ᄀᆞᆯᄋᆞᄃᆡ 이ᄂᆞᆫ 孝효婦부ㅣ라 맛당이 그 壽슈 三삼十십年년을 ᄂᆞ리리라 ᄒᆞ더라

趙됴

氏시手슈戮뉵讎슈於어都도亭뎡ᄒᆞ야以이

郭보父부ᄒᆞ고娟연女녀ㅣ躬궁操조舟쥬於

어晉진水슈ᄒᆞ야以이活활親친ᄒᆞ며○漢한龐방淯육

의妻쳐趙됴氏시父부ㅣ趙됴壽슈의죽인배되니세아이이셔다원슈을갑고져ᄒᆞ다

가不블幸ᄒᆡᆼᄒᆞ야다죽으니趙됴壽슈ㅣ우서ᄀᆞᆯᄋᆞᄃᆡ내근심이업ᄯᅡᄒᆞ거ᄂᆞᆯ趙됴氏시

사ᄅᆞᆷ으로ᄒᆞ야곰告고ᄒᆞ야ᄀᆞᆯᄋᆞᄃᆡ내오히려이시니깃거말라아ᄃᆞᆯ을나흔후ᄒᆞᆫ만

의壽슈ㅣ醉취ᄒᆞ야都도亭뎡을디나거늘趙됴氏시ㅣ格격ᄒᆞ야몰게ᄂᆞ리와손으로

베혀머리를가지고고올애나아가죽기를請청ᄒᆞᆫ대令령이아ᄅᆞᆷ다이녁겨奏주ᄒᆞ야

그죽기을貸ᄃᆡᄒᆞ니라○趙됴簡간子ᄌᆞㅣ장ᄎᆞᆺ河하ᄅᆞᆯ건ᄂᆞᆯᄉᆡ舟쥬人인이醉취ᄒᆞ야

니러나디몯ᄒᆞ거ᄂᆞᆯ簡간子ᄌᆞㅣ죽이려ᄒᆞᆫ대舟쥬人인의女녀娟연이ᄇᆡ대로가지고

請쳥ᄒᆞ야 골ᄋᆞ되 妾쳡의 아비 主쥬君군이
장ᄎᆞ 河하ᄅᆞᆯ 건너리라 ᄒᆞ야 귀신의게 빌고
辭취ᄒᆞ야ᄂᆞᆫ 디라 이제 죽이시면 뎌 辭취ᄒᆞ
야 罪죄ᄅᆞᆯ 아디 못ᄒᆞ리니 妾쳡이 請쳥컨대
아비ᄅᆞᆯ 代ᄃᆡᄒᆞ야 비ᄅᆞᆯ 잡으리이다 이에 비
대ᄅᆞᆯ 티고 노래ᄒᆞ니 ᄇᆞ람이 자고 물결이 굿
치이거ᄂᆞᆯ 簡간子ᄌᆞㅣ 크게 깃
거 이에 ᄃᆞ려 妃비ᄅᆞᆯ 삼다

曹조娥아ㅣ 抱포父부屍시於어盱우江강ᄒᆞ고 木목蘭난이 代ᄃᆡ父부征졍於어絶뎔塞ᄉᆡᄒᆞ며

○漢한曹조娥아
의 아비 醉취ᄒᆞ야 盱우江강의 빠디니 娥아
ㅣ 물의 ᄃᆞ더 아비ᄅᆞᆯ ᄎᆞ자 사흘만의 죽어 아
비 죽엄을 안고 벼나오니라 ○唐당秦진木
목蘭난이 아비 從종征졍ᄒᆞ기ᄅᆞᆯ 당ᄒᆞ여 老
노病병ᄒᆞ야 능히 行ᄒᆡᆼ티 못ᄒᆞ거ᄂᆞᆯ 木목蘭난
이 代ᄃᆡᄒᆞ야 行ᄒᆡᆼᄒᆞ야 十십年년만의 功공
을 세우고 도라오니 사ᄅᆞᆷ이 그 女
녀子ᄌᆞㅣᆫ 줄을 아디 못ᄒᆞ더라

張댱女녀

ㅣ割할肝간ᄒᆞ야以이蘇소祖조母모之지命
명ᄒᆞ고陳딘氏시ㅣ斷단首슈ᄒᆞ야兩냥全젼夫
부父부之지生ᄉᆡᆼᄒᆞ니○淮회安안女녀張댱二이娘낭이祖조母
모ㅣ病병어위티ᄒᆞ니의원이니ᄅᆞᄃᆡ肝간을먹으면가히고티리라ᄒᆞᆫ대求구ᄒᆞ야엇
디못ᄒᆞ니女녀ㅣ이에스ᄉᆞ로肝간을배혀ᄉᆞᆯ마ᄡᅥ나오니病병이죠시ᄒᆞ리니라女녀
ㅣ病통絶졀ᄒᆞ얏다가셔야나瘡창口구ㅣ이옥고암으니불근허믈이ᄀᆞ신字ᄌᆞᄀᆞᆺ더
라○唐당長댱安안陳딘氏시ㅣ讐슈人인이이셔그지아비ᄅᆞᆯ죽기고쟈ᄒᆞ야이에그
아비ᄅᆞᆯ겁박ᄒᆞ야女녀로ᄒᆞ여곰門문을여러지아비ᄅᆞᆯ죽이게ᄒᆞᆫ대女녀ㅣ싱각ᄒᆞ되
조ᄎᆞ면지아비ᄅᆞᆯ傷상ᄒᆞ요고좃디아니면아비ᄅᆞᆯ죽이리라ᄒᆞ야이에ᄀᆞᆯᄋᆞᄃᆡ내지아
비ᄆᆡ양머리ᄅᆞᆯ목욕ᄀᆞᆷ으면터럭을훗터ᄇᆞ리고堂당의눕ᄂᆞ니내門문을여러너ᄅᆞᆯ기

ᄃᆞ리러라ᄒᆞ고도라가지아비를醉취케ᄒᆞ야摟누의누이고스ᄉᆞ로머리를목욕ᄀᆞᆷ고
堂당의누어門문을열고讎슈를기ᄃᆞ리니讎슈ㅣ니ᄅᆞ러그ᄅᆞᆺ女녀ᄅᆞᆯ죽이고가니아
비파다못지아비다온젼ᄒᆞᆷ을엇다是시皆ᄀᆡ感감天텬地디
ᄒᆞ며動동神신明명ᄒᆞ야著뎌孝효烈녈於어一
일時시ᄒᆞ고播파芳방名명於어千쳔載지者
쟈也야ㅣ니可가不블勉면歟여아
男남과女녀ㅣ비록다ᄅᆞ나劬구勞로ᄒᆞ
기ᄀᆞ로며子ᄌᆞ와媳식이비록다ᄅᆞ나孝
효敬경은ᄒᆞᆫ가지니孝효ᄂᆞᆫ百ᄇᆡᆨ行ᄒᆡᆼ의
근원이어니와오히려女녀德덕의도읏

듬이되ᄂᆞ니라이런故고로楊양香향이
범을搤왹ᄒᆞ야아비잇ᄂᆞᆫ줄만알고몸잇
ᄂᆞᆫ줄을모로고緹뎨縈영이어버이ᄅᆞᆯ贖
쇽ᄒᆞ니곳男남을나흐미女녀나흐니만
ᄀᆞᆺ디몯ᄒᆞ며張댱婦부ㅣ寃원을믈읍벼
ᄂᆞᆯ三삼年년을비오디아니ᄒᆞ고姜강妻
쳐ㅣ지극이효도ᄒᆞ야ᄂᆞᆯ雙쌍鯉니심에
소소며唐당氏시싀어미ᄅᆞᆯ젖먹이매山
산南남의貴귀ᄒᆞᆫ胤윤을毓육ᄒᆞ고盧노
氏시칼ᄒᆞᆯ믈읍쓰고垂슈白ᄇᆡᆨᄒᆞᆫ과부싀

엄이로온젼케ᄒᆞ며劉뉴氏시싀엄의몸
의귀덕이로너흘고풀을디ᄅᆞ며손가락
을버혀피로석거ᄡᅥ藥약을브ᄇᆡ고聞문
氏시싀엄의눈을할쇼터럭을베히며ᄯᅳ
졸밍셰ᄒᆞ야흙을져ᄡᅥ무덤을일우며陳
딘氏시ᄇᆡ야ᄒᆞ로于우歸귀ᄒᆞ매지아비
슈자리에가죽거ᄂᆞᆯ힘ᄡᅥ그싀엄이로五
오十십年년을치고張댱氏시雷뇌擊격
을當당ᄒᆞ야그싀엄이로놀랠가두리더
니다시그나흘三삼十십載지노리며

趙됴氏시손으로원슈롤都도亭뎡의셔
죽여뻐아비를갑고婣연女녀ㅣ몸소비
롤晉진水슈의셔잡아뻐어버이롤살오
며曹조娥아ㅣ아비죽엄을盱우江강의
셔안고木목蘭난이아비길흘絶절塞ᄉᆡ
에가代ᄃᆡᄒᆞ며張댱女녀ㅣ肝간을버혀
뻐祖조母모의命명을살오고陳딘氏시
머리롤ᄀᆞᆫ허두가지로지아비와아비生
셩을완젼케ᄒᆞ니이다天텬地디롤감동
ᄒᆞ며神신明명을움즉여孝효烈녈을一

일時시에나타내고곰다온일홈을千쳔
載징애펴논者쟈ㅣ니可가히힘쓰디아
니ᄒᆞ라

貞뎡烈렬篇편

忠튱臣신은不블事ᄉᆞ兩냥國국ᄒᆞ고烈렬女
ㅣ난不블更경二이夫부ㅣ라故고로一일與
여之지醮쵸ᄒᆞ면終죵身신不블移이ᄒᆞ야男남
可ㄱ重듕婚혼어어니와女녀無무再ᄌᆡ適뎍이니
是시故고로艱간難난苦고節졀을謂위之지
지貞뎡이오慷강慨개捐연生싱을謂위之지

烈렬이라니令령女녀ㅣ截절耳이劓의鼻비ᄒᆞ야以이持지身신ᄒᆞ고凝응妻처ㅣ牽견臂비劈벽掌장ᄒᆞ야以이明명志지ᄒᆞ며 ○ 夏하侯후令령女녀ᄂᆞᆫ魏위曹조文문叔슉의妻처ㅣ라文문叔슉이죽으매父부母모ㅣ셔방맛치고져ᄒᆞ거ᄂᆞᆯ令령女녀ㅣᄀᆞᆯᄋᆞᄃᆡ仁인者쟈ᄂᆞᆫ盛성衰쇠로ᄡᅥ節절을고티디아니ᄒᆞ고義의者쟈ᄂᆞᆫ存존亡망으로ᄡᅥᄆᆞᄋᆞᆷ을밧고디아닌ᄂᆞᆫ다ᄒᆞ고이에ᄉᆞᄉᆞ로그귀ᄅᆞᆯ배혀ᄡᅥ밍셔ᄒᆞ엿더니밋지아븨집이다滅멸ᄒᆞ매父부母모ㅣᄯᅩ셔방맛치고져ᄒᆞ거ᄂᆞᆯ女녀ㅣ이에코흘버혀ᄡᅥ貞뎡節졀을보젼ᄒᆞ니라 ○ 五오代ᄃᆡ虢괵州쥬司ᄉᆞ户호王왕凝응의妻처李니氏시ㅣ지아비죽어ᄂᆞᆯ어린ᄌᆞ식을ᄃᆞ리고도라갈ᄉᆡ旅녀店뎜의들려ᄒᆞ니主쥬人인이그손ᄋᆞᆯ잇그러내티니李니氏시울어ᄀᆞᆯᄋᆞᄃᆡ이손이엇디사ᄅᆞᆷ의잡은배

되거뇨ᄒᆞ고이에칼을인ᄒᆞ야스ᄉᆞ로그손을베히니나라히그門문을旌정表표ᄒᆞ니라

共공姜강髧담髦모之지詩시ᄂᆞᆫ之지死ᄉᆞ靡미他타ᄒᆞ고史ᄉᆞ氏시刺ᄌᆞ面면之지文문은中듕心심不블改ᄀᆡ며ᄒᆞ ○衛위世셰子ᄌᆞ共공伯ᄇᆡᆨ이일죽으니그안해共공姜강이栢ᄇᆡᆨ舟쥬의詩시ᄅᆞᆯ지어ᄀᆞᆯᄋᆞᄃᆡ髧담ᄒᆞᆫ뎌兩냥髦모ㅣ실로내의儀의니죽을디언뎡밍셔ᄒᆞ야다ᄅᆞᆷ이업ᄉᆞ리라ᄒᆞ니라○明명漂츌陽양史ᄉᆞ氏시女녀ㅣ지아비邵쇼一일龍룡이라婚혼姻인몯ᄒᆞ야셔지아비죽으니父부母모ㅣ다시사회ᄅᆞᆯ골ᄒᆡ고져ᄒᆞ거ᄂᆞᆯ女녀ㅣ이에ᄂᆞᆺ츌조아中듕心심不블改ᄀᆡ내字조ᄅᆞᆯᄆᆡᆫᄃᆞᆯ고먹으로메우니라일이ᄃᆞᆯ니매旌졍표ᄒᆞ다

皇황甫보夫부人인은直직斥쳑逆역臣신ᄒᆞ야膏고斧부鉞

월而이罵매不블絶절口구ᄒᆞ고竇두家가二이女녀ᄂᆞᆫ不블從죵亂란賊적ᄒᆞ고投투危위崖애而이憤분不블顧고身신ᄒᆞ며

○皇황甫보規규의夫부人인이글을능히잘ᄒᆞ더니規규죽으매董동卓탁기그고음을듯고娶취ᄒᆞ고져ᄒᆞ거늘夫부人인이免면티몯ᄒᆞᆯ줄을알고이에卓탁의門문의가ᄭᅮᆯ어義의로ᄡᅥ다래되卓탁이듯디아니ᄒᆞ거ᄂᆞᆯ이에責척ᄒᆞ야ᄭᅮ지저ᄀᆞᆯᄋᆞ되나ᄂᆞᆫ大대臣신의妻처라義의로辱욕을뵈다아닐거시오너ᄂᆞᆫ羌강胡호雜잡種죵이라일즉이내지아비帳댱下하의미엿더니이제감히네君군夫부ㅅ인의게禮례입시니굴니오卓탁이노ᄒᆞ여그머리ᄅᆞᆯ수릐우히ᄃᆞᆯ고어즈러이티니ᄭᅮ짓기ᄅᆞᆯ입에곳치다아니ᄒᆞ고죽으니라

○唐당德덕宗종새예朱쥬泚ᄌᆞ의亂란이이셔盜도賊적이縱종橫횡ᄒᆞ더니奉봉天텬竇

두氏시의二이女녀ㅣ賊적의핍박ᄒᆞᆫ배되야형이몬져깁흔바회아ᄅᆡ더디거ᄂᆞᆯ아ᄋᆞ조차형은죽고아은ᄑᆞᆯ이부러디니帝뎨ㅣ드ᄅᆞ시고旌정表표ᄒᆞ니라

董동氏시封봉髮발ᄒᆞ야以이待ᄃᆡ夫부歸귀ᄒᆞᆯ시二이十십年년을不블施시膏고沐목ᄒᆞ고妙묘慧혜題뎨詩시ᄒᆞ야以이明명己긔節절이니러三삼千천里니애復부見견生싱逢봉ᄒᆞ며○唐당

賈가直딕言언이嶺녕南남의귀향갈ᄉᆡ妻처董동氏시ᄃᆞ려닐너골ᄋᆞᄃᆡ내가매生ᄉᆡᆼ死ᄉᆞᄅᆞᆯ可가히아디몯ᄒᆞᆯ디라비졈어시니맛당이ᄒᆞᆯᄅᆞ이실거시아니니可가히스ᄉᆞ로계교ᄅᆞᆯᄒᆞ라董동氏시이에노ᄒᆞ로ᄡᅥ머리털을묵고지아비로ᄒᆞ야곰손으로글을ᄡᅥ封봉ᄒᆞ라ᄒᆞ야밍셔ᄒᆞ야골ᄋᆞᄃᆡ지아비니ᄅᆞ디아니ᄒᆞ면푸디아니ᄒᆞ리라二이구

십年변만의지아비로소도라와親친히 그터럭을푸니라 ○明명揚양州쥬盧노進진士ᄉᆞ의妻쳐李니妙묘慧혜ㅣ지아비及급第뎨ᄒᆞ고도라오디몯ᄒᆞ야셔글을죽다傳뎐ᄒᆞᄂᆞ니이시니父부母모ㅣ어엿비너겨다시셔방맛치고저ᄒᆞ더니새예南남昌창큰당ᄉᆞ謝샤啓계이셔ᄌᆞ식이업ᄂᆞᆫ디라 그어미李니氏시楊양州쥬애이시되妙묘慧혜의族족姑고ㅣ라빼子ᄌᆞ의妾쳡을삼고져ᄒᆞ거ᄂᆞᆯ父부ㅣ이에소겨女녀ᄅᆞᆯ잇ᄭᅳᆯ고謝샤의비예가니李니그연고ᄅᆞᆯ알고ᄌᆞ로스ᄉᆞ로죽고져ᄒᆞ되사ᄅᆞᆷ이구ᄒᆞ야몯죽으니族족姑고ㅣ알고이에빼설을삼아잇글고도라갈시비金금山산寺ᄉᆞ의디나거ᄂᆞᆯ李니ㅣ詩시ᄅᆞᆯ지어ᄊᆞ고스ᄉᆞ로보람ᄒᆞ야ᄀᆞᆯᄋᆞ되楊양州쥬進진士ᄉᆞ盧노某모의妻쳐李니妙묘慧혜ᄂᆞᆫᄊᆞ노라ᄒᆞ엿더라詩시애니ᄅᆞ되棺관을다다도金금빗기ᄂᆞᆫ계집이되디아니ᄒᆞ고따히들어도맛당이계슈것근郎낭을ᄎᆞᄌᆞᆯ디라새詩시ᄅᆞᆯ빼金금

山산寺ᄉᆞ의이시니놉피雲운帆범을ᄃᆞᆯ고
豫예章쟝을디나노라ᄒᆞ엿더라밋盧노ㅣ
벼슬ᄒᆞ야도라오매그妻쳐ᄅᆞᆯ踪종跡젹ᄒᆞ
되엇디못ᄒᆞ더니金금山산寺ᄉᆞᄅᆞᆯ디나다
가詩시ᄅᆞᆯ보고이에벼슬을ᄇᆞ리고豫에章
쟝으로가니댱ᄉᆞ비만하可가히뭇디못홀
ᄃᆡ라困인ᄒᆞ야밤의당ᄉᆞ비ᄅᆞᆯ둘러ᄃᆞ니며
李니의詩시ᄅᆞᆯ외오니謝샤姑괴듯고블러
놉困인ᄒᆞ야시러곰妻쳐ᄅᆞᆯᄎᆞᄌᆞ보니임의
승이되얏ᄂᆞᆫᄃᆡ라이에다시合합ᄒᆞ다일이
들니매벼슬을
復복ᄒᆞ니라
桓환夫부人인은義의不블
同등庖포而이吟음匪비石셕之지詩시고ᄒᆞ
平평夫부人인은持지秉병閉폐巷항而이
却각闔합閭녀之지犯범ᄒᆞ며 ◯ 衛위桓환公
공의夫부人
인姜강氏시ㅣ齊제로브터衛위예가國국
門문을밋디몯ᄒᆞ야셔公공이죽임을만나

卷四 二十三

니나라사ᄅᆞ미그아ᄋᆞ宣선公공을셰운대
左좌右우ㅣ도라가기ᄅᆞᆯ請청ᄒᆞ야ᄂᆞᆯ姜강
氏시좃디아니ᄒᆞ고이에집을지어스ᄉᆞ로
衛위에居거ᄒᆞ야三삼年년거상을딕히니
宣선公공이庖포ᄅᆞᆯᄒᆞᆫ가지로ᄒᆞ야居거ᄒᆞ
기ᄅᆞᆯ請청ᄒᆞᆫ대姜강氏시可가티아니타ᄒᆞ
야이에匪비石셕의詩시ᄅᆞᆯ외와뼈스ᄉᆞ로
ᄆᆡᆼ셔ᄒᆞ고ᄆᆞᄎᆞᆷ내衛위에셔죽으니라○吳
오王왕闔합閭녀ㅣ楚초ᄅᆞᆯ破파ᄒᆞ니昭쇼
王왕이나ᄃᆞ라나니吳오王왕이昭쇼王왕
의母모伯빅嬴영의고음을듯고犯범ᄒᆞ고
져ᄒᆞ더니伯빅嬴영이兵병을가지고永영
巷항을딕히여吳오王왕ᄃᆞ려닐러ᄀᆞᆯ오ᄃᆡ
大대王왕이兵병을들어楚초國국을匡광
正정ᄒᆞ며不블義의ᄅᆞᆯ行힝코져ᄒᆞ시니엇
디뼈天텬下하에覇패ᄒᆞ리오婦부人인의
義의로죽기ᄅᆞᆯ딕히여두시염ᄂᆞ니王왕
이만일妾쳡을죽이시면이는國국君군의
어미ᄅᆞᆯ[illegible]도戮뉵ᄒᆞ고淫음亂란ᄒᆞᆫ일홈을
ᄃᆞᆯ게뎌기미니또干ᄒᆞ어시유의ᄒᆞ리오匡광

이붓그려이에굿치니嬴영이巷항을拒거ᄒᆞ야三삼旬슌애秦진救구兵병이니ᄅᆞ니

昭쇼王왕이도라오니라 夫부之지不블幸ᄒᆡᇰ은妾쳡之지

不블幸ᄒᆡᇰ이라ᄒᆞ니 宋송女녀之지言언이哀

ᄋᆡᄒᆞ고 使ᄉᆞ君군有유婦부ᄒᆞ고羅나敷부有유

夫부라ᄒᆞ니 趙됴王왕之지意의止지ᄒᆞ며 ○ 蔡채

사ᄅᆞᄆᆡ妻쳐ᄂᆞᆫ宋송사ᄅᆞᄆᆡ女녀ㅣ라비로소嫁가ᄒᆞ매夫부ㅣ惡악疾질이잇거ᄂᆞᆯ父

부母모ㅣ고텨셔방맛치고져ᄒᆞᆫ대女녀ㅣᄀᆞᆯᄋᆞᄃᆡ夫부ㅣ惡악疾질이심은夫부의不

블幸ᄒᆡᇰ이오또ᄒᆞᆫ妾쳡의不블幸ᄒᆡᇰ이라夫부ㅣ病병이잇거ᄂᆞᆯᄇᆞ리면仁인티아니ᄒᆞ

고女녀ㅣ누번適뎍ᄒᆞ야夫부ᄅᆞᆯ비반ᄒᆞ면義의티아니ᄒᆞ니仁인티아니며義의티아

니면엇디ᄡᅥ살리오이에스ᄉᆞ로죽고져ᄒᆞ거ᄂᆞᆯ父부母모ㅣ드ᄃᆡ여굿처니ᄆᆞᄎᆞᆷ내그

지아비ᄅᆞᆯ셤겨天텬年년을몯太나라○漢한趙됴王왕家가令녕의妻쳐秦진羅나數
ㅣ부ㅣ곱거늘王왕이앗고져ᄒᆞ대羅나數부詩ㅣ시ᄅᆞᆯ지어ᄀᆞᆯᄋᆞᄃᆡ使ᄉᆞ君군이南남으
로조차오니다ᄉᆞᆺ물이셔셔躊듀躇뎌ᄒᆞᄂᆞ도다使ᄉᆞ君군이羅나數부ᄃᆞ려니ᄅᆞᄃᆡ도
로혀가히ᄒᆞ가지로시ᄅᆞ라羅나數부ㅣ나아가말ᄉᆞᆷ을닐외ᄃᆡ使ᄉᆞ君군이ᄯᅩᄒᆞ엇디
어리됴使ᄉᆞ君군이ᄉᆞᄉᆞ로婦부ㅣ잇고羅나數부ㅣᄉᆞᄉᆞ로夫부ㅣ잇ᄂᆞ니이다王왕
이이에곳치다梁냥節절婦부之지却각魏위王왕
애斷단鼻비存존孤고ᄒᆞ고余여鄭뎡氏시之
지責칙唐당帥슈애嚴엄詞ᄉᆞ保보節절ᄒᆞ며
○梁냥節절婦부ㅣ夫부ㅣ근망ᄒᆞ고美미色ᄉᆡᆨ이잇거늘魏위王왕이取취코져ᄒᆞ니
다婦부ㅣ코ᄅᆞᆯ곳치ᄀᆞᆯᄋᆞᄃᆡ王왕이妾쳡을엇고져ᄒᆞᆷ은그色ᄉᆡᆨ으로ᄡᅥ라이제刑형餘

여의사ᄅᆞᆷ이니王왕이무어시쓰시리오妾
쳡이ᄲᅧ죽디아닌ᄂᆞᆫ바ᄂᆞᆫ조식이어리기로
ᄲᅥ撫무成셩ᄒᆞ고져ᄒᆞᆷ이라王왕이大대懟
참ᄒᆞ야이에일홈을주어골ᄋᆞᄃᆡ高고行ᄒᆡᆼ
節졀婦부ㅣ라ᄒᆞ다○南남唐당이閩민을
틸시閩민余여洪홍의妻쳐鄭뎡氏시ㅣ唐
당將장王왕建건封봉의어든배되엿더니
王왕이主쥬帥슈査사文문徽휘의게드리
니徽휘그色ᄉᆡᆨ을깃거納남ᄒᆞ고져ᄒᆞ거ᄂᆞᆯ
鄭뎡氏시責ᄎᆡᆨᄒᆞ야골ᄋᆞᄃᆡ王왕師ᄉᆞㅣ弔
됴伐벌ᄒᆞ매忠튱을褒포ᄒᆞ고節졀을旌졍
ᄒᆞ야ᄲᅧ風풍化화를揚양ᄒᆞᆯ띠니建건封봉
은行ᄒᆡᆼ伍오ㅣ라도오히려節졀義의로덜
어이디아니ᄒᆞ거ᄂᆞᆯ君군은元원帥슈ㅣ라
엇디몸으로禍화首슈ㅣ되려ᄒᆞᄂᆞᆫ다査사
ㅣ붓그려이에그지아비ᄅᆞᆯ초자도라보내
다
代ᄃᆡ夫부人인이深심怨원其긔弟뎨ᄒᆞᆯ시
千쳔秋츄애表표磨마笄계之지山산ᄒᆞ고杞

긔良냥妻쳐ㅣ遠원訪방其기夫부ᄒᆞ야萬만
里리애哭곡築튝城셩之지骨골ᄒᆞ며 ○ 趙됴襄양
子ᄌᆞ의누의代ᄃᆡ夫부人인이되얏더니襄양子ᄌᆞㅣ代ᄃᆡ君군을잔치ᄒᆞ야銅동斗두
로ᄲᅥ텨주기고兵병을들어代ᄃᆡᄅᆞᆯ滅멸ᄒᆞ고그누의ᄅᆞᆯ마ᄌᆞ니누의하ᄂᆞᆯ을우러러크
게울빈혀ᄅᆞᆯᄀᆞ라목을딜러주그니代ᄃᆡ사ᄅᆞᆷ이그뫼흘일훔ᄒᆞ야磨마笄계山산이
라ᄒᆞ다 ○ 秦진范범杞긔良냥이妻쳐ᄅᆞᆯ娶ᄎᆔᄒᆞ연디三삼日일애長댱城셩ᄡᆞ논역ᄉᆞ
의갓더니날이칩거ᄂᆞᆯ妻쳐姜강氏시오ᄉᆞᆯ지어가지고멀리그지아비ᄅᆞᆯᄎᆞ자가니지
아비임의죽엇ᄂᆞᆫ디라크게세晝듀夜야ᄅᆞᆯ우니城셩이홀연이문어디고白ᄇᆡᆨ骨골數
수具구ㅣ뵈거ᄂᆞᆯ피ᄅᆞᆯ내야들라니ᄉᆞᆷ읏차들거ᄂᆞᆯ지아비ᄲᅧᆫ쥴ᄇᆞᆯ고지고오다가힘이
竭갈ᄒᆞ야능히行ᄒᆡᆼ티몯ᄒᆞ야이에[illegible]ᄒᆡ骨골을바회아래노코그겻ᄒᆡ안자죽으니사

롬이블상히너겨因인ᄒᆞ야그夫부婦부롤葬장ᄒᆞ고祠ᄉᆞ堂당을세워ᄡᅥ祭제ᄒᆞ니라

唐당貴귀梅미自ᄌᆞ縊의於어樹슈ᄒᆞ야以이全젼貞뎡ᄒᆞ야不블彰챵其기姑고之지惡악ᄒᆞ고潘반妙묘圓원이從죵夫부於어火화ᄒᆞ야以이殉슌節졀ᄒᆞ야而이活활其기舅구之지生ᄉᆡᆼᄒᆞ며

○明명唐당貴귀梅미열닐곱에夫부롤喪상ᄒᆞ고節졀을직희엿더니姑고ㅣ당ᄉᆞ로더부러通통姦간ᄒᆞ야아오로貴귀梅미롤엇고져ᄒᆞ거놀梅미좃디아니ᄒᆞᆫ대姑고ㅣ梅미롤不블孝효로告고ᄒᆞ니梅미官관의가辨변明명ᄒᆞ디아니ᄒᆞ고도라와一ᄉᆞ로목ᄆᆡ여죽고姑고의허믈을니ᄅᆞ디아니ᄒᆞ니라○元원徐셔允윤讓양의妻쳐潘반妙묘圓원이夫부롤조차兵병을避피ᄒᆞ얏더니賊적이그翁옹을잡고

그夫부ᄅᆞᆯ죽이고潘반을더러이고져ᄒᆞ거ᄂᆞᆯ潘반이ᄀᆞᆯᄋᆞᄃᆡ비翁옹을노코夫부ᄅᆞᆯ솔

오면곳너을조太리라賊적이翁옹을노코夫부ᄅᆞᆯ솔온대潘반이불의ᄯᅱ여들어죽으

니라 譚담貞뎡婦부ㅣ廟묘中듕流뉴血혈이러

니 雨우漬지猶유存존ᄒᆞ고 王왕烈렬女녀ㅣ

崖애上샹題뎨詩시ㅣ러니 石셕刊간尙샹在

ᄶᅵᄒᆞ며 ○ 宋송趙됴宗종室실의妻쳐譚담氏시ᄂᆞᆫ吉길安안사ᄅᆞᆷ이라元원이吉

길安안을破파ᄒᆞ매趙됴ㅣ도망ᄒᆞ야가거ᄂᆞᆯ譚담이子ᄌᆞ식을품고文문廟묘의가避

피ᄒᆞ엿더니兵병이辱욕ᄒᆞ고져ᄒᆞᆫ대譚담이ᄭᅮ지즈니兵병이怒노ᄒᆞ야그母모子ᄌᆞ

ᄅᆞᆯ죽이니피돌ᄒᆡ무디시ᄉ도업디아니ᄒᆞ더라○元원末말애臨님海ᄒᆡ빅셩의妻쳐

王왕氏시ㅣ식이곱더니亂란兵병이그지아비ᄅᆞᆯ죽이고王왕氏시ᄅᆞᆯ모라嵊승縣현

清청風풍嶺녕을 디나더니 王왕氏시ㅣ 詩
시을 돌ᄒᆡ ᄡᅥ ᄀᆞᆯᄋᆞᄃᆡ 君군王왕이 道도ㅣ 업
ᄉᆞ니 妾쳡이 맛당이 災지홀 ᄯᅵ니 女녀ᄅᆞᆯ ᄇᆞ
리며 兒ᄋᆞᄅᆞᆯ ᄇᆞ리고 ᄆᆞᆯ우희셔 왓노라 夫부
의 ᄂᆞᆺᄎᆞᆫ 아ᄃᆡ 못게라 어ᄂᆡ 날 볼고 妾쳡의 넉
ᄉᆞᆫ 어ᄂᆡ ᄯᅡ흘 向향ᄒᆞ야 도라 올 줄 알리오 두
ᄌᆞᆯ 怨원ᄒᆞᄂᆞᆫ 눈물은 드리워 ᄌᆞ로 듯고 ᄒᆞᆫ 對
ᄃᆡ 시름ᄒᆞᄂᆞᆫ 눈썹은 ᄌᆞᆷ기리 여여디 아니ᄒᆞᄂᆞᆫ
도다 멀리 家가鄕향을 ᄇᆞ라보니 어ᄂᆡ 곳인
고 存존亡망 두지 실로 슬프도다 드ᄃᆡ여 바
회예 뎌뎌 죽으니 後후사ᄅᆞᆷ이 슬허
ᄒᆞ야 그 詩시ᄅᆞᆯ 바회예 삭이니라

崔최氏

시ᄂᆞᆫ 甘감亂란箭전以이全전節절ᄒᆞ고 劉뉴

氏시ᄂᆞᆫ 代ᄃᆡ鼎뎡烹핑而이活활夫부ᄒᆞ니 ○

唐당趙됴元원楷ᄒᆡ의 妻쳐 崔최氏시ㅣ 河
하北북이 크게 어즈러오매 夫부婦부ㅣ 兵
병을 避피ᄒᆞ엿더니 崔최 잡피이믈 닙어 그
夫부ᄅᆞᆯ 免면게ᄒᆞ고 칼ᄒᆞᆯ 잡아 ᄲᅧ 賊적을 범

어리가드니賊적이怒노ᄒᆞ야어즈러온살로ᄡᅩ아죽이다○元원末말의楚초中듕이크거줄이니兵병이사ᄅᆞᆷ을노략ᄒᆞ야먹더니李니仲듕義의ᄅᆞᆯ잡아쟝ᄎᆞᆺᄉᆞᆯ므려ᄒᆞ거ᄂᆞᆯ仲듕義의妻쳐劉뉴氏시ㅣᄃᆞ라와ᄭᅮᆯ고ᄒᆞ야ᄀᆞᆯ오ᄃᆡ내지아비여외여ᄉᆞᆯ이업고내ᄃᆞᆯ으니婦부人인ᄉᆞᆯ지고검은재ᄉᆞᆯ이알ᄋᆞᆷ답ᄯᅡᄒᆞ니妾쳡이원컨대代ᄃᆡᄒᆞ야ᄉᆞᆱ기여지이다兵병이夫부免면ᄒᆞ고劉뉴氏시를ᄉᆞᆱ므니遠원近근이슬허아니리업더라

是시皆ᄀᆡ貞뎡心심은貫관乎호日일月월ᄒᆞ고烈렬志지ᄂᆞᆫ塞식乎호兩냥儀의ᄒᆞ야正졍氣긔ᄂᆞᆫ凜늠於어丈댱夫부ᄒᆞ고節졀操조ᄂᆞᆫ播파乎호靑쳥史ᄉᆞ者쟈也야니可가不블勉면歟여아

忠튱臣신은두나라흘셤기디아니ᄒᆞ고
烈렬女녀ᄂᆞᆫ두지아비을ᄀᆞ디아니ᄒᆞᄂᆞᆫ
디라故고로ᄒᆞᆫ번더부러醮쵸ᄒᆞ면몸이
ᄆᆞᆺ도록옴기디아니ᄒᆞᄂᆞ니男남은可가
히다시혼인ᄒᆞ려니와女녀ᄂᆞᆫ두번가미
업ᄂᆞ니이런고로艱간難出ᄒᆞᆫ著고節절
을貞뎡이라니ᄅᆞ고慷강慨개ᄒᆞ야生ᄉᆡᆼ
을捐연ᄒᆞᆷ을烈렬이라니ᄅᆞᄂᆞ니라令녕
女녀ㅣ귀를버히며코를버혀ᄡᅧ몸을가
지고凝응妻처ㅣ팔홀익글매손을버혀

ᄡᅥᄠᅳᆮ을발키며共공姜강의髧담髦모의
詩시ᄂᆞᆫ죽기ᄅᆞᆯ딕희여다ᄅᆞ미업고史ᄉᆞ
氏시의ᄂᆞᆺ치삭인文문은中듕心심을곳
티디아니ᄒᆞ며皇황甫보夫부人인은바
로逆역臣신을斥쳑ᄒᆞ야斧부鉞월의膏
고ᄒᆞ되ᄉᆞᆸ짓기ᄅᆞᆯ입에굿디아니ᄒᆞ고竇
두家가二이女녀ᄂᆞᆫ亂란賊적을좃디아
니ᄒᆞ야위ᄐᆡᄒᆞᆫ바회예더디되憤분ᄒᆞ야
몸을도라보디아니ᄒᆞ며董동氏시ᄂᆞᆫ터
럭을封봉ᄒᆞ야ᄡᅥ지아비도라오기ᄅᆞᆯ기

ᄃᆞ릴시二이十십年년을膏고沐목을베
프디아니ᄒᆞ고妙묘慧혜ᄂᆞᆫ詩시ᄅᆞᆯᄡᅥᄡᅥ
몸의節졀을닐겻더니三삼千쳔里니애
다시生싱逢봉ᄒᆞᆷ을보며桓환夫부人인
은義의ㅣ庖포ᄅᆞᆯᄒᆞᆫ가지로아니ᄒᆞ려ᄒᆞ
야匪비石셕의詩시ᄅᆞᆯ읇고平평夫부人
인은兵병을가지고巷항을닷아閤합閭
녀의犯범ᄒᆞᆷ을물리티며夫부의不불幸
힝ᄒᆞᆷ은妾쳡의不불幸힝이라ᄒᆞ니宋송
女녀의말이슬프고使ᄉᆞ君군도婦부ㅣ

잇고羅나數부도夫부ㅣ잇다ᄒᆞ니趙됴
王왕의笑이굿치며梁냥節졀婦부ㅣ魏
위王왕을물리티매코ᄅᆞᆯ굿처孤고ᄅᆞᆯ存
존ᄒᆞ고余여鄭뎡氏시ㅣ唐당帥슈ᄅᆞᆯ責
칙ᄒᆞ매嚴엄ᄒᆞᆫ말로節졀을보젼ᄒᆞ여代
되夫부人인이그아ᄃᆞᆯ원망ᄒᆞᆯ시千쳔秋
츄애磨마笄계人뫼ᄒᆞᆯ表표ᄒᆞ고杞긔良
냥妻처ㅣ멀리그지아비ᄅᆞᆯ太자萬만里
니애城성쓰던ᄲᅧᄅᆞᆯ울며唐당貴귀梅미
ᄉᆞ소로남게목미야ᄲᅥ貞뎡을全젼ᄒᆞ야

그싀어믜惡악을나타내디아니ᄒᆞ고潘
반妙묘圓원이지아비ᄅᆞᆯ블에조차벼節
절을殉슌ᄒᆞ야그싀아븨生싱을살오며
譚담貞뎡婦부ㅣ廟묘中듕의셔피ᄅᆞᆯ흘
녓더니비적셔도오히려잇고王왕烈렬
女녀ㅣ崖애上샹애詩시ᄅᆞᆯ뻣더니돌히
사긴거시오히려이시며崔최氏시어즈
러온살ᄒᆞᆯ돌게너겨벼節절을완젼ᄒᆞ고
劉뉴氏시代ᄃᆡᄒᆞ야슷긔솖겨지아비ᄅᆞᆯ
살오니이다眞뎡心심이日일月월을세

고烈렬志지ㅣ兩냥儀의예며이여正정氣긔는丈댱夫부도곤늠렬ᄒᆞ고節졀操조ᄂᆞᆫ青청史ᄉᆞ애뎐파ᄒᆞᄂᆞᆫ者쟈ㅣ니可가히힘쓰디아니ᄒᆞ랴

忠튱義의篇편

君군親친이雖슈曰왈不블同동이나忠튱孝효ㅣ本본無무二이致티ㄹ시古고云운率솔土토ㅣ莫막非비王왕臣신이라ᄒᆞ니豈긔謂위閨규中듕에遂슈無무忠튱義의리오詠영小쇼戎융之지駟ᄉᆞᄒᆞ야勉면良냥人인以이君군

國국同동讎슈ᄒᆞ고伐벌汝여墳분之지枚미ᄒᆞ야慰위君군子ᄌᆞ以이父부母모孔공邇이ᄒᆞ며○秦진仲듕이犬견戎융을티다가王왕事ᄉᆞ의沒몰ᄒᆞ니秦진襄양公공이兵병을ᄀᆞ다듬아犬견戎융을滅멸ᄒᆞ려ᄒᆞ거늘그婦부人인이良냥人인을忠튱義의로ᄡᅥ勉면ᄒᆞ야君군國국으로더부러원슈로ᄒᆞᆫ가지로홀矣이이시니秦진風풍小쇼戎융詩시를닑으면가히보리라○文문王왕이六륙州쥬ㅅ빅셩을거ᄂᆞ려紂듀의역ᄉᆞ를供공ᄒᆞ시ᄂᆞᆫ고로汝여墳분애婦부人인이條됴枚미를伐벌ᄒᆞ며君군子ᄌᆞ를싱각ᄒᆞ야文문王왕의德덕이父부母모의ᄀᆞᆺ가옴ᄀᆞᄐᆞ니일ᄌᆞᆨ이王왕事ᄉᆞ를供공ᄒᆞ고도라오라권면ᄒᆞ니라周쥬南남汝여墳분篇편의ᄇᆡ엿ᄂᆞ니라美미范범滂방之지母모ᄒᆞ니千천秋츄애尙상有유同동

心심ᄒᆞ고封봉卞변壺곤之지墳분ᄒᆞ니九구泉
천애猶유有유喜희色ᄉᆡᆨᄒᆞ며○漢한范범滂방이直딕節
절로ᄡᅥ죽으니그어미ᄀᆞᆯ오ᄃᆡ네忠튱臣신
이되고내忠튱臣신의어미되니또무어시
憾감ᄒᆞ리오宋송蘇소軾식의母모程뎡氏
시ㅣ范범滂방傳뎐을닑으며嘉가歎탄ᄒᆞ
거ᄂᆞᆯ軾식이ᄀᆞᆯᄋᆞᄃᆡ兒ᄋᆞㅣ范범滂방이되
고져ᄒᆞ노니大대夫부人인이許허ᄒᆞ시리
잇가母모ㅣᄀᆞᆯᄋᆞᄃᆡ네능히范범滂방이되
면내엇디능히滂방의母모ㅣ되디못ᄒᆞ리
오ᄒᆞ니라○晉진卞변壺곤의父부子ᄌᆞㅣ
다ᄡᅡ화죽어무덤이冶야城셩의잇더니明
명太태祖조ㅣ朝됴天텬宮궁을지으실ᄉᆡ
그무덤을平평ᄒᆞ고져ᄒᆞ시더니ᄒᆞᆫ婦부人
인이衰최麻마ᄒᆞ고크게우거ᄂᆞᆯ帝뎨ㅣ괴
이히너겨무ᄅᆞ신대ᄃᆡ답ᄒᆞ여ᄀᆞᆯᄋᆞᄃᆡ내지
아비忠튱에죽고子ᄌᆞㅣ孝효에죽으니나
는忠튱臣신의妻쳐ㅣ오孝효子ᄌᆞ의母모

ㅣ라 또 무어시 셜우리오 말이 ᄆᆞᄎᆞ매 뵈디 아니ᄒᆞ거늘 太태祖조ㅣ 사ᄅᆞᆷ ᄃᆞ려 무러 비디로소ᄂᆞ 변家가의 무뎜인 줄 아ᄅᆞ시고 이에 소당을 세우고 무뎜을 封봉ᄒᆞ신다

江강油유ㅣ 降항魏위ㅣ어ᄂᆞᆯ 妻쳐ㅣ 不블與여夫부同동生싱ᄒᆞ고 蓋합國국이 淪륜戎융ㅣ어ᄂᆞᆯ 婦부ㅣ 恥티其기夫부不블死ᄉᆞᄒᆞ며 ○魏위ㅣ 蜀쵹을 티니 江강油유守슈臣신馬마邈막이 항복ᄒᆞᆫ대 妻쳐李니氏시 夫부ᄅᆞᆯ ᄂᆞᆺ치 唾토ᄒᆞ야 ᄀᆞᄅᆞᄃᆡ 따ᄃᆡᆨ 흰 신해 ᄈᆞ화 죽디 아니ᄒᆞ고 敵뎍에 항복ᄒᆞ니 내 지아비 아니라 ᄒᆞ고 이에 목ᄆᆡ야 스ᄉᆞ로 죽다 ○戎융이 蓋합을 텨 나라하 滅멸ᄒᆞ고 님군이 죽으니 戎융이 君군이 令녕을 ᄂᆞ리와 ᄀᆞᄅᆞᄃᆡ 蓋합신해 敢감히 항복디 아니ᄒᆞ고 스ᄉᆞ로 죽ᄂᆞ니 이시면 그 妻쳐子ᄌᆞ를 베히리라 蓋합將장쇼구子ᄌᆞㅣ 장ᄎᆞᆺ 스ᄉᆞ로 죽으려 ᄒᆞ더니 左좌

右우ㅣ救구ᄒᆞ야시러금죽디몯ᄒᆞ야이에도라온대妻쳐ㅣᄀᆞᆯᄋᆞ듸나라히滅멸ᄒᆞ고君군이죽으되子ᄌᆞㅣ엇디ᄲᅧ사란ᄂᆞ뇨쇼구ᄌᆞㅣᄀᆞᆯᄋᆞ듸진실로죽으려ᄒᆞ더니사름이救구ᄒᆞᄂᆞᆫ故고로사랏노라妻쳐ㅣᄀᆞᆯᄋᆞ듸네ᄂᆞᆫ救구ᄒᆞ기로ᄲᅧ사랏거니와이제ᄂᆞᆫ엇디아니죽ᄂᆞ뇨듸답ᄒᆞ야ᄀᆞᆯᄋᆞ듸ᄲᅢ히미妻쳐子ᄌᆞ의밋출가두려ᄒᆞ노라妻쳐ㅣᄀᆞᆯᄋᆞ듸쟝슈되야힘ᄲᅧ싸호디아니ᄒᆞ니忠튱이아니오님군이죽오되좃디아니ᄒᆞ니仁인이아니오妻쳐子ᄌᆞᄅᆞᆯ권ᄇᆞᆫᄒᆞ야님군의원슈ᄅᆞᆯ니ᄌᆞ니義의아니라妾쳡이ᄎᆞ마그듸로더부러ᄒᆞᆫ가지로사디못ᄒᆞᆯ디라ᄒᆞ고이에스ᄉᆞ로목ᄆᆡ야죽으니戎융君군이어딜게너겨太태牢로로ᄡᅧ제ᄒᆞ고蓋합國국을存존ᄒᆞ니라

陵능母모ㅣ對ᄃᆡ使ᄉᆞ而이伏복劍검ᄒᆞ고經경母모ㅣ含함笑쇼以이同동刑형ᄒᆞ며

○王왕陵능이漢한을셤기더니

項항王왕이 그 어미롤 가도고 漢한使ᄉᆞᄃᆞ
려 닐려 골ᄋᆞ디 陵능이 오디 아니ᄒᆞ면 내 장
ᄎᆞ 그 어미롤 죽이리라 毋모ㅣ 使ᄉᆞ롤 對디
ᄒᆞ야 골ᄋᆞ디 내 아히ᄃᆞ려 닐러 漢한王왕을
잘 셤기고 날 념ᄒᆡ디 말라 ᄒᆞ고 이에 갈헤
업듸여 죽다 ○ 魏위王왕經경이 少쇼帝뎨
髦모롤 조차 司ᄉᆞ馬마昭쇼롤 티더니 昭쇼
ㅣ 帝뎨롤 弑시ᄒᆞ고 經경의 毋모子ᄌᆞ로 져
제다가 戮뉵홀시 經경이 刑형을 臨님ᄒᆞ야
울어 골ᄋᆞ되 兒ᅀᆞㅣ 毋모롤 累누ᄒᆞ얏ᄂᆞ이
다 毋모ㅣ 골ᄋᆞ되 네 忠튱臣신이 되니 내 우
음을 먹음고 따히 들디라 무어시 恨ᄒᆞᆫ이리
오 ᄒᆞ고 드듸여
ᄒᆞᆫ가지로 죽다
池지州쥬ㅣ 被피圍위어
ᄂᆞᆯ 趙
됴昴묘發발이 節절義의 成성雙상ᄒᆞ고 金금
川쳔이 失실守슈ㅣ어ᄂᆞᆯ 黃황侍시中듕이 妻
쳐女녀ㅣ 同동盡진ᄒᆞ며 ○ 宋송趙됴昴묘發
발이 池지州쥬通

통判판이 되얏더니 元원兵병이 城셩을 ᄡᆞ나 守슈ᄂᆞᆫ 城셩을 ᄇᆞ리고 ᄃᆞ라나고 都도統통은 나 항복ᄒᆞ거ᄂᆞᆯ 昴묘發발이 妻쳐 雍옹氏시ᄃᆞ려 닐러 ᄀᆞᆯᄋᆞ듸 나ᄂᆞᆫ 때ᄒᆞᆯ 듸 휜 신해라 맛당이 이 따ᄒᆡ셔 죽을디니 너ᄂᆞᆫ 맛당이 몬져 가라 妻쳐ㅣ ᄀᆞᆯᄋᆞ듸 君군은 命명官관이 되고 나ᄂᆞᆫ 命명婦부ㅣ 되ᄂᆞᆫ디라 君군이 忠튱臣신이 되니 내 ᄒᆞᆯ로 ᄂᆞᆼ히 忠튱臣신의 婦부ㅣ 되디 몯ᄒᆞ랴 妾쳡이 청컨대 몬져 죽으리라 昴묘發발이 말렷더니 밋 元원兵병이 城셩에 드러오매 夫부妻쳐ㅣ 冠관帶듸ᄒᆞ고 크게 써 [illegible]우ᄒᆡ ᄢᅵ ᄆᆞᆯᄋᆞ듸 나라ᄒᆞᆯ 可가히 背비티 못ᄒᆞᆯ 거시오 城셩은 可가히 降항티 못ᄒᆞᆯ지니 夫부와 婦부ㅣ ᄒᆞᆫ가지로 죽으니 節절義의 雙상이 인다 ᄒᆞ고 이에 ᄒᆞᆫ가지로 從종容용堂당의 가 목ᄆᆡ야 죽다

○ 明명成셩祖조兵병이 金금川쳔門문에 들어오니 建건文문帝뎨ㅣ 出츌분망ᄒᆞ시거ᄂᆞᆯ 侍시中듕黃황觀관이 밧긔 나갓다가 變변을 듯고 스ᄉᆞ로 江강에 [illegible]뎌 죽으니 成셩祖조

ㅣ 黃황의 妻처 翁옹氏시와 밋 女녀로 벼 象샹奴노를 配비ᄒᆞ야 婦부를 삼은대 妻처와
女녀ㅣ ᄒᆞᆫ가지로 通통濟제河하의 디뎌뻐 죽으니 죽엄이 거ᄉ리 흘러 城셩中듕 清청
溪계의 들어오니 黃황의 죽엄이 ᄯᅩᄒᆞᆫ 江강으로 조차 城셩中듕 貢공院원압히 흘러들
어와 세 주엄이 서로 모ᄃᆞ니 나라 사ᄅᆞᆷ이 그이히 넉겨 이에 ᄉᆞ당을 貢공院원압히 세우
다
朱쥬夫부人인이 守슈襄양陽양而이築
튝城셩ᄒᆞ야 以이 却각秦진寇구ᄒᆞ고 梁냥夫부
人인이 登등金금山산而이擊격鼓고ᄒᆞ야 以
이 破파金금兵병ᄒᆞ며 ○ 晉진朱쥬序셔ㅣ 襄양陽양을 딕희엿더
니 秦진兵병이 와 침노ᄒᆞ거ᄂᆞᆯ 夫부人인이 家가中듕婢비妾쳡을 거ᄂᆞ리고 스ᄉᆞ로 一
일面면을 딕희엿더니 城셩이 쟝ᄎᆞᆺ 문허려ᄒᆞᆫ거ᄂᆞᆯ 夫부人인이 ᄉᆞᄉᆞ ᄌᆡ물을 내어 밤

을連련ᄒᆞ야다시內ᄂᆡ城셩을ᄣᅡ뼈秦진兵병을믈리티니사ᄅᆞᆷ이일흠ᄒᆞ야夫부人인城셩이라ᄒᆞ니라○金금兵병이宋송을犯범ᄒᆞ니韓한世세忠튱이舟쥬師ᄉᆞ를거ᄂᆞ려江강에셔막아ᄣᅡ호더니宋송兵병이져기믈러나거ᄂᆞᆯ梁냥夫부人인이金금山산에올라스ᄉᆞ로북을텨뼈將장士ᄉᆞ를ᄀᆞ다듬아드듸여金금兀올术튤을크게鎭진江강에셔破파ᄒᆞ니라

虞우夫부人인이勉면子ᄌᆞ孫손ᄒᆞ야力녁勤근王왕事ᄉᆞᄒᆞ고謝샤夫부人인이甘감俘부虜노ᄒᆞ야以이救구民민生싱ᄒᆞ며

○晉진虞우潭담의母모孫손氏시蘇소峻쥰의京경師ᄉᆞ犯범ᄒᆞᆷ을만나潭담이吳오興흥을딕희엿더니母모ㅣ潭담을勸권ᄒᆞ야힘을竭갈ᄒᆞ야王왕을勤근ᄒᆞ고어미늙기로ᄡᅥ념녀를삼지말라ᄒᆞ고ᄯᅩ孫손不虞우楚초를보내야아비를도아軍군을조

차힘ᄡᅥ忠튱孝효ᄅᆞᆯ三모ᄒᆞ라ᄒᆞ더라潭담어後후애功공으로ᄡᅥ侯후ᄅᆞᆯ封봉ᄒᆞ고毋모ᄂᆞᆫ九구十십五오에卒졸ᄒᆞ니諡시ᄅᆞᆯ宣션夫부人인이라ᄒᆞ다○宋송謝샤枋방得득이兵병을닐으혀宋송을회복ᄒᆞ려ᄒᆞ다가이긔디몯ᄒᆞ야주려죽으니妻쳐李니氏시ㅣ山산中듕의도망ᄒᆞ야숨어두ᄌᆞ식을ᄃᆞ리고草초木목을ᄏᆡ야먹더니元원쟝슈李니氏시ᄅᆞᆯ잡고쟈ᄒᆞ되엇디몯ᄒᆞ야이에令녕을ᄂᆞ리와ᄀᆞᆯᄋᆞᄃᆡ李니氏시ᄅᆞᆯ엇지몯ᄒᆞ면곳ᄆᆡᆺ[?]ᄇᆡᆨ셩을다내혀죽기리라李니氏시ᄀᆞᆯ[?]ᄋᆞᄃᆡ可가히내의연고로ᄡᅥ民민命명을傷샹ᄒᆞ요디몯ᄒᆞ리라ᄒᆞ고이에建건康강獄옥예나아가가도엿더니ᄆᆞᆺ[?]지아비죽으믈ᄃᆞᆯ으매이에스ᄉᆞ로목ᄆᆡ야죽으니二이子ᄌᆞㅣ免면ᄒᆞᆷ을어드니라

齊제桓환에 尸시蟲튱出츌戶호ᄂᆞᆯㅣ여 晏안娥아ㅣ 踰유垣원以이殉슌君군ᄒᆞ고 宇우文문이

白빅刃인犯범宮궁이어ᄂᆞᆯ貴귀見ᄋᆡ捐연

生ᄉᆡᆼ以이罵매賊적ᄒᆞ며○齊제桓환公공이죽으매五오子ᄌᆞ

ㅣ셔기롤ᄃᆞ토아四ᄉᆞ月월을葬장티아니ᄒᆞ니尸시蟲튱이지게밧긔나왓거늘宮궁

女녀晏안娥아ㅣ그님금의暴폭露노홈을ᄎᆞᆷ아못보아이에담을넘어들어가公공의

것티셔自ᄌᆞ經경ᄒᆞ야죽그니라○隋슈煬양帝뎨江강都도에가니宇우文문化화及

급이帝뎨롤弑시ᄒᆞᆯᄉᆡ宮궁人인이다奔분散산ᄒᆞ되홀로宮궁女녀朱쥬貴귀見ᄋᆡㅣ

義의로ᄡᅧ賊적을ᄭᅮ짓고몸으로ᄡᅧ帝뎨롤ᄀᆞ리오니賊적이이에모저貴귀見ᄋᆡ롤죽

기고後후에帝뎨롤弑시ᄒᆞ니라魯노義의保보ᄂᆞᆫ以이子

ᄌᆞ로代ᄃᆡ先션公공之지子ᄌᆞᄒᆞ고魏위節절

乳유ᄂᆞᆫ以이身신으로蔽폐幼유主쥬之지身

신ᄒᆞ여 ○ 魯노孝효公공稱칭은 武무公공의 젹은아ᄃᆞᆯ이오 懿의公공의 아이라

兄형子ᄌᆞ 白빅御어ㅣ 懿의公공을 죽이고 스ᄉᆞ로셔 들어가 孝효公공을 주이고져ᄒᆞ

거놀 公공의 保보母모 臧장氏시ㅣ 己긔子ᄌᆞ로뻐 公공의 오ᄉᆞᆯ 닙혀 상에 누여두니 伯

빅御어ㅣ 족이거놀 保보母모ㅣ 이예 孝효公공을 품고 도망ᄒᆞ야 舅구家가에 숨어더

니 밋ᄌᆞ라매 舅구氏시와 保보母모ㅣ 宣션王왕ᄭᅴ ᄉᆞᆲ고 ᄒᆞᆫ대 王왕이 伯빅御어를 죽이

고 孝효公공을 셰오고 保보母모를 일흠ᄒᆞ야곰ᄋᆞ뒤 孝효義의保보라 ᄒᆞ다 ○ 秦진이

魏위를 滅멸ᄒᆞ야 魏위王왕을 죽이고 다 諸졔公공子ᄌᆞ를 죽일ᄉᆡ 少쇼公공子ᄌᆞㅣ 이

셔 乳유母모의 뫼가온대 ᄀᆞᆷ촌배 되엿더니 王왕이 令령ᄒᆞ되 公공子ᄌᆞ들이ᄂᆞᆫ 者쟈ᄂᆞᆫ

千쳔金금을 賞상ᄒᆞ고 ᄀᆞᆷ초ᄂᆞᆫ 者쟈ᄂᆞᆫ 그 一일族족을 베히리라 빗신해이셔 乳유母모

ᄃᆞ려 닐러 ᄀᆞᆯᄋᆞ되 엇디 들이디 아니ᄒᆞᄂᆞ뇨 千쳔金금을 可가히 어드리라 乳유母모ㅣ

좃디아니ᄒᆞ거ᄂᆞᆯ뎻신헤뻐秦진王왕ᄭᅴᄉᆞᆯ고ᄒᆞᆫ대王왕이軍군을命명ᄒᆞ야ᄯᆞ라因인
ᄒᆞ야어즈러온살노公공子ᄌᆞ를ᄡᅩ니毋모ㅣ몸으로뻐公공子ᄌᆞ를ᄀᆞ리와몸에數수
十십살을마자公공子ᄌᆞ로더부러ᄒᆞᆫ가지로죽으니秦진王왕이슬피너겨卿경禮례
로뻐영장ᄒᆞ고일흠ᄒᆞ야ᄀᆞᆯᄋᆞ듸節절乳유毋모라ᄒᆞ다孫손姬희ᄂᆞᆫ婢
비也야ㅣ로ᄃᆡ匍포伏복湖호濱빈ᄒᆞ야以이保
보忠튱臣신血혈胤윤ᄒᆞ고毛모惜셕은妓기
也야ㅣ로ᄃᆡ身신甘감刀도斧부ᄒᆞ야恥티爲위
叛반帥슈謳구歌가ᄒᆞ며○陳진友우諒냥이太태平평을破파
ᄒᆞ고ᄃᆡ훤쟝슈花화雲운을죽이니妻쳐部곡氏시ㅣ節절에죽거ᄂᆞᆯ婢비孫손氏시ㅣ
그三삼歲셰兒ᄋᆞ를품고湖호濱빈플가온대숨어蓮련子ᄌᆞ를ᄏᆡ야ᄡᅥ그아ᄒᆡ를먹이

더니雷뢰老노란者쟈ㅣ이셔引인ᄒᆞ야金금陵능에들어가明명太태祖조의게뵈게
ᄒᆞ고因인ᄒᆞ야홀연이보디몯ᄒᆞ니太태祖조ㅣ그ᄌᆞ조ᄅᆞᆯ封봉ᄒᆞ야東동丘구侯후ᄅᆞᆯ
삼고일홈을花화緯위라주고孫손氏시ᄅᆞᆯ封봉ᄒᆞ야夫부人인을삼으니緯위위어미로
뻐섬기ᄂᆞ라○毛모惜석惜석은淮회따營영妓기라宋송李니全전이金금에항복ᄒᆞ
야淮회ᄅᆞᆯ티니淮회師슈ㅣ항복ᄒᆞ얏더니全전이마좀손을잔치홀씨惜석을블러노
래부ᄅᆞ라ᄒᆞ니여러번불은후에니ᄅᆞ러머리ᄅᆞᆯ슉이고노래아니ᄒᆞ거ᄂᆞᆯ師슈ㅣ골ᄋᆞ
ᄃᆡ내널로ᄒᆞ야금노래ᄒᆞ라ᄒᆞ되아니키ᄂᆞᆫ엇디오惜석惜석의골ᄋᆞᄃᆡ朝됴廷뎡이重
듕兵병으로뻐너ᄅᆞᆯ맛뎟거ᄂᆞᆯ一일朝됴에도적의게항복ᄒᆞ니네또ᄒᆞᆫ도적이라내비
록官관妓기나엇디賊적을위ᄒᆞ야노래블ᄅᆞᆯ者쟈ㅣ리오師슈ㅣ怒노ᄒᆞ야죽이다

劉뉴母모ㅣ非비不블愛ᄋᆡ子ᄌᆞㅣ로知지

軍군令령之지不블可가干간ᄒᆞ고章쟝母모
ㅣ非비不블保보家가ㅣ언마ᄂᆞᆫ願원闔합城셩
之지俱구獲획免면ᄒᆞ니◯南남唐당劉뉴仁인贍쳠이壽슈州
쥬롤딕ᄒᆡ엿더니周쥬師ᄉᆞㅣ壽슈州쥬롤티거놀子ᄌᆞ從죵諫간이周쥬營영을劫겁
ᄒᆞ고져ᄒᆞ야父부의게稟품티아니코갓다가大대敗패ᄒᆞ야도라오니父부ㅣ그令령
을어그기로뻐베히고져ᄒᆞ거놀諸제將쟝이勸권ᄒᆞ되듯디아니ᄒᆞ대이에夫부人인
새告고ᄒᆞ야그子ᄌᆞ救구ᄒᆞ기롤請청ᄒᆞ야놀夫부人인이ᄀᆞᆯᄋᆞ되妾쳡이ᄉᆞ랑티아니
ᄂᆞᆫ줄이아니언마ᄂᆞᆫ軍군令녕을可가히어긔디몯홀디니婦부人인의勸권홀배아니
라ᄒᆞ고門문을닫고痛통哭곡ᄒᆞ고나가디아니ᄒᆞ니ᄆᆞᄎᆞᆷ내그子ᄌᆞ롤斬참ᄒᆞ니라◯
王왕建건封봉은閩민帥슈章쟝氏시의牙아將쟝이러罪죄롤犯범ᄒᆞ야맛당이버힐

러니 章장母모ㅣ 餠슈ㅣ 騂취홈을 因인ᄒᆞ야 노ᄒᆞ니 도망ᄒᆞ야 南남唐당의 들어가 後후에 大대將장이 되야 建건州쥬城셩을 텨 장ᄎᆞ ᄂᆞ리올ᄉᆡ 建건封봉이 사ᄅᆞᆷ을 보내야 令녕箭젼으로 ᄡᅥ 母모의 문에 고자 ᄀᆞᆯᄋᆞᄃᆡ 主쥬將장이 장ᄎᆞ 城셩을 다 ᄒᆡ려ᄒᆞ니 이 살을 고존 者쟈ᄂᆞᆫ 免면ᄒᆞᆯ 일ᄉᆡ 일도ᄡᅥ 母모의 恩은을 갑노라 母모ㅣ 그 살을 도로 보내여 ᄀᆞᆯᄋᆞᄃᆡ 내 杏아 闔합城셩이 다 죽고 내 집이 홀로 완젼홈을 보디 몯ᄒᆞᄂᆞᆫ디라 원컨대 ᄒᆞᆫ가지로 주어지라 ᄒᆞᆫ대 建건封봉이 義의히 너겨 밋 城셩이 下하ᄒᆞ매 一일城셩이 다 免면ᄒᆞ니 唐당氏시ᄃᆡᄃᆡ로 閩민中듕에 顯현ᄒᆞ니라

是시皆기女녀烈별之지錚징錚징이며 坤곤維유之지表표表표ㅣ라 其기忠튱肝간義의膽담이 足죡以이風풍百빅世셰而이振진綱강常샹者쟈也

아니라

君군과親친이비록ᄀᆞᆺ디아니타니ᄅᆞ나

忠튱과孝효ㅣ본ᄃᆡ두가지업ᄂᆞᆫ디라네

니ᄅᆞᄃᆡ率솔土토ㅣ王왕臣신아니니업

다ᄒᆞ니엇디閨규中듕에드ᄃᆡ여忠튱義

의업다니ᄅᆞ리오小쇼戎융의駟ᄉᆞ를읇

펴良냥人인을君군國국과同동讎슈ᄒᆞ

기로ᄡᅥ힘ᄡᅳ고汝여墳분의枚미를伐벌

ᄒᆞ야君군子ᄌᆞ를父부母모ㅣ심히갈갑

기로ᄡᅥ위로ᄒᆞ며范범滂방의母모를알

룸다이녁가니千쳔秋츄의오히려同동心심이잇고下변壼곤의무덤을封봉ᄒᆞ니九구泉쳔의오히려喜희色식이이시며江강油유ㅣ魏위예항복ᄒᆞ매妻쳐ㅣ夫부로더부러ᄒᆞᆫ가지로살려아니ᄒᆞ고蓋합國국이戎융에淪륜ᄒᆞ매婦부ㅣ그지아비죽디몯홈을븟그려ᄒᆞ며陵능의毋모ᄂᆞᆫ使ᄉᆞ를對ᄃᆡᄒᆞ야칼에업더디고經경의毋모ᄂᆞᆫ우음을먹음고ᄡᅥ刑형을ᄒᆞᆫ가지로ᄒᆞ며池디州쥬ㅣ쓰임을닙어놀

趙됴昴묘發발이節졀義의ㅣ雙상이일
고金금川쳔이딕ᄒᆞᆫ물일허늘黃황侍시
中듕이妻쳐와女녀ㅣᄒᆞᆫ가지로盡진ᄒᆞ
며朱쥬夫부人인은襄양陽양을딕희여
城셩을ᄢᅡᄡᅥ秦진寇구를물리티고梁냥
夫부人인은金금山산에올라북을텨ᄡᅥ
金금兵병을破파ᄒᆞ며虞우夫부人인은
子ᄌᆞ孫손을권면ᄒᆞ야힘ᄡᅥ王왕事ᄉᆞ에
부ᄌᆞ런케ᄒᆞ고謝샤夫부人인은俘부虜
노ᄅᆞᆯᄃᆞᆯ게너겨ᄡᅥ民민生ᄉᆡᆼ을救구ᄒᆞ며

齊제桓환이尸시蟲튱이지게예나왓거

놀晏안娥아ㅣ담을님어ᄲᅥ君군을殉슌

ᄒᆞ고宇우文문이白빅刃인이宮궁을犯

범ᄒᆞ거놀貴귀兒ᄋᆞㅣ生싱을捐연ᄒᆞ야

ᄲᅥ賊적을罵매ᄒᆞ며魯노義의保보ᄂᆞᆫ子

조로ᄲᅥ先션公공의子조를代ᄃᆡᄒᆞ고魏

위節절乳유ᄂᆞᆫ몸으로ᄲᅥ幼유主쥬의몸

을ᄀ리오며孫손姬희ᄂᆞᆫ婢비로ᄃᆡ湖호

濱빈에匍포伏복ᄒᆞ야ᄲᅥ忠튱臣신의血

혈胤윤을보젼ᄒᆞ고毛모惜셕은妓기로

ᄃᆡ몸이刀도斧부ᄅᆞᆯᄃᆞᆯ게너겨叛반帥슈ᄅᆞᆯ爲위ᄒᆞ야謳구歌가ᄒᆞ기ᄅᆞᆯ븟그려ᄒᆞ며劉뉴母모ᄂᆞᆫ子ᄌᆞᄅᆞᆯᄉᆞ랑티아니홈이아니로ᄃᆡ軍군令녕을可가히干간티몯ᄒᆞᆯ줄을알고章장母모ᄂᆞᆫ집을보젼티아니홈이아니로ᄃᆡ闔합城셩이다免면ᄒᆞᆯ엇기ᄅᆞᆯ願원ᄒᆞ니이다女녀烈렬의錚징錚징ᄒᆞᆫ이며坤곤維유의表표表표ᄒᆞᆫ이라그忠튱肝간과義의膽담이죡히벼百빅世세ᄅᆞᆯ風풍ᄒᆞ며綱강常샹을振진ᄒᆞᆯ

者자ㅣ니라

慈ᄌᆞ愛이篇편

任임恤휼睦목婣인은根근於어孝효友우
ᄒᆞ고慈ᄌᆞ惠혜和화讓양은本본於어寬관仁
인시일是시故고로螽죵斯ᄉᆞ羽우ᄂᆞᆫ頌
숑太태姒ᄉᆞ之지仁인ᄒᆞ고銀은鹿녹繞요床
상은紀긔恭공穆목之지德덕ᄒᆞ며◯詩시에ᄀᆞᆯᄋᆞᄉᆞᄃᆡ
螽죵斯ᄉᆞ의지치緝즙緝즙ᄒᆞ미여네子ᄌᆞ
孫손이蟄텹蟄텹ᄒᆞ미맛당ᄒᆞ도다ᄒᆞ니날
온后후妃비仁인厚후ᄒᆞ야子ᄌᆞ孫손이衆
즁多다ᄒᆞᄃᆡ嫡뎍庶셔를눈호디아니ᄒᆞ고
고로ᄉᆞ랑ᄒᆞ미螽죵斯ᄉᆞ의九구十십九
구子ᄌᆞ의和화緝즙홈과ᄀᆞᆺ닷말이라◯뭇

오越월文문穆목王왕錢뎐元원瓘관의妃비馬마氏시ㅣ子ᄌᆞㅣ업ᄉᆞ니王왕의父부武무肅슉王왕의게請쳥ᄒᆞ야文문穆목을기유ᄒᆞ야妾쳡을納납ᄒᆞ야十십五오子ᄌᆞ롤나ᄒᆞ니妃비親친愛ᄋᆡ홈이분별이업서銀은鹿녹을ᄆᆡᆫ드라ᄯᅴ오고희롱ᄒᆞ더라

士ᄉᆞ安안의好호學ᄒᆞㄱ은成셩於어叔슉母모之지慈ᄌᆞᄒᆞ고伯빅道도ᄂᆞᆫ無무見ᄋᆞㅣ러니終죵獲획子ᄌᆞ綏유之지報보ᄒᆞ며○皇황甫보士ᄉᆞ安안의名명은謚일이니일즉이父부母모롤喪상ᄒᆞ고과부아ᄌᆞ미게길너배되야쳐음에學ᄒᆞㄱ을됴하아니ᄒᆞ거ᄂᆞᆯ아ᄌᆞ미울어골ᄋᆞ되우리家가世세凋됴零령ᄒᆞ고네ᄯᅩ學ᄒᆞㄱ을됴하아니ᄒᆞ니엇디ᄡᅥ先션人인의ᄇᆞ람을위로ᄒᆞ리오내죽어도伯빅姒ᄉᆞ를地지下하의가보기를븟그려ᄒᆞ노라謚일이ᄯᅩ효感감泣읍ᄒᆞ야드듸여大대儒유ㅣ

되야弼호로玄현晏안先션生싱이라ᄒᆞ니
라○晉진鄧등攸유의字ᄌᆞ는伯ᄇᆡᆨ道도ㅣ
니亂란을避피ᄒᆞᆯ시兩냥全젼ᄒᆞ기어렵다
ᄒᆞ야子ᄌᆞ를ᄇᆞ리고아의子ᄌᆞ綏유를거두
엇더니後후의ᄆᆞᄎᆞᆷ내子ᄌᆞ업ᄉᆞ니綏유ㅣ
伯ᄇᆡᆨ父부母모를孝효로셤기고다服복喪
상三삼年
년ᄒᆞ니라義의姑고ᄂᆞᆫ棄기子ᄌᆞ留뉴姪딜
ᄒᆞ야而이却각齊제兵병ᄒᆞ고覽남妻쳐ᄂᆞᆫ與여
姒ᄉᆞ均균役역ᄒᆞ야以이感감朱쥬母모ᄒᆞ며○
齊제侯후ㅣ魯노를틸시婦부人인이얼인
子ᄌᆞ식을ᄇᆞ리고큰아ᄒᆡ를품어ᄲᅥ兵병을
避피ᄒᆞᆷ을보고불러물어ᄀᆞᆯᄋᆞᄃᆡ사ᄅᆞᆷ이다
적은ᄌᆞ식을ᄉᆞ랑ᄒᆞ거ᄂᆞᆯ네젹으니를ᄇᆞ리
고크니를품기는엇디오對ᄃᆡᄒᆞ야ᄀᆞᆯᄋᆞᄃᆡ
젹으니는妾쳡의子ᄌᆞㅣ오크니는兄형의
子ᄌᆞㅣ라妾쳡이ᄂᆞᆫ망兄형의의탁을바다
그孤고를撫무養양ᄒᆞ다가亂란을만나ᄇᆞ

리면이ᄂᆞᆫ仁인티아닌디라故고로츌ᄒᆞ리
妾쳡의子ᄌᆞ롤ᄇᆞ리ᄂᆞ니다齊졔侯후ㅣ奠
탄ᄒᆞ야곧ᄋᆞᄃᆡ婦부人인이ᄂᆞᆼ히이롤아니
이ᄂᆞᆫ禮례義의의나라히라엇디가히티라
오ᄒᆞ고이에軍군을믈니다○晉진王왕祥샹
샹의繼계母모朱쥬氏시冬동月월에魚어
ᄐᆞᆯ싱각ᄒᆞ거ᄂᆞᆯ祥샹이얼음에가누어ᄢᅥ鯉
니魚어롤求구ᄒᆞ고母모ㅣ일죽非비禮례
로ᄢᅥ祥샹을虐학使ᄉᆞᄒᆞ거ᄂᆞᆯ母모의親친
子ᄌᆞ覽남이반ᄃᆞ시兄형으로더브러ᄒᆞᆫ가
지로그쉬고롤服복ᄒᆞ고母모ㅣᄯᅩ祥샹의
妻쳐롤虐학使ᄉᆞᄒᆞ거ᄂᆞᆯ覽남의妻쳐ㅣᄯᅩ
ᄒᆞᆫ믓동셔로더브러辛신苦고롤고로ᄭᅴᄒᆞ
니母모ㅣ感감悟오ᄒᆞ야드듸여ᄌᆞ티ᄉᆞ랑
ᄒᆞ더
라
趙됴姬희ㅣ不블以이公공女녀之지
貴귀로而이廢폐嫡뎍庶셔之지儀의ᄒᆞ고衛
위宗종이不블以이君군母모之지尊존으로

而이失실夫부人인之지禮례ᄒᆞ며○趙됴姬희ᄂᆞᆫ趙
됴成셩子ᄌᆞ衰최의妻처ㅣ오晋진文문公
공의女녀ㅣ라처음애衰최ㅣ文문公으
로더브러狄뎍의ᄃᆞ라나狄뎍女녀季계隗
외를娶취ᄒᆞ얏더니임의晋진에도라와
卿경이되매文문公공이女녀로배妻처ᄒᆞ야
同동과括괄과嬰영을나핫더니趙됴姬희
굿게衰최의게請쳥ᄒᆞ야長댱子ᄌᆞ盾돈의
母모子ᄌᆞ를狄뎍의가마자와季계隗외로
尊존ᄒᆞ야正졍嫡뎍을삼고盾돈으로뻐嫡
뎍子ᄌᆞ를삼아ᄉᆞᄉᆞ로庶셔妾쳡의位위에
居거ᄒᆞ니라○衛위嗣ᄉᆞ君군의母모ᄂᆞᆫ庶
셔妾쳡이라夫부人인이庶셔子ᄌᆞᄒᆞ야妾
쳡子ᄌᆞㅣ셔니夫부人인이避피ᄒᆞ야別별
宮궁의居거ᄒᆞ고저ᄒᆞ거ᄂᆞᆯ公공의母모ㅣ
골ᄋᆞ되嫡뎍庶셔의道도ㅣ를가히廢폐티못
ᄒᆞᆯ디니엇디그子ᄌᆞ의故고로小쇼君군셤
길禮례ㅣ를廢폐ᄒᆞ리오이제ᄒᆞ쥬姆모ㅣ
진실로別별居거ᄒᆞ려ᄉᆞ면이ᄂᆞᆫ妾쳡의

故고로因인ᄒᆞ야嫡뎍母모를奚고大대倫륜을犯범ᄒᆞᆷ이라ᄒᆞ고이에ᄉᆞᄉᆞ로죽고져ᄒᆞ거ᄂᆞᆯ夫부人인이두려조차仍인ᄒᆞ야正졍室실애居거ᄒᆞ야慈ᄌᆞ愛ᄋᆡ더옥더ᄒᆞ고子ᄌᆞ母모ㅣ嫡뎍을섬기되孝효敬경이더욱두터오니衛위사ᄅᆞᆷ이義의게너겨일홈ᄒᆞ야衛위宗종二이順슌이라ᄒᆞ니라

이 莊장姜강戴ᄃᆡ嬀규ᄂᆞᆫ 淑슉惠혜ㅣ見현於어國국風풍ᄒᆞ고 京경陵릉東동海ᄒᆡᄂᆞᆫ 雍옹睦목아著뎌乎호世세範범ᄒᆞ니

○ 莊장姜강은齊제夫부人인이라ᅩ庶서陳딘氏시戴ᄃᆡ嬀ㅣ子ᄌᆞㅣ죽으매陳딘으로도라가거ᄂᆞᆯ莊장姜강이燕연燕연詩시ᄅᆞᆯ지으되瞻쳠望망ᄒᆞ야밋디못ᄒᆞᆯ시涕톄泣읍ᄒᆞᆷ이비ᄀᆞᆺ다ᄒᆞ니嫡뎍庶셔의ᄉᆞ랑ᄒᆞᆷ이이ᄀᆞᆺ더라 ○ 晉신王왕渾혼의妻쳐ᄂᆞᆫ京경陵릉 鍾죵氏시오弟뎨湛딤의妻쳐ᄂᆞᆫ東동海ᄒᆡ郝학氏시니

和화順슌ᄒᆞ고雍옹穆목ᄒᆞ야집다ᄉᆞ리미
禮례이시니臣신庶셔의집이遵쥰ᄒᆞ야배
法법을삼더라是시皆기秉병仁인慈ᄌᆞ之지懿의
ᄒᆞ며敦돈博박愛이之지風풍ᄒᆞ야和화氣긔ㅣ
萃취於어家가庭뎡ᄒᆞ고德덕敎교ㅣ化화於
어邦방國국者쟈也야ㅣ니不블亦역可가法
법歟여아
任임과恤휼과睦목과婣인은孝효友우
의根근ᄒᆞ고慈ᄌᆞ와惠혜와和화와讓양
은寬관仁인의本본ᄒᆞᆫ시이런고로螽죵
斯ᄉᆞ의羽우ㅣ緝즙ᄒᆞ다ᄒᆞ믄太태姒ᄉᆞ

의仁인을頌숑ᄒᆞ고錄은鹿녹이床상을
繞요홈은恭공穆목의德덕을紀긔ᄒᆞ며
士ᄉᆞ安안의學ᄒᆞᆨ됴하홈은叔슉母모의
慈ᄌᆞ로일고伯ᄇᆡᆨ道도ᄂᆞᆫ兒ᄋᆞㅣ업더니
ᄆᆞᅀᆞᆷ내子ᄌᆞ綏유의갑흠을어드며義의
姑고ᄂᆞᆫ子ᄌᆞ를ᄇᆞ리고姪딜을머무러齊
제兵병을믈니티고覽남妻쳐ᄂᆞᆫ姒ᄉᆞ로
더브러役역을均균ᄒᆞ야ᄡᅥ朱쥬母모로
感감ᄒᆞ며趙됴姬희ㅣ公공女녀의貴귀
로ᄡᅥ嫡뎍庶셔의儀의를廢폐티아니ᄒᆞ

고衛위宗종이君군母모의尊존으로써夫부人인의禮례를일티아니ᄒᆞ며莊장姜강과戴대嬀규ᄂᆞᆫ淑숙惠혜ᄒᆞᆷ이國국風풍애뵈엿고京경陵능과東동海히ᄂᆞᆫ雍옹睦목ᄒᆞᆷ이世세範범애낫타나니이다仁인慈ᄌᆞ의아름다옴을잡으며너비ᄉᆞ랑ᄒᆞᄂᆞᆫ風풍을돗타이ᄒᆞ야和화ᄒᆞ긔운이家가庭뎡의못고德덕敎교ㅣ邦방國국의化화ᄒᆞᄂᆞᆫ者쟈ㅣ니ᄯᅩᄒᆞᆫ可가히法법바담즉디아니랴

秉병禮례篇편

德덕貌모言언工공은 婦부之지四ᄉᆞ行ᄒᆡᆼ이오 禮례義의廉념恥티ᄂᆞᆫ 國국之지四ᄉᆞ維유ㅣ니 人인而이無무禮례면 胡호不블遄쳔死ᄉᆞㅣ오ᄒᆞ니 言언禮례之져不블可가失실也ㅣ야라 是시故고로 文문伯ᄇᆡᆨ之지母모ㅣ不블踰유門문而이見견康강子ᄌᆞᄒᆞ고 齊졔華화夫부人인이 不블易역駟ᄉᆞ而이從죵孝효公공ᄒᆞ며 ○ 公공父보文문伯ᄇᆡᆨ의母모ᄂᆞᆫ 季계康강子ᄌᆞ의叔슉祖조母모ㅣ라 나히 七칠十십이로ᄃᆡ 康강子ᄌᆞㅣ가뵈면 [illegible]도ㅣ 中듕門문안해셔 洗셰ᄅᆞᆯ門ㅣ

문애베프고康강子ᄌᆞㅣ門문밧긔셔절ᄒᆞ
거든帨세롤隔격ᄒᆞ야서로말ᄉᆞᆯᄒᆞ니그禮
례ᄃᆡ히미이곳더라○齊제孝효公공의夫
부人인은衛위華화氏시의女녀ㅣ라安안
車거를트고孝효公공을조차노더니車거
ㅣ奔분ᄒᆞ야輪뉸이傾경ᄒᆞ고帷유ㅣ뮈여
디니姬희ㅣ婢비롤命명ᄒᆞ야帷유롤잇그
러ᄲᅥ디리왓더니公공이駟ᄉᆞ馬마車거로
ᄒᆞ야곰姬희롤시르라ᄒᆞᆫ대姬희ㅣᄉᆞ양ᄒᆞ
야ᄀᆞᆯᄋᆞ되車거애帷유ㅣ업ᄉᆞ거시禮례와니ᄒᆞ
오車거ㅣ敝폐ᄒᆞ야露노處쳐홈이또ᄒᆞᆫ禮
례아니니禮례업ᄒᆞ시야生ᄉᆡᆼ홈이禮례롤ᄃᆡ히
여쥭음만곳디못ᄒᆞ다ᄒᆞ고드ᄃᆡ여自ᄌᆞ經
경ᄒᆞ고져ᄒᆞ더니安안車거ㅣ니르거늘비
로소곳치니그禮례
ᄃᆡ히미이ᄀᆞᆺ뎌라
孟밍子ᄌᆞㅣ欲욕出츌
妻쳐ㅣ어母모ㅣ責칙以이非비禮례ᄒᆞ고申
신人인이欲욕娶취婦부ㅣ러니女녀ㅣ恥치

其기無무儀의ᄒᆞ며 ○ 孟ᄆᆡᆼ子ᄌᆞㅣ 室실에 들
어와 妻쳐ㅣ 뎌위를 當
당ᄒᆞ야 메아듬을 보시고 깃거 아니ᄒᆞ샤 내
티고져 ᄒᆞ신대 妻쳐ㅣ ᄀᆞᆯᄋᆞ듸 婦부人인이
私ᄉᆞ室실의셔 容용儀의를 닥디 아니ᄒᆞ며
지아비를 보매 客ᄀᆡᆨ禮례를 行ᄒᆡᆼ티 아니ᄒᆞ
거ᄂᆞᆯ 이제 夫부子ᄌᆞㅣ 客ᄀᆡᆨ禮례로ᄡᅥ 妾쳡
을 責칙ᄒᆞ니 妾쳡이 맛당이 내티일디라 ᄒᆞ
야ᄂᆞᆯ 母모ㅣ 責칙ᄒᆞ야 ᄀᆞᆯᄋᆞ듸 禮례예 쟝ᄎᆞᆺ
堂당애 오ᄅᆞᆯ시 소리를 반ᄃᆞ시 揚양ᄒᆞ라 ᄒᆞ
니ᄡᅧ 사ᄅᆞᆷ을 戒계ᄒᆞ논 배오 쟝ᄎᆞᆺ 지게 애 들
시니 보기를 반ᄃᆞ시 ᄂᆞ죽이 ᄒᆞ라 ᄒᆞ니 상ᄅᆞᆷ의
허물을 볼가 두림이라 이제 네 禮례를 아지
못ᄒᆞ고 禮례로ᄡᅥ 사ᄅᆞᆷ을 ᄎᆡᆨ망ᄒᆞ니 또ᄒᆞᆫ 過
과티 아니ᄒᆞ라 孟ᄆᆡᆼ子ᄌᆞㅣ 罪죄를 謝샤ᄒᆞ
시고 드듸여 그 婦부를 머무니라 ○ 申신人
인이 妻쳐를 娶ᄎᆔ홀ᄉᆡ 六뉵禮례 ᄀᆞᆺ디 아니
ᄒᆞ고 苟구合합ᄒᆞ야ᄡᅥ 婚혼을 일오고져 ᄒᆞ
거ᄂᆞᆯ 女녀ㅣ 즐겨 좃디 아니ᄒᆞᆫ대 申신人인
이 이에 獄옥에 訟숑ᄒᆞ듸 女녀ㅣ 그 非비禮

례로서ᄅᆞ配비ᄒᆞ기로뼈죽어도命명을듯
디아니ᄒᆞ야이에行ᄒᆡᆼ露노의詩시를지어
뼈스ᄉᆞ로밍셔ᄒᆞ더니後후애ᄂᆞ
쳡내禮례로뼈이에合합ᄒᆞ니라頃경公공
이弔됴杞긔梁냥之지妻쳐시호必필造조廬
터以이成셩禮례ᄒᆞ고漂눌女녀ㅣ哀의子ᄌᆞ
胥셔之지餒뇌ᄒᆞ야寧녕投투溪계而이滅멸
蹤종ᄒᆞ며○晉진이齊제를티니齊제쟝슈杞
그梁냥이빠화죽어ᄂᆞᆯ妻처ㅣ그
喪상을싯고도라오더니齊제頃경公공을
만나니頃경公공이들히셔됴상ᄒᆞ고져ᄒᆞ
거ᄂᆞᆯ妻쳐ㅣ골ᄋᆞᄃᆡ若약君군이만일근강夫부
로뼈罪죄잇다ᄒᆞ시면妻쳡이請청건대히
소寇구의가戮뉵ᄒᆞ고만일哀의矜긍ᄒᆞ샤
弔됴를주실딘대곳先션人인의敝폐廬집
이잇ᄂᆞ니이다公공이조차喪상에도라간
후의친이가됴상ᄒᆞ야禮례를일온후의영

장ᄒᆞ고葬장畢필에妻쳐ㅣ이에痛통哭곡
ᄒᆞ고죽으니城셩이爲위ᄒᆞ야문어디니라
○楚초伍오子ᄌᆞ胥셔ㅣ難난을도망ᄒᆞ야
溧뉼水슈로디나더니깁ᄲᅡ는계집이밥그
르ᄉᆞᆯ가져시ᄂᆞᆯ보고子ᄌᆞ胥셔ㅣᄀᆞᆯᄋᆞᄃᆡ내
三삼日일을먹디못ᄒᆞ여시니夫부人인은
矜긍憐련ᄒᆞ라女녀ㅣ이에ᄭᅮ러밥을드리
거늘胥셔ㅣ먹기ᄅᆞᆯ다ᄒᆞ고告고ᄒᆞ야ᄀᆞᆯᄋᆞ
ᄃᆡ行로ᄂᆞᆫ者쟈ㅣ니ᄅᆞ거든夫부人인은ᄒᆡᆼ
혀니ᄅᆞ디말라女녀ㅣ許허諾락ᄒᆞ대胥셔
ㅣ니ᄅᆞ기ᄅᆞᆯ再ᄌᆡ三삼ᄒᆞ니女녀ㅣ우서ᄀᆞᆯ
ᄋᆞᄃᆡ내나히三삼十십에어미ᄅᆞᆯ치고셔방
맛디아니ᄒᆞ니엇시사ᄅᆞᆷ으로더브러말ᄒᆞᆯ
者쟈ㅣ리오내계졉으로ᄡᅥᄉᆞ나ᄒᆡᄅᆞᆯ밥을
주니禮례아니오임의許허諾락ᄒᆞ되당부
ᄅᆞᆯ再ᄌᆡ三삼ᄒᆞ니이ᄂᆞᆫ나의信신티아니믈
의심ᄒᆞᆷ이라信신티아니ᄒᆞ고禮례업ᄉᆞ면
可가히ᄡᅥ사디못ᄒᆞ리라ᄒᆞ고이에물에ᄲᅡ
뎌죽으니後후에子ᄌᆞ胥셔ㅣ楚초ᄅᆞᆯ破파
ᄒᆞ고도라올ᄉᆡ千쳔金금을믈에더뎌ᄡᅥ그

女녀ᄅᆞᆯ갑ᄒᆞ니라 羊양子ᄌᆞㅣ懷회金금이어ᄂᆞᆯ妻처拏로ㅣ譏긔其기不블義의ᄒᆞ고齊제人인이乞걸墦번이어ᄂᆞᆯ妾첩婦부ㅣ泣읍其기無무良냥ᄒᆞ며 ○樂악羊양子ᄌᆞㅣ들은金금을길ᄒᆡ가어더도라와妻처ᄅᆞᆯ뵌대妻처ㅣᄀᆞᆯᄋᆞᄃᆡ내들으니智디士ᄉᆞᄂᆞᆫ盜도泉천물물먹더아니ᄒᆞ고어딘者쟈ᄂᆞᆫ嗟차來ᄅᆡ의食식을밧디아니ᄒᆞᆫ다ᄒᆞ니그ᄃᆡ엇디非비禮례의金금을권년ᄒᆞ야不블義의ᄒᆞ기ᄅᆞᆯᄃᆞᆯ게너기ᄂᆞᆫ다ᄃᆡ답ᄒᆞ야ᄀᆞᆯᄋᆞᄃᆡ金금이主쥬者쟈ㅣ업ᄂᆞ니라妻처ㅣᄀᆞᆯᄋᆞᄃᆡ金금은主쥬者쟈ㅣ업거니와心심도主쥬者쟈ㅣ업ᄂᆞᆫ야樂악羊양子ᄌᆞㅣ븟그려이에길ᄒᆡ가기ᄃᆞ려일ᄒᆞᆫ이ᄅᆞᆯᄎᆞ자주다 ○齊졔사ᄅᆞᆷ이一일妻쳐一일妾쳡을두니이셔미양나ᄀᆞ면반ᄃᆞ시醉취飽포ᄒᆞ고도라오거ᄂᆞᆯ그뎌브러飲음食식ᄒᆞᄂᆞ니ᄅᆞᆯ무ᄅᆞ면다

富부貴귀ᄒᆞᆫ집이라妻쳐ㅣ그날마다貴귀
ᄒᆞᆫ사ᄅᆞᆷ을조차먹으되나타난者쟈ㅣ오ᄂᆞ
니업ᄂᆞᆫ줄을의심ᄒᆞ야이에ᄀᆞ만이ᄯᅡ라가
그郭곽을나墦번塚통ᄉᆞ이에가祭졔ᄒᆞᆫ남
은거ᄉᆞᆯ비러먹음을보고妻쳐ㅣ븟그려도
라와그妾쳡ᄃᆞ려告고ᄒᆞ야ᄀᆞᆯᄋᆞᄃᆡ良냥人
인은仰앙望망ᄒᆞ고終죵身신ᄒᆞᄂᆞᆫ배어ᄂᆞᆯ
이제이ᄀᆞᆺ다ᄒᆞ고이에그妾쳡으로더브러
良냥人인을ᄭᅮ짓고서ᄅᆞ中듕庭뎡의셔울
거ᄂᆞᆯ良냥人인은아디못ᄒᆞ고오히려施시
施시히自ᄌᆞ得득ᄒᆞ야도라와
그妻쳐妾쳡의게교만ᄒᆞ더라

宋송伯빅姬희ᄂᆞᆫ保보傅부ㅣ不블具구ㅣ어ᄂᆞᆯ不블下하
堂당ᄒᆞ야寧녕焚분烈녈燄염ᄒᆞ고楚초貞뎡姜
강은符부節졀이不블來ᄅᆡㅣ어ᄂᆞᆯ不블應응
召쇼ᄒᆞ야甘감沒몰狂광瀾난ᄒᆞ나○宋송共공公공의夫

부人인伯빅姬희ᄂᆞᆫ魯노宣션公공의女녀
ㅣ라公공이卒졸ᄒᆞ고아ᄋᆞ元원公공이셧
ᄃᆞ니景경公공새예니ᄅᆞ러宮궁中듕에블
을만나左좌右우ㅣ夫부人인의불피ᄒᆞ기
ᄅᆞᆯ請쳥ᄒᆞᆫ대伯빅姬희ㅣᄀᆞᆯᄋᆞ듸婦부人인의
義의ᄂᆞᆫ保보傳부ㅣᄀᆞᆺ디아니면밤의堂당
의ᄂᆞ리디아니ᄒᆞᄂᆞ니라保보母모ㅣ니ᄅᆞ
러ᄀᆞᆯᄋᆞ되夫부人인은블을避피ᄒᆞ라伯빅
姬희ᄀᆞᆯᄋᆞ듸傳부母모ㅣ니ᄅᆞ디못ᄒᆞ엿ᄂᆞᆫ
디라엇디可가히亂란으로ᄡᅥ禮례로일ᄒᆞ
리오블勢셰김의逼핍ᄒᆞ매宮궁人인이奔
분散산ᄒᆞ거ᄂᆞᆯ伯빅姬희죵시堂당의ᄂᆞ리
디아니ᄒᆞ고타죽으니라○楚초昭쇼王왕
의夫부人인貞뎡姜강이王왕을조차나가
놀ᄉᆡ姜강을漸졈臺ᄃᆡ우ᄒᆡ머무로고더브
러언약ᄒᆞ되서ᄅᆞ블을딘대반ᄃᆞ시符부ᄅᆞᆯ
ᄡᅳ리라밋江강水슈ㅣ급히니ᄅᆞ매王왕이
ᄒᆞ여곰夫부人인ᄋᆞᆯ부로ᄃᆡ符부보내기ᄅᆞᆯ
니不니夫부人인이行ᄒᆡᆼ티아니ᄒᆞ거ᄂᆞᆯ使
ᄉᆞ者쟈ㅣᄀᆞᆯᄋᆞ되믈어크게니ᄅᆞ니도라가

符부ᄅᆞᆯ取취ᄒᆞ면미디못ᄒᆞᆯ가두리ᄂᆞ니夫부ᄉᆞ인은셜리行ᄒᆡᆼᄒᆞᆯ디어다夫부人인이ᄌᆞᄋᆞ키符부ᄂᆞᆫ배信신을ᄇᆞᆰ히미오信신은배禮례ᄅᆞᆯ制제ᄒᆞᆷ이니禮례엄고살미禮례ᄅᆞᆯᄃᆡᄒᆞ여족음만又다못ᄒᆞ니라使ᄉᆞ者쟈ㅣᄃᆞ라가符부ᄅᆞᆯ取취ᄒᆞᆫ즉물이놉고臺ᄃᆡ沒몰ᄒᆞ야夫부人인이죽엇ᄂᆞᆫ디라昭쇼王왕이슬허ᄒᆞ야諡시ᄒᆞ야ᄀᆞᆯᄋᆞᄃᆡ貞뎡姜강이라ᄒᆞ다

是시皆ᄀᆡ動동必필合합義의ᄒᆞ며居거必필中듕度도ᄒᆞ야勉면夫부子ᄌᆞ以이匡광其기失실ᄒᆞ고守슈己긔身신以이善션其기道도ᄒᆞ야秉병禮례而이行ᄒᆡᆼᄒᆞ야至지死ᄉᆞ不블變변者쟈ㅣ니洵슌可가法법也야ㅣ니라

德덕과貌모와言언과工공은婦부의네

힝실이오禮례와義의와廉렴과恥티ᄂᆞᆫ
나라ᄒᆡ네벼리니사ᄅᆞᆷ이오禮례업ᄉᆞ면
엇디ᄉᆞᆯ리죽디아니ᄒᆞ료ᄒᆞ니禮례ᄅᆞᆯ可
가히일티몯ᄒᆞᆯ줄을니ᄅᆞᆷ이라이런고로
文문伯빅의母모ㅣ門문을넘어康강子
ᄌᆞᄅᆞᆯ보디아니ᄒᆞ고齊제華화夫부人인
이駟ᄉᆞᄅᆞᆯ밧고아孝효公공을좃디아니
ᄒᆞ며孟ᄆᆡᆼ子ᄌᆞㅣ妻쳐ᄅᆞᆯ내티고져ᄒᆞ시
거ᄂᆞᆯ母모ㅣ非비禮례로ᄡᅥ責칙ᄒᆞ고申
신人인이婦부ᄅᆞᆯ娶ᄎᆔᄒᆞ고져ᄒᆞ거ᄂᆞᆯ女

다ㅣ그儀의업을븟그려ᄒᆞ며頃경公
공이杞긔梁냥의妻쳐ᄅᆞᆯ됴상ᄒᆞᆯ시반ᄃᆞ
시廬녀에가뻐禮례ᄅᆞᆯ일오고溧뉼女녀ㅣ
ㅣ子ᄌᆞ胥셔의주림을슬허ᄒᆞ야ᄎᆞᆷ하리
내헤ᄲᅡ뎌자최ᄅᆞᆯ업시ᄒᆞ며羊양子ᄌᆞㅣ
金금을품어놀妻쳐孥로ㅣ不블義의ᄅᆞᆯ
그ᄅᆞᆺᄒᆞ고齊졔入인이播번에가빌거ᄂᆞᆯ
妾쳡婦부ㅣ그蕪무良냥ᄒᆞᆷ을울며宋송
伯ᄇᆡᆨ姬희ᄂᆞᆫ保보傅부ㅣ ᄌᆞ디아니커ᄂᆞᆯ
堂당의ᄂᆞ리디아니ᄒᆞ야ᄎᆞᆷ하리烈렬흐

불에ᄐᆞ고楚초貞정姜강은符부節절이오디아니커놀블음을應응티아니ᄒᆞ야밋친물에ᄲᅡ디기ᄅᆞᆯ돌게녀기니이ᄃᆞ움ᄌᆞ기매반ᄃᆞ시義의에合합ᄒᆞ며居거ᄒᆞ매반ᄃᆞ시度도에마자夫부子ᄌᆞ로勉면ᄒᆞ야ᄡᅥ그그ᄅᆞᆺ된거ᄉᆞᆯ바로게ᄒᆞ고내몸ᄋᆞᆯ닥히여ᄡᅥ그道도ᄅᆞᆯ善션ᄒᆞ게ᄒᆞ야禮례ᄅᆞᆯ잡아行ᄒᆡᆼᄒᆞ야죽기에니르도록變변티아닛ᄂᆞᆫ者쟈ㅣ니진실로可가히법바ᄃᆞᆷ즉ᄒᆞ니라

智디慧혜篇편

治티安안大대道도ㅣ固고在재文문夫부ㅣ어니와有유智디婦부人인이勝승於어男남子ᄌᆞᄒᆞ니遠원大대之지謀모ᄂᆞᆫ預예思ᄉᆞ而이可가料료ᄒᆞ고倉창卒졸之지變변은泛범應응而이不블窮궁ᄒᆞᆯ시求구之지閨규閫곤之지中듕ᄒᆞ면是시亦역笄계幃위之지傑걸이라是시故고로齊제姜강이醉취晉진文문而이命명駕가ᄒᆞ야卒졸成셩霸패業업ᄒᆞ고有유緡민이娠신少쇼康강而이出츌竇두ᄒᆞ야

遂슈致티中듕興흥ᄒᆞ며 ○

晉진文문公공이
처엄의公공子ᄌᆞ
ㅣ되야難난을避피ᄒᆞ야齊졔에가니齊제
桓환公공이女녀로ᄡᅧ妻쳐ᄒᆞᆫ대즐겨도라
가기ᄅᆞᆯ닛거ᄂᆞᆯ조친신하趙됴衰최等등이
생나모가온대셔의논ᄒᆞ야公공子ᄌᆞᄅᆞᆯ겁
박ᄒᆞ야도라가고져ᄒᆞ더니생作ᄂᆞᆫ계집이
듯고ᄃᆞ라가齊제姜강의게ᄉᆞᆲ고ᄒᆞᆫ대姜강
이죽여ᄡᅧ입을滅멸ᄒᆞ고이에公공子ᄌᆞᄅᆞᆯ
술을권ᄒᆞ야醉ᄎᆔᄒᆞ이고실리趙됴衰최等
등을블러公공子ᄌᆞᄅᆞᆯ붓들어수레에올려
가니公공子ᄌᆞㅣ술이ᄶᆡ매임의齊제地디
境경을버낫ᄂᆞᆫ디라後후에나라ᄒᆡ도라와
伯패業업을일오니라 ○ 夏하寒한浞착이
夏하帝뎨相상을죽이고그位위ᄅᆞᆯ簒찬ᄒᆞ
니帝뎨의妃비有유緡민氏시ㅣ娠신을懷
회ᄒᆞ야담구멍가온대숨어실어곰죽디아
니ᄒᆞ야도망ᄒᆞ야母모家가의도라와少쇼
康강을나ᄒᆞ니虞우君군이二이女녀로ᄡᅧ
妻쳐ᄒᆞ고衆듕五오百빅人인을두어이에

寒한浞착을 滅멸ᄒᆞ고 夏하室실을 中듕興흥ᄒᆞ니라 顔안女녀ㅣ 識
식聖성人인之지後후ㅣ 必필顯현ᄒᆞ야 喩유
父부擇퇴壻서而이禱도尼니丘구ᄒᆞ고 陳딘
母모ㅣ 知디先션世셰之지德덕이 甚심微
미ᄒᆞ야 令녕子ᄌᆞ因인人인以이取츄侯후爵
작ᄒᆞ며 ○ 孔공子ᄌᆞ의 父부叔슉梁냥紇흘이 妻쳐ᄅᆞᆯ 喪상ᄒᆞ고 再지娶츄ᄒᆞ고져
ᄒᆞ더니 母모顔안氏시의 父부ㅣ 집의 닐러 ᄀᆞᆯᄋᆞ듸 孔공叔슉梁냥이 老노醜취ᄒᆞ고 武
무勇용ᄒᆞ디라 再지娶츄ᄒᆞ고져ᄒᆞ듸 사ᄅᆞᆷᄋᆡ 妻쳐ᄒᆞᆯ 者쟈ㅣ 업ᄉᆞ니 엇더뇨 그 少쇼女
녀徵딩在지ㅣ ᄀᆞᆯᄋᆞ듸 내 들ᄋᆞ니 孔공氏시ᄂᆞᆫ 聖성王왕의 裔예라 그 後후ㅣ 반ᄃᆞ시 븜
챵ᄒᆞ리니 妻쳐ᄒᆞᆷ이 엇디 해로오리오 父부ㅣ ᄀᆞᆯᄋᆞ듸 그러면 널로 ᄡᅥ 妻쳐ᄒᆞᆷ이 可가ᄒᆞ

다ᄒᆞ고 드듸여 뻐 叔숙梁냥의게 嫁가ᄒᆞ니 그ᄂᆞᆯ거 子ᄌᆞㅣ 업ᄉᆞᆯ가 두려 이예 尼니丘구山산神신의게 비러 仲듕尼니ᄅᆞᆯ 나ᄒᆞ니라

○秦진末말에 天텬下하ㅣ 크게 어즈러오나 陳딘嬰영이 본듸 才지略냑이 잇ᄂᆞᆫ디라 衆듕이 셰워 뻐 君군을 삼고져 ᄒᆞ거ᄂᆞᆯ 毋모ㅣ ᄀᆞᆯᄋᆞ듸 네 집이 先션世셰에 큰 德덕이 업ᄉᆞ니 일을 들어도 반ᄃᆞ시 이디 못ᄒᆞᆯ디라 主쥬ᄅᆞᆯ ᄀᆞᆯᄒᆡ야 셤김만 곳디 못ᄒᆞ니 일이 일면 可가히 侯후ᄅᆞᆯ 封봉ᄒᆞᆯ거시오 이듸 못ᄒᆞ야도 可가히 스ᄉᆞ로 免면ᄒᆞ리라 嬰영이 이여 項향梁냥을 조차 兵병을 니ᄅᆞ혓더니 後후의 漢한에 도라와 功공으로 뻐 棠당읍侯후ᄅᆞᆯ 封봉ᄒᆞ니라

剪젼髮발留뉴賓빈ᄒᆞ야 知디吾오見ᄋᆞ之지志지大대ᄒᆞ고 隔격屛병窺규客ᄀᆡᆨᄒᆞ야 識식子ᄌᆞ友우之지不블凡범ᄒᆞ며

○陶도侃간이 졈어셔 큰 ᄯᅳᆺ이 이셔 ᄉᆞ피ᄂᆞᆫ 배 다 當당世셰

에傑걸이라範범逵규ㅣ일죽그집의디나
니간난ᄒᆞ야供공具구ㅣ업ᄂᆞᆫ디라毋모ㅣ
이에머리털을버혀ᄀᆞ만이ᄑᆞ라뻐음식을
쟝만ᄒᆞ니逵규ㅣ歎탄ᄒᆞ야ᄀᆞᆯᄋᆞ되이어미
아니면이아ᄃᆞᆯ을낫티못ᄒᆞ리라ᄒᆞ더라○
房방玄현齡녕이文문中듕子ᄌᆞᄅᆞᆯ조차學
ᄒᆞᆯ시모ᄃᆞᆫ同동門문이다一일時시의傑
걸이라일ᄌᆞᆨ玄현齡녕의집의ᄃᆡ나거ᄂᆞᆯ母
모ㅣ屛병後후로조차여어보고ᄀᆞᆯᄋᆞᄃᆡ다
卿경相샹의그릇이라내아ᄒᆡ벗이이셔이
ᄀᆞᆺᄒᆞ니내무어ᄉᆞᆯ근심ᄒᆞ리오後
후에다唐당에卿경相샹이되다
楊양敞챵
妻처ㅣ促촉夫부出츌而이定졍策칙ᄒᆞ야以
이立닙一일代ᄃᆡ之지君군ᄒᆞ고周쥬顗의毋
모ㅣ因인客ᄀᆡᆨ至지而이當당庖포ᄒᆞ야能능
具구百ᄇᆡᆨ人인之지食식ᄒᆞ며○漢한昌챵邑
읍王왕이適

도ㅣ업소니霍곽光광이廢폐ᄒᆞ고宣션帝
뎨를세오고져ᄒᆞ야이여丞승相상楊양敞
창의집의가의논ᄒᆞᆫ대敞창이늙고懦나ᄒᆞᆫ
디라말을듯고戰젼慄뉼ᄒᆞ야믈러집의들
어오거늘妻쳐ㅣ그나가기를지촉ᄒᆞ야ᄀᆞᆯ
ᄋᆞᄃᆡ昏흔을廢폐ᄒᆞ고明명을세오미엇더
ᄒᆞᆫ大대事ᄉᆞㅣ완ᄃᆡ畏외縮츅ᄒᆞ기를이러
트시ᄒᆞᄂᆞ뇨이제나가디아니ᄒᆞ면明명日
일애議의일면族족滅멸ᄒᆞ리라敞창이이
예나가策칙을定뎡ᄒᆞ야宣션帝뎨를세우
고功공으로뻐平평通통侯후를封봉ᄒᆞ니
라○晉진吏니部부尙상書셔周쥬顗의의
字ᄌᆞᄂᆞᆫ伯빅仁인이오母모ㅣ李니氏시의일
흠은絡낙秀슈ㅣ니田뎐家가女녀ㅣ라父
부安안東동將장軍군周쥬浚쥰이일ᄌᆞᆨ사
녕ᄒᆞ다가비를만나李니氏시의집의避피
ᄒᆞ니李니ᄂᆞᆫ나가고母모ᄂᆞᆫ病병든디라女
녀ㅣ홀로一일婢비一일僕복ᄋᆞ로더브러
돋촐족여음식ᄒᆞ야百빅人인의食식을ᄀᆞᆺ
조ᄃᆡ極극히그豐풍腆뎐ᄒᆞ거ᄂᆞᆯ浚쥰이듯

고數탄ᄒᆞ야ᄀᆞᆯᄋᆞᄃᆡ어디다女녀ㅣㅣ여因인
ᄒᆞ야妾쳡삼기롤求구ᄒᆞᆫ대父부ㅣ처엄에
許허티아니ᄒᆞ거늘女녀ㅣᄀᆞᆯᄋᆞᄃᆡ우리집
이戶호ㅣ크고世세ㅣ微미ᄒᆞ야嫉질ᄒᆞ리
만ᄒᆞ니貴귀人인을結결納납ᄒᆞ디아니ᄒᆞ
면엇디ᄡᅥ집을보젼ᄒᆞ리오父부ㅣ드ᄃᆡ여
許허ᄒᆞ야伯빅仁
인을나ᄒᆞ니라
晏안御어ㅣ揚양揚양이어
놀妻처ㅣ恥티之지而이令령夫부致티貴
귀ᄒᆞ고寗녕歌가ㅣ浩호浩호ㅣ어놀姬희ㅣ識
식之지而이喩유相샹尊존賢현ᄒᆞ며 ○ 晏안子ᄌᆞ
ㅣ齊졔相샹이되여실제御어者쟈ㅣ晏안
子ᄌᆞ롤御어ᄒᆞ야그門문을디날시揚양揚
양ᄒᆞ야自ᄌᆞ得득ᄒᆞᆫᄠᅳᆺ이잇거늘그妻처ㅣ
붓그려가기롤請청ᄒᆞᆫ대夫부ㅣ그연고롤
무로니妻처ㅣᄀᆞᆯᄋᆞᄃᆡ晏안子ᄌᆞㅣ몸이三
삼尺쳑이로ᄃᆡ齊졔相샹이되니내그恭공

儉검ᄒᆞ야 미양 不블足죡ᄒᆞᆫ ᄀᆞᆺ홈을 보되 그
ᄃᆡ 이제 七칠尺쳑 위 몸으로 御어되기ᄅᆞᆯ ᄃᆞᆯ
게 너거 믈니 門문을 디날 시 揚양揚양ᄒᆞ야
自ᄌᆞ得득ᄒᆞᆫ ᄯᅳᆺ이 이시니 내 지아비 아니 각
ᄒᆞᆫ대 御어者쟈ㅣ 그 妻쳐ᄅᆞᆯ 謝샤ᄒᆞ고 깁히
ᄉᆞᄉᆞ로 刻극責책ᄒᆞ야 미양 不블足죡홈 ᄀᆞᆺ
거ᄂᆞᆯ 晏안子ᄌᆞㅣ 괴이히 너겨 무론대 御어
者쟈ㅣ ᄡᅥ 告고ᄒᆞᆫ 거ᄂᆞᆯ 晏안子ᄌᆞㅣ 그 善션
을 納납ᄒᆞ야 ᄉᆞᄉᆞ로 곳팀을 알음다이 너겨
景경公공ᄭᅴ 들리고 ᄡᅥ 大대夫부ᄅᆞᆯ 삼다 ○
齊제桓환公공이 나가 놀시 寧녕戚쳑이 쇠
ᄲᅳᆯ을 두ᄃᆞ리고 노래홈을 보고 그 어딘 줄 알
고 管관仲듕으로 ᄒᆞ여곰 마ᄌᆞ라 호대 戚쳑
이 ᄀᆞᆯᄋᆞᄃᆡ 浩호浩호ᄒᆞᆫ 흰 물이여 管관仲듕
이 그 ᄯᅳᆺ을 아디 몯ᄒᆞ야 五오日일을 됴회ᄒᆞ
디 아니ᄒᆞ고 근심ᄒᆞᄂᆞᆫ 빗치 잇거ᄂᆞᆯ 妾쳡婧
정이 그 연고ᄅᆞᆯ 무른대 仲듕이 닐ᄋᆞ니 婧정
이 우서 ᄀᆞᆯᄋᆞᄃᆡ 사ᄅᆞᆷ이 임의 ᄇᆞᆰ게 告고ᄒᆞ거
놀 君군이 엇디 아디 몯ᄒᆞᄂᆞ뇨 古고詩시예
ᄀᆞᆯᄋᆞᄃᆡ 浩호浩호ᄒᆞᆫ 흰 물이여 儵됴儵됴ᄒᆞᆫ

고기로다君군이와날을부ᄅᆞ니내쟝ᄎᆞᆺ평안이居거ᄒᆞ리로다ᄒᆞ니이논寗녕戚쳑이벼ᄉᆞᆯ을나라히엇고져ᄒᆞᆷ이라仲듕이大대悅열ᄒᆞ야ᄡᅥ桓환公공ᄭᅴᄉᆞᆲ프ᄒᆞᆫ대公공이ᄌᆡ계ᄒᆞ야祖조廟묘의請청ᄒᆞ고寗녕戚쳑으로ᄡᅥ相샹을삼으니齊제ㅣ大대治티ᄒᆞ니라

徒도讀독父부書서ᄒᆞᆯ시知디趙됴括괄之지不블可가將쟝ᄒᆞ고獨독聞문妾쳡慟통ᄒᆞᆯ시識식文문伯ᄇᆡᆨ之지不블好호賢현ᄒᆞ며

○ 趙됴奢샤ㅣ兵병쓰기를잘ᄒᆞ더니죽은후애王왕이그子ᄌᆞ括괄로ᄡᅥ쟝슈를삼아ᄡᅥ秦진을방어리앗더니括괄의母모ㅣᄀᆞᆯᄋᆞᄃᆡ括괄이ᄒᆞᆫ갓父부의글을닐그나능히ᄡᅳᄃᆡ몰ᄒᆞᆯ씨妾쳡의夫부ㅣ妾쳡ᄃᆞ려닐러ᄀᆞᆯᄋᆞᄃᆡ括괄이兵병을아ᄃᆡ몰ᄒᆞ며強강辯변ᄒᆞ니ᄒᆞ여곰將쟝을삼으면반ᄃᆞ시軍군을喪상ᄒᆞ고날아ᄒᆞᆯ辱욕ᄒᆞ디라ᄒᆞ더이다王

왕이듯디아니ᄒᆞᆫ대母모ㅣᄀᆞᆯᄋᆞ듸括괄이만일敗패ᄒᆞ거든請청컨대妾첩을坐좌티말ᄋᆞ쇼셔王왕이許허ᄒᆞ엿더니後후의과연大대敗패ᄒᆞ야兵병四ᄉᆞ十십萬만을喪상ᄒᆞ니라○魯노公공父보文문伯ᄇᆡᆨ이죽으니모든妾첩이울기ᄅᆞᆯ심히슯히ᄒᆞ야스ᄉᆞ로죽ᄂᆞᆫ者쟈ㅣ잇거ᄂᆞᆯ그母모ㅣ깃거아니ᄒᆞ야ᄀᆞᆯᄋᆞ듸내子ᄌᆞㅣ魯노에相상ᄒᆞ엿더니죽으매賢현士ᄉᆞ大대夫부弔됴상ᄒᆞᄂᆞᆫ者쟈ㅣ戚척容용이업고姬희妾첩이이ᄌᆞᆺᄒᆞ니이ᄂᆞᆫ홀로ᄉᆞ랑을妾첩婦부의게鍾종ᄒᆞ고賢현을簡간ᄒᆞ고禮례ᄅᆞᆯᄇᆞ리미니그죽기맛당ᄒᆞ다ᄒᆞ더라

樊번女녀ㅣ笑쇼楚초相상之지蔽폐賢현ᄒᆞ야終종擧거賢현而이安안萬만乘승ᄒᆞ고漂표母모ㅣ哀의王왕孫손而이進진食식이러니後후封봉王왕以이報보千

천金금ᄒᆞ며 ○ 楚초莊장王왕이退퇴朝됴ᄒᆞ거ᄂᆞᆯ樊번姬희물어ᄀᆞᆯᄋᆞ되엇
디느ᄌᆞ니잇고王왕이ᄀᆞᆯᄋᆞ되賢현相샹虞우丘구子ᄌᆞ로더브러말ᄒᆞᆯ시그날이느ᄌᆞ믈
세듯디몯ᄒᆞ라樊번姬희ㅣ우서ᄀᆞᆯᄋᆞ되虞우丘구子ᄌᆞㅣ어딜거니와忠튱치몯ᄒᆞᆫ줄
이앗가온디라妾첩이王왕을셤견디열ᄒᆞᆫᄒᆡ예아홉계집을나오니다妾첩의셔어진
이어ᄂᆞᆯ虞우丘구ᄂᆞᆫ楚초에相샹ᄒᆞ연디열ᄒᆡ예나온배子ᄌᆞ弟뎨과宗종族족아니니
업고ᄒᆞᆫ어딘쟈나옴을듯디몯ᄒᆞ엿ᄂᆞ이다王왕이이예虞우丘구子ᄌᆞ의게告고ᄒᆞᆫ대
虞우丘구ㅣ이예舍샤를避피ᄒᆞ고賢현을求구ᄒᆞ야孫손叔슉敖오ᄅᆞᆯ어더相샹을삼
으니楚초國국이大대治티ᄒᆞ니라 ○ 韓한信신이고기ᄂᆞᆯ淮회水슈애낫글시漂표母
모ㅣ그가난ᄒᆞᆷ을에엿비너겨일쪽밥을먹이거ᄂᆞᆯ信신이ᄀᆞᆯᄋᆞ되내반ᄃᆞ시ᄡᅥ母모ᄅᆞᆯ
갑ᄒᆞᆯ배이시리라母모ㅣᄀᆞᆯᄋᆞ되내王왕孫손을에엿비너겨밥을나오니엿디갑기ᄅᆞᆯ

ᄇᆡ라리오後후의信신이齊제王왕을封봉ᄒᆞ야毋모ᄅᆞᆯ千쳔金금으로ᄡᅥ갑ᄒᆞ니라

樂악羊양子조ᄂᆞᆫ能능聽텽妻쳐諫간ᄒᆞ야以이成셩名명ᄒᆞ고寧녕宸신濠호ᄂᆞᆫ不블用용婦부言언ᄒᆞ야而이亡망國국ᄒᆞ며

○漢한樂악羊양子ᄌᆞㅣ遊유學ᄒᆞᆨᄒᆞ야오라ᄃᆡ아니ᄒᆞ야도라왓거ᄂᆞᆯ妻쳐ㅣ무론대ᄀᆞᆯᄋᆞ되卿경을ᄉᆡᆼ각ᄒᆞ야도라왓노라妻쳐ㅣᄇᆡ야ᄒᆞ로뵈ᄶᆞ더니이예칼을킈인ᄒᆞ야ᄉᆞᄉᆞ로그긔틀을긋처ᄀᆞᆯᄋᆞ되실을싸하ᄒᆞ촌이일고ᄒᆞ촌을ᄡᅡ하尺쳑이일고尺쳑과ᄒᆞ촌을그치디아니ᄒᆞ면드듸여丈댱疋필이이ᄂᆞ니이제그듸學ᄒᆞᆨ이이디못ᄒᆞ여셔도라오니妾쳡이이긔틀을긋처헛도이前젼功공허비홈과ᄀᆞᆺ토니라夫부ㅣ感감悟오ᄒᆞ야다시學ᄒᆞᆨᄒᆞ야드듸여大대儒유ㅣ이니라

○明명寧녕王왕宸신濠호ㅣ反반ᄒᆞ고져ᄒᆞ거ᄂᆞᆯ妃비婁

누氏시ᄌᆞ로諫간ᄒᆞ되듣디아니ᄒᆞ엿더니
巡슌撫무王왕守슈仁인의잡은배되여죽
기예臨님ᄒᆞ야歎탄ᄒᆞ야ᄀᆞᆯᄋᆞ되紂듀ᄂᆞᆫ婦
부言언ᄡᅳ기로ᄡᅥ망ᄒᆞ고나ᄂᆞᆫ婦부言언
ᄡᅳ디아니키로ᄡᅥ ᄂᆞᆫ陶도答답子ᄌᆞ妻처ㅣ
망ᄒᆞ노라ᄒᆞ더라
畏외夫부之지富부盛셩而이避피禍화ᄒᆞ야
乃내保보幼유以이養양姑고ᄒᆞ고周쥬才ᄌᆡ
義미婦부ㅣ懼구翁옹之지橫횡肆ᄉᆞ而이
辭ᄉᆞ榮영ᄒᆞ야獨독全젼身신以이免면子ᄌᆞ
ᄒᆞ며 ○ 齊제陶도答답子ᄌᆞㅣ陶도ᄅᆞᆯ다ᄉᆞ릴
시貪탐ᄒᆞ야밋도라오매富부ㅣ十십
倍ᄇᆡ나ᄒᆞ니宗종戚쳑어堂당의셔하례호
더妻쳐ㅣ홀로幼유子ᄌᆞᄅᆞᆯ품고울어ᄀᆞᆯᄋᆞ
되德덕이薄박ᄒᆞ고位위크면이닐온害해
를嬰영홈이오功공이업고집이昌창ᄒᆞ면

이날온殃앙을빠흠이라姑고ㅣ그不블祥
샹홈을怒노ᄒᆞ야드ᄃᆡ여쫏ᄎᆞ니홀로少쇼
子ᄌᆞ로더브러居거ᄒᆞ더니後후의答답子
ᄌᆞㅣ盜도의주긴배되야다그財ᄌᆡ物물을
劫겁ᄒᆞ되母모ㅣ늘기로홀로免면ᄒᆞ니婦
부ㅣ이에少쇼子ᄌᆞ로더브러도라가그姑
고를養양ᄒᆞ니라○明명周쥬才지美미太
ᄐᆡ守슈ㅣ되매그아비鄕향里니의暴포横
황ᄒᆞ니그妻쳐ㅣ집의處쳐ᄒᆞ야미양즐겨
아니ᄒᆞ거늘翁옹이무론대ᄃᆡ답ᄒᆞ야ᄀᆞᆯᄋᆞ
ᄃᆡ夫부ㅣ임의貴귀ᄒᆞ얏ᄂᆞᆫ디라집이가음
여디못홀가근심티아니홀거시어늘翁옹
이聚취斂념ᄒᆞ기를긋치디아니ᄒᆞ니禍화
ㅣ머디아니ᄒᆞ도다翁옹이써ᄃᆞ라이예行
횡을곳텨善션을ᄒᆞ더니그子ᄌᆞㅣ두눈이
明명을일코벼ᄉᆞᆯ도일ᄒᆞ니翁옹이뻐ᄒᆞ되
善션이갑품이업다ᄒᆞ야이에다시惡악을
ᄒᆞ더니子ᄌᆞ의ᄂᆞᆫ이홀연이ᄇᆞᆯ가仍잉ᄒᆞ야
니러나郡군守슈[illegible]ᄒᆞ야閭합家가ㅣ任님
애길시나婦부ㅣ존ᄃᆡ아니ᄒᆞ고홀로少쇼子

ᄌᆞ롤ᄃᆞ리고잇더니翁옹姑고와夫부와妾쳡과밋子ᄌᆞ와幹간僕복이다江강中듕에覆복沒몰ᄒᆞ야ᄒᆞ나토免면ᄒᆞ니업고홀로妻쳐와담ᄋᆞᆺ幼유子ᄌᆞㅣ存존ᄒᆞ니라

漆칠室실處처女녀ᄂᆞᆫ不블績젹其기麻마而이憂우魯노國국ᄒᆞ고巴파家가寡과婦부ᄂᆞᆫ能능捐연己긔産산而이保보鄕향民민ᄒᆞ니

○魯노漆칠室실處처女녀ㅣ삼을삼디아니ᄒᆞ고歎탄息식ᄒᆞ거ᄂᆞᆯ隣린女녀ㅣ물어골ᄋᆞᄃᆡ네무어ᄉᆞᆯ슬허ᄒᆞᄂᆞᆫ다셔방못마좀을근심ᄒᆞᄂᆞᆫ다女녀ㅣ골ᄋᆞᄃᆡ아니라내魯노君군이늙고太태子ᄌᆞㅣ얼이물근심ᄒᆞ노라隣린婦부ㅣ우서골ᄋᆞᄃᆡ이ᄂᆞᆫ國국家가의일이니女녀子ᄌᆞㅣ엇디참예ᄒᆞ리오女녀ㅣ골ᄋᆞᄃᆡ그러티아니ᄒᆞ따녜晉진시손이내집의솜샤ᄒᆞ엿더니믈이노혀내[illegible]산아옥을블ᄋᆞ니내終죵歲셰토록아옥

올먹디못ᄒᆞ고ᄆᆞ을계집이ᄃᆞ라나거ᄂᆞᆯᄆᆞ
을사ᄅᆞᆷ이내兄형을비러ᄯᅳ로더니河하ᄅᆞᆯ
건너다가믈이漲댱ᄒᆞ야兄형이죽으매내
終죵身신토록兄형이업ᄂᆞ니이제魯노君
군이늙고子ᄌᆞㅣ어리니爭징端단이니러
나禍화亂란이쟝ᄎᆞᆺ作작ᄒᆞᆯ디라兵병이郊
교野야에니러나殃앙이庶서人인에밋ᄎᆞ
면우리鄕향里리니그能능히免면ᄒᆞ랴後후
애魯노ㅣ과연크게어즈러워人인民민이
만히兵병애죽으니라○秦진이長댱城셩
올ᄡᆞᆯ시巴파蜀쵹효고올이당당이萬만人
인을役역홀녀니寡과婦부일흠淸쳥이란
者쟈ㅣ이셔글을올려원컨대家가財지로
기우려사ᄅᆞᆷ을사附부近근邊변城셩을ᄲᅡ
ᄲᅧ萬만人인의役역을免면ᄒᆞ여지라ᄒᆞ고
이에財지帛빅百빅餘여萬만을내여邊변
城셩數수百빅里니ᄅᆞᆯᄡᅡᆺ되官관錢젼을허
비티아니ᄒᆞ니빅셩이다鄕향里니로벼나
디아니ᄒᆞ고ᄯᅩ工공役역의갑ᄉᆞᆯ어더ᄃᆞ토
아그힘을도리니數수月월이못ᄒᆞ여셔城

성이完완固고ᄒᆞ거ᄂᆞᆯ始시皇황이아름다
이너겨懷회淸청이란臺ᄃᆡ룰빠뻬그功공
을旌정表표ᄒᆞ니라此ᄎᆞ皆ᄀᆡ女녀子ᄌᆞ之지嘉가猷
유ㅣ며婦부人인之지明명識식이誠성可가
謂위知디人인免면難난ᄒᆞ며保보家가國국
而이助조夫부子ᄌᆞ者쟈ㅣ歟여뎌ᄂᆞᆫ
治티安안ᄒᆞᆯ큰道도ㅣ진실로丈쟝夫부
의게잇거니와디혜잇ᄂᆞᆫ婦부人인이男
남子ᄌᆞ의셔나으니遠원大대ᄒᆞᆫ씨ᄂᆞᆫ미
리싱각ᄒᆞ야可가히혜아리고倉창卒졸
의變변은泛범히應응호ᄃᆡ窮궁티아니

ᄒᆞᆯ시閨규閫곤가온대求구ᄒᆞ면이ᄯᅩᄒᆞᆫ
笄계褘위의傑걸이라이런고로齊제姜
강이晉진文문을醉취ᄒᆞ이고駕가ᄅᆞᆯ命
명ᄒᆞ야ᄆᆞᄎᆞᆷ내霸패業업을일오고有유
緡민이少쇼康강을ᄇᆡ고ᄀᆞᆷ그로나가드
ᄃᆡ여中듕興흥을닐외며顔안女녀ㅣ聖
셩人인의後후ㅣ반ᄃᆞ시顯현ᄒᆞᆯ줄을알
아아비게사회ᄀᆞᆯᄒᆡ기ᄅᆞᆯ알외야尼니丘
구의빌고陳진母모ㅣ先션世세의德덕
이심히微미ᄒᆞᆫ줄을알아子ᄌᆞ로ᄒᆞ여곰

사ᄅᆞᆷ을因인ᄒᆞ야ᄡᅧ侯후爵쟉을取취케
ᄒᆞ며머리털을베혀손을머무러내아희
ᄯᅳᆺ이크믈알고屛병風풍을隔격ᄒᆞ야손
을여어보아子ᄌᆞ의벗이범샹티아니ᄒᆞᆷ
을알며楊양敞창의妻쳐ㅣ지아비나가
기ᄅᆞᆯ지촉ᄒᆞ야策칙을定뎡ᄒᆞ야ᄡᅧ一일
代ᄃᆡ의君군을세오고周쥬顗의ㅣ母모
ㅣ손이니ᄅᆞ기ᄅᆞᆯ因인ᄒᆞ야庖포ᄅᆞᆯ當당
ᄒᆞ야能능히百ᄇᆡᆨ人인의食식을ᄀᆞ초며
晏안의御어ㅣ揚양揚양ᄒᆞ거ᄂᆞᆯ妻쳐ㅣ

붓그려夫부로ᄒᆞ여곰貴귀롤닐외게ᄒᆞ

고寗녕이浩호浩호롤노래ᄒᆞ거놀姬희

알아정승씌알외여賢현을尊존케ᄒᆞ며

ᄒᆞᆫ갓아비글을닑을ᄉᆡ趙됴括괄이可가

히將쟝티몯ᄒᆞᆯ줄을알고ᄒᆞᆯ로妾쳡이慟

통ᄒᆞᆷ을들을ᄉᆡ文문伯빅의賢현됴하야

님을알며樊번女녀ㅣ楚초相샹의賢현

그리옴을우서ᄆᆞᄎᆞᆷ내賢현을들어萬만

乘승을평안케ᄒᆞ고漂표母모ㅣ王왕孫

손을슬허밥을나왓더니後후의王왕을

封봉ᄒᆞ야千쳔金금으로ᄡᅥ갑ᄒᆞ며樂악
羊양子ᄌᆞ는능히妻쳐의諫간을들어ᄡᅥ
일흠을일우고寧녕宸신濠호는婦부의
말을쓰디아니ᄒᆞ야나라흘亡망히오며
陶도荅답子ᄌᆞ의妻쳐는夫부의富부盛
셩을두려禍화ᄅᆞᆯ避피ᄒᆞ려ᄒᆞ야이에幼
유ᄅᆞᆯ보젼ᄒᆞ야ᄡᅥ姑고ᄅᆞᆯ養양ᄒᆞ고周쥬
守지羲미의婦부는翁옹의橫횡肆ᄉᆞᄒᆞᆷ
을두려榮영을ᄉᆞ양ᄒᆞ야홀로몸을완젼
이ᄒᆞ야ᄡᅥ子ᄌᆞᄅᆞᆯ免면ᄒᆞ며漆칠室실의

處쳐女녀ᄂᆞᆫ그삼을삼디아니ᄒᆞ고魯노國국을근삼ᄒᆞ고巴파家가의寡과婦부ᄂᆞᆫ能능히己긔產산을ᄇᆞ려鄕향民민을보젼ᄒᆞ니이다女녀子ᄌᆞ의알ᄅᆞᆷ다온ᄡᅵ며婦부人인의ᄇᆞᆯ근識식이니진실로可가히사ᄅᆞᆷ을알고화난을免면ᄒᆞ며家가國국을保보ᄒᆞ야夫부子ᄌᆞᄅᆞᆯ돕ᄂᆞᆫ者쟈라니ᄅᆞᆯ띠뎌

勤근儉검篇편

勤근者쟈ᄂᆞᆫ女녀之지職직이오儉검者쟈ᄂᆞᆫ

富부之지基긔ㅣ니勤근而이不블儉검면ᄒᆞ枉
왕勞로其기身신ᄒᆞ고儉검而이不블勤근ᄒᆞ면
甘감受슈其기苦고ᄒᆞᄂᆞ니儉검以이益익勤근
之지有유餘여ᄒᆞ고勤근以이補보儉검之지
不블足죡이니若약失부貴귀而이能능勤근
則즉身신勞로而이教교以이成셩ᄒᆞ고富부
而이能능儉검則즉守슈約약而이家가日
일興흥ᄒᆞᄂᆞ니라是시以이로明명德덕은以이
太태后후之지尊존으로猶유披피大대練년
ᄒᆞ고穆목姜강은以이上상卿경之지母모로

尙샹事ᄉᆞ紉인麻마ᄒᆞ며○漢한明명德덕馬
마皇황后후ㅣ性
셩이恭공儉검ᄒᆞ야ᄆᆡ양白ᄇᆡᆨ練련옷슬닙
고華화采ᄎᆡ로崇슝尙샹티아니ᄒᆞ더라○
穆목姜강은魯노上샹卿경公공父보文문
伯ᄇᆡᆨ의母모ㅣ오穆목伯ᄇᆡᆨ의妻쳐敬경姜
강이라文문伯ᄇᆡᆨ이退퇴朝됴ᄒᆞ야그母모
의績적麻마홈을보고ᄀᆞᆯᄋᆞ되歜쵹의집으
로ᄡᅥ母모ㅣ오히려績적ᄒᆞ시ᄂᆞ니잇가母
모ㅣ歎탄ᄒᆞ야ᄀᆞᆯᄋᆞ되魯노ㅣ그亡망홀딘
뎌童동子ᄌᆞ로ᄒᆞ여곰卿경을삼아큰道도
롤듯디못ᄒᆞ엿도다사ᄅᆞᆷ이슈고로오면善
션을ᄉᆡᆼ각ᄒᆞ고평안ᄒᆞ면惡악을ᄉᆡᆼ각ᄒᆞᄂᆞ
니이제네卿경이되야슈고롤아디못ᄒᆞ고
도로혀나의女녀織직에부ᄌᆞ런홈을괴이
히너기니내두리건대魯노ㅣ將쟝ᄎᆞᆺ亡망
ᄒᆞ고穆목伯ᄇᆡᆨ의祭졔祀ᄉᆞㅣ廢폐홀가ᄒᆞ
노라일이春츈秋츄傳뎐의실련ᄂᆞ니라
葛갈覃담卷권耳이ᄂᆞᆫ詠영后후妃비之지

賢현勞로ᄒᆞ고 采채蘩번采채蘋빈은 述술夫부人인之지恭공儉검ᄒᆞ며 ○周쥬南남葛갈覃담詩시애 后후妃비ㅣ 葛갈을 키야 衣의服복을 ᄆᆞᆫᄃᆞ다 니ᄅᆞ고 卷권耳이의 后후妃비 卷권耳이ᄅᆞᆯ 키야 ᄡᅧ 宗종廟묘 제ᄅᆞᆯ 供공ᄒᆞᆫ다 니ᄅᆞ니 다 后후妃비의 勤근苦고ᄒᆞᆷ을 述술ᄒᆞ니라 ○召쇼南남采채蘩번詩시ᄂᆞᆫ 夫부人인이 貴귀호ᄃᆡ 능히 부ᄌᆞᆯ언홈을 아ᄅᆞᆷ다이 너기고 采채蘋빈은 大대夫부의 妻처ㅣ 恭공敬경節절儉검ᄒᆞ야 宗종祀ᄉᆞ의 부ᄌᆞᆯ언홈을 아ᄅᆞᆷ다이 너겻ᄂᆞ니라 七칠月월之지章쟝은 半반言언女녀職직ᄒᆞ고 五오噫희之지咏영은 實실賴뇌妻처賢현ᄒᆞ며 ○豳빈風풍七칠月월篇편의 大대家가貴귀女녀ㅣ 다 勞로苦고ᄅᆞᆯ ᄉᆞ양티 아니ᄒᆞ고 천히 農농桑상의 일을 ᄒᆞ다 ᄒᆞ엿ᄂᆞ니라 ○漢한梁냥

鴻홍이妻처孟ᄆᆡᇰ光광으로더브러吳오에
들어가ᄲᅢ世셰롤避피홀시五오噫희노래
롤지으니라 仲듕子ᄌᆞㅣ辭ᄉᆞ三삼公공之지貴
귀ᄒᆞ야己긔織직屨구而이妻처辟벽纑노ᄒᆞ고
少쇼君군이却각萬만貫관之지粧장ᄒᆞ야共
공挽만車거而이自ᄌᆞ出츌汲급ᄒᆞ니 ○ 纑노ᄂᆞᆫ플
을辟벽ᄒᆞ야ᄲᅢ노홀ᄆᆡᆺ고삼을緝인ᄒᆞ야ᄲᅡ
실을ᄆᆡᆫᄃᆞᆫ단말이라齊졔王왕이陳딘仲듕
子ᄌᆞ로ᄡᅥ相샹을삼고져ᄒᆞ거ᄂᆞᆯ빗디아니
ᄒᆞ고於오陵능의避피ᄒᆞ야妻처ᄂᆞᆫ纑노롤
辟벽ᄒᆞ고몸은屨구롤織직ᄒᆞ야ᄡᅥ食식을
ᄒᆞ더라 ○ 桓환少쇼君군은漢한鮑포宣션
의妻처ㅣ라비로소嫁가ᄒᆞ매資ᄌᆞ裝장이
甚심히盛셩ᄒᆞ거ᄂᆞᆯ宣션이깃거아니ᄒᆞ야
ᄀᆞᆯᄋᆞ되少쇼君군이富부驕교ᄒᆞᆫ듸나셔貧
빈賤쳔ᄒᆞᆫ듸適뎍ᄒᆞ니내敢감히당티몯ᄒᆞ

노라 妻쳐ㅣ ᄀᆞᆯᄋᆞ되 아비 先션生ᄉᆡᆼ의 德덕을 닷고 검약을 딕히므로 ᄲᅢ 妾쳡으로 ᄒᆞ여곰 君군子ᄌᆞ를 섬기게 ᄒᆞ엿ᄂᆞᆫ디라 오직 命명을 이조ᄎᆞ리이다 이에 그 婢비僕복과 衣의飾식을 도라보내고 荊형釵차와 布포裙군을 닙어 夫부로 더브러 ᄒᆞᆫ가지로 鹿녹車거를 挽만ᄒᆞ고 鄕향里니의 도라가 舅구姑고의게 졀ᄒᆞ기를 ᄆᆞᄎᆞ매 甕옹을 들고 나가 물기ᄅᆞ니라

是시ㅣ 皆기 身신執집勤근勞로 ᄒᆞ고 躬궁行ᄒᆡᆼ節절儉검ᄒᆞ야 揚양芳방譽예於어詩시書셔ᄒᆞ고 播파令령名명於어史ᄉᆞ冊ᄎᆡᆨ者쟈也야ㅣ니 旃젼其기勗욱諸제뎐

勤근은 女녀의 職직이오 儉검은 富부의 터히니 勤근ᄒᆞ고 儉검티 아니ᄒᆞ면 헛도

이그몸을슈고롭게ᄒᆞ고儉검ᄒᆞ고勤근
티아니ᄒᆞ면그苦고ᄅᆞᆯᄃᆞᆯ게바드릴ᄉᆡ儉
검으로ᄡᅥ勤근의有유餘여ᄅᆞᆯ더ᄒᆞ게ᄒᆞ
고勤근으로ᄡᅥ儉검의不블足죡을補보
ᄒᆞᆯ디니만일貴귀호ᄃᆡ能능히勤근ᄒᆞ면
몸이슈고로오나教교ㅣᄡᅥ일고富부호
ᄃᆡ能능히儉검ᄒᆞ면딕히미요약ᄒᆞ고집
이날로興흥ᄒᆞᄂᆞ니라일로ᄡᅥ明명德덕
은太태后후의尊존으로ᄡᅥ오히려大대
練련을닙고穆목姜강은上상卿경의毋

모로베오히려紉인麻마를일삼으며葛
갈覃담과卷권耳이는后후妃비의賢현
勞로를읇고采채蘩번과采채蘋빈은夫
부人인의恭공儉검을述술ᄒᆞ며七칠月
월의章장은半반이나女녀職직을니ᄅᆞ
고五오噫희의咏영은實실로妻쳐ㅣ賢
현ᄒᆞ기를힘닙으며仲듕子ᄌᆞ는三삼公
공의貴귀를ᄉᆞ양ᄒᆞ야몸은신을ᄶᆞ며妻
쳐는纑노를辟벽ᄒᆞ고少쇼君군은萬만
貫관의粧장을물리텨ᄒᆞᆫ가지로수ᄅᆡ를

挽만ᄒᆞ고스ᄉᆞ로나가물기르니이다몸
소勤근勞로를잡으며몸소節절儉검을
行ᄒᆡᇰᄒᆞ야곳다온길임을詩시書서의揚
양ᄒᆞ고어딘일홈을史ᄉᆞ冊ᄎᆡᆨ의播파ᄒᆞᆫ
者쟈ㅣ니그힘ᄡᅳᆯ띤뎌

才ᄌᆡ德덕篇편

男남子ᄌᆞㅣ有유德덕이면便변是시才ᄌᆡㅣ라
ᄒᆞ니斯ᄉᆞ言언은猶유可가ㅣ어니와女녀子ᄌᆞㅣ
無무才ᄌᆡ면便변是시德덕ㅣ라ᄒᆞ나此ᄎᆞ語어
ᄂᆞᆫ殊슈非비로다蓋개不블知지才ᄌᆡ德덕之

지經경과與여邪샤正졍之지辯변也야시니

라夫부德덕以이達달才ᄌᆡᄒᆞ고以이成

성德덕ᄒᆞᄂᆞ니故고로女녀子ᄌᆞ之지有유德

덕者쟈ᄂᆞᆫ固고不블必필有유才ᄌᆡ어니와而

이有유才ᄌᆡ者쟈ᄂᆞᆫ必필貴귀乎호有유德

덕이라니德덕本본而이才ᄌᆡ末말은固고理

리之지宜의나然연이나若약夫부爲위不블

善션은非비才ᄌᆡ之지罪죄也야ㅣ라니故고

로經경濟졔之지才ᄌᆡᄂᆞᆫ婦부言언도猶유

可가用용이오而이邪샤僻벽之지藝예ᄂᆞᆫ男

남子조도 亦역非비宜의라ᄒᆞ니 禮례애 曰왈

奸간聲성亂란色식을 不블留뉴聰총明명ᄒᆞ며

淫음樂악慝특禮례로 不블役역心심志

지니라ᄒᆞ 君군子ᄌᆞ之지教교子ᄌᆞ也야애 獨

독不블可가以이訓훈女녀乎호아 古고者

쟈 애 后후妃비夫부人인으로 以이逮톄庶셔

妾쳡匹필婦부 허 莫막不블知디詩시ᄒᆞ니 豈

긔皆기無무德덕者쟈歟여며ㅣ 末말世셰예

妒투婦부淫음女녀 ㅣ 及급乎호悍한妻쳐

潑발媼오ㅣ 大대悖패於어禮례ᄒᆞ니 豈긔盡

진有유才지者쟈耶야아曷갈觀관齊제妃

비ㅣ有유雞계鳴명之지詩시ᄒᆞ고鄭뎡女녀

ㅣ有유鴈안弋익之지警경ᄒᆞ며◯齊제風풍詩시예ᄀᆞᆯᄋᆞ디雞계임의우릿고朝됴ㅣ임의盈영ᄒᆞ얏다ᄒᆞ나雞계우논거신아니라蒼창蠅승의소리라ᄒᆞ니대개賢현妃비그君군의됴회봄이느ᄌᆞᆯ가두려ᄒᆞ야蒼창蠅승의소리ᄅᆞᆯ듯고ᄡᅥᄃᆞᆰ이운다홈이라◯鄭뎡風풍詩시ᄂᆞᆫ女녀子ᄌᆞㅣ그지아비ᄅᆞᆯ警경ᄒᆞᄂᆞᆫ詩시니날온ᄃᆞᆰ이우러아ᄎᆞᆷ이되여올ᄉᆡ일날여나翺고ᄒᆞ며翔상ᄒᆞ야鳧부와鴈안을弋익取취ᄒᆞ라ᄒᆞᆷ이라緹뎨縈영이上상章장以이救구

父부ᄒᆞ니肉육刑형이用용除뎨ᄒᆞ고徐서惠혜

諫간疏소以이匡광君군ᄒᆞ니窮궁兵병이遂

슈止지ᄒᆞ며○緹뎨縈영의일은孝효行ᄒᆡᆼ篇편의잇ᄂᆞ니라○唐당太대宗종이두번高고麗려롤티고져ᄒᆞ거ᄂᆞᆯ數슉妃비徐셔惠혜ㅣ上샹疏소ᄒᆞ야諫간호ᄃᆡ可가히兵병을窮궁ᄒᆞ야먼나라홀틸거시아니라호ᄃᆡ帝뎨ㅣ드ᄃᆡ여곳치니라宣션文문之지授슈周쥬禮례애六륙官관之지鉅거典뎐이以이明명ᄒᆞ고大태家고之지續쇽漢한書셔애一일代ᄃᆡ之지鴻홍章쟝이以이備비ᄒᆞ며○前젼秦진符부堅견ᄢᅢ예周쥬禮례殘잔缺결ᄒᆞ야드ᄃᆡ여그學ᄒᆞᆨ을일헛더니太태常상韋위逞령의母모宋송氏시나히八팔十십餘여ㅣ라世세로周쥬禮례롤니엇거ᄂᆞᆯ秦진主쥬ㅣ封봉ᄒᆞ야宣션文문君군을삼아堂당의올라周쥬官관六륙典뎐을講강解ᄒᆡᄒᆞ게ᄒᆞ니라儒유生ᄉᆡᆼ이조차講강ᄒᆞ는者쟈ㅣ

數수百빅人인이라일로말ᄆᆡ암아周쥬禮례의學혹이크게世세애ᄇᆞᆰ으니라○後후漢한班반固고ㅣ前젼漢한書셔를못다못ᄒᆞ고죽으니그누의班반昭쇼ㅣ니어일오니世세일흠ᄒᆞ야ᄀᆞᆯᄋᆞᄃᆡ曹조大태家고ㅣ라ᄒᆞ니라

孝효經경은著뎌於어陳딘妻쳐ᄒᆞ고論논語어ᄂᆞᆫ成셩於어宋송氏시ᄒᆞ며

○唐당陳딘邈막의妻쳐鄭뎡氏시ㅣ女녀孝효經경十십八팔篇편을짓고○女녀尚샹宮궁宋송氏시ㅣ女녀論논語어十십二이篇편을지으시니前젼書셔의뵈엿ᄂᆞ니라

女녀誡계ᄂᆞᆫ作작於어曹조昭쇼ᄒᆞ고內ᄂᆡ訓훈은出츌於어仁인孝효ᄒᆞ며

○曹조昭쇼ᄂᆞᆫ곳曹조大태家고ㅣ라女녀誡계七칠篇편을짓고○明명仁인孝효文문皇황后후徐셔氏시ㅣ內ᄂᆡ訓훈二이十십篇편을지으시니다前젼書셔의뵈엿

ᄂᆞ니라 敬경姜강은 紡방績적而이 教교子ᄌᆞㅣ러니 言언標표左좌史ᄉᆞ之지章쟝ᄒᆞ고 蘇소蕙혜ᄂᆞᆫ 織직字ᄌᆞ以이致티夫부ᄒᆞ되 詩시製제 迴회文문之지錦금ᄒᆞ며 ○ 敬경姜강의 일은 前젼篇편의 보엿고 그 글은 左좌氏시國국語어의 뵈엿ᄂᆞ니라 ○ 符부秦진 竇두滔도ㅣ 襄양陽양의 鎭딘ᄒᆞ야 오래 도라오디 아니ᄒᆞ니 妻처 蘇소蕙혜ㅣ 錦금字ᄌᆞ 迴회文문詩시ᄅᆞᆯ ᄧᅡ ᄡᅥ기티니 滔도ㅣ 詩시ᄅᆞᆯ 보고 즉시 벼ᄉᆞᆯ을 ᄇᆞᆯ고 도라오니라 柳뉴下하惠혜之지妻처ᄂᆞᆫ 能능誄시其기夫부ᄒᆞ고 漢한伏복氏시之지女녀ᄂᆞᆫ 傳뎐經경於어帝뎨ᄒᆞ니 ○ 柳뉴下하惠혜卒졸커ᄂᆞᆯ 門문人인이 誄뇌ᄅᆞᆯ 請쳥ᄒᆞᆫ대 妻처ㅣ ᄀᆞᆯ오ᄃᆡ 夫부

子ᄌᆞ의德덕을誅노홀딘대ᄂᆞᆫ이三삼子ᄌᆞㅣ妾첩의夫부子ᄌᆞ알만ᄀᆞᆺ디몯ᄒᆞ리라ᄒᆞᆫ
고이에誅뇌ᄒᆞ야ᄀᆞᆯᄋᆞ되夫부子ᄌᆞ의伐벌티아님이여夫부子ᄌᆞ의竭갈티아닙이여
夫부子ᄌᆞ의信신ᄒᆞ고誠셩ᄒᆞ야사ᄅᆞᆷ으로더브러害해업ᄉᆞᆷ이여恥티ᄅᆞᆯ蒙몽ᄒᆞ고民
민을救구ᄒᆞ니德덕이더욱크도다비록三삼黜튤을만나나ᄆᆞᄎᆞᆷ내敝폐티아니ᄒᆞ리
로다愷개悌뎨ᄒᆞᆫ君군子ᄌᆞㅣ여能능히厲려티몯ᄒᆞ놋다夫부子ᄌᆞ의諡시ᄅᆞᆯ맛당이
惠혜라ᄒᆞ리로다門문人인이能능히ᄒᆞᆫᄌᆞᄅᆞᆯ고티디몯ᄒᆞ야드되여諡치ᄅᆞᆯ惠혜라ᄒᆞ
다○漢한文문帝뎨ᄣᅢ예尚상書서ㅣ殘잔廢폐ᄒᆞ니諸제儒유ㅣ아ᄂᆞᆫ이업더니老노
儒유伏복生싱이이사되年년이九구十십餘여ㅣ라尚샹書셔ᄅᆞᆯ아되言언詞ᄉᆞㅣ佶
힐倔굴ᄒᆞ고손으로能능히쓰디몯ᄒᆞ거늘女녀孫손이이셔나히十십三삼이라祖조
父부의말을알고能능히쓰거늘帝뎨伏복生싱을命명ᄒᆞ야前젼殿뎐의셔尚샹書셔

를니라ᄒᆞ고女녀ㅣ결히이셔긔록ᄒᆞ야
書셔ㅣ成셩ᄒᆞ매帝뎨를授슈ᄒᆞ니크게金
금帛ᄇᆡᆨ을주고尙샹書셔經경信신宮궁闈
이드ᄃᆡ여世셰예傳뎐ᄒᆞ니라
규之지懿의範범이誠셩女녀學ᄒᆞᆨ之지芳
방規규也야ㅣ라由유是시觀관之지則즉
女녀子ᄌᆞ之지知디書셔識식字ᄌᆞᄒᆞ여達달
禮례通통經경ᄒᆞ야名명譽예著뎌乎호當당
時시ᄒᆞ고才ᄌᆡ美미揚양乎호後후世세ㅣ亶
단其기然연哉ᄌᆡㄴ뎌若약夫부淫음佚일之
지書셔ᄂᆞᆫ不블入입於어門문ᄒᆞ며邪샤僻벽
之지言언은不블聞문於어耳이니在ᄌᆡ父

부兄형者쟈ㅣ能능思ᄉᆞ患환而이預예防
방之지ᄒᆞ면則즉養양正졍以이毓육其기才
지ᄒᆞ며師ᄉᆞ古고以이成셩其기德덕ᄒᆞ야始시
爲위盡진善션而이盡진美미矣의라
男남子ᄌᆞㅣ德덕이이시면문득이才ᄌᆡ
라ᄒᆞ니이말은오히려可가ᄒᆞ거니와女
녀子ᄌᆞㅣ才ᄌᆡ업ᄉᆞ면문득이德덕이라
ᄒᆞ니이말은좀은그르도다대개才ᄌᆡ德
덕의던던홈과다ᄆᆞᆺ邪샤正졍의辯변을
아디몯홀시라德덕은ᄡᅥ才ᄌᆡ를達달ᄒᆞ

고才ᄌᆡᄂᆞᆫ뻐德덕을일우ᄂᆞ니故고로女
녀子ᄌᆞ의德덕읻ᄂᆞᆫ者쟈ᄂᆞᆫ진실로반ᄃᆞ、
시才ᄌᆡ이실거시아니어니와才ᄌᆡ읻ᄂᆞᆫ
者쟈ᄂᆞᆫ반ᄃᆞ시德덕이심을貴귀히너기
ᄂᆞ니라德덕은本본이오才ᄌᆡᄂᆞᆫ末말이
라ᄒᆞᆷ은진실로理리의맏당ᄒᆞ나그러나
만일그不블善션을ᄒᆞᆷ은才ᄌᆡ의罪죄아
니니라故고로經경濟제의才ᄌᆡᄂᆞᆫ婦부
의말이라도오히려可가히ᄡᅳᆯ거시오邪
샤僻벽ᄒᆞᆫ藝예ᄂᆞᆫ男남子ᄌᆞ도ᄯᅩᄒᆞᆫ맏당

티아니ᄒᆞ니라禮례애ᄀᆞᆯᄋᆞ되奸간聲셩과亂란色ᄉᆡᆨ을聰총明명의머무로디말며淫음樂악과慝특禮례를心심志지예부리디말라ᄒᆞ니君군子ᄌᆞㅣ子ᄌᆞ를ᄀᆞᆯᄋᆞ침애ᄒᆞᆯ노可가히뻐女녀를訓훈티몯ᄒᆞ랴녜后후妃비와夫부人인으로뻐庶셔妾쳡과匹필婦부애믿처詩시를아디몯ᄒᆞ리업ᄉᆞ니얻디다德덕이업ᄉᆞᆫ者쟈ㅣ며末말世세애妒투婦부와淫음女녀과로悍한妻쳐潑발媼오애믿처크게禮

례애悖패ᄒᆞ니엇디다才지잇ᄂᆞᆫ者쟈가
어이보디아니ᄒᆞᄂᆞ뇨齊졔妃비ᄂᆞᆫ雞계
鳴명의詩시잇고鄭뎡女녀ᄂᆞᆫ鴈안弋익
의警경이이시며緹뎨縈영이章쟝을올
려ᄡᅥ아비ᄅᆞᆯ救구ᄒᆞ니肉육刑형이ᄡᅥ덜
니고徐셔惠혜ㅣ疏소로諫간ᄒᆞ야ᄡᅥ君
군을匡광ᄒᆞ니兵병窮궁홈이드듸여그
치며宣션文문이周쥬禮례ᄅᆞᆯ授슈홈애
六륙官관의큰법이ᄡᅥ붉고大태家고ㅣ
漢한書셔ᄅᆞᆯ니음애一일代ᄃᆡ의큰章쟝

이벼기ᄌᆞ며孝효經경은陳딘妻처의게
著뎌ᄒᆞ고論논語어ᄂᆞᆫ宋송氏시의게일
며女녀誡계ᄂᆞᆫ曹조昭쇼의게作작ᄒᆞ고
內닉訓훈은仁인孝효의게나며敬경姜
강은紡방績젹ᄒᆞ야子ᄌᆞᄅᆞᆯᄀᆞᄅᆞ치니말
이左좌史ᄉᆞ의章쟝애標표ᄒᆞ고蘇소蕙
혜ᄂᆞᆫ글ᄌᆞᄅᆞᆯᄧᅡ벼지아비게닐외ᄃᆡ詩시
로迴회文문애錦금을지으며柳뉴下하
惠혜의妻처ᄂᆞᆫ能능히그夫부ᄅᆞᆯ諡시ᄒᆞ
고漢한伏복氏시의女녀ᄂᆞᆫ經경을帝뎨

의게傳뎐ᄒᆞ니진실로宮궁闈규의아ᄅᆞᆷ
다온법이며진실로女녀學ᄒᆞᆨ의곳다온
規규모ㅣ라일로말미암아보건대곧女녀
子ᄌᆞ의글을알고字ᄌᆞ롤알며禮례롤達
달ᄒᆞ고經경을通통ᄒᆞ야名명譽예ㅣ當
당時시의나타나고才ᄌᆡ義의ㅣ後후世
세의揚양홈이진실로그그러ᄒᆞᆫ뎌만일
그淫음佚일ᄒᆞᆫ글은門문애들게말며邪
샤僻벽ᄒᆞᆫ말은귀예듣디말올띠니父부
兄형의일ᄂᆞᆫ者쟈ㅣ能능히患환을ᄉᆡᆼ각

ᄒᆞ야 미리 防방ᄒᆞ면 곧 正졍으로 쳐 버 그 才ᄌᆡᄅᆞᆯ 毓육ᄒᆞ며 녜ᄅᆞᆯ 스싱삼아 버 그 德덕을 알위비로소 盡진善션ᄒᆞ고 盡진美미ᄒᆞᆷ이 되리라

女녀範범捷쳡錄녹 終종

받홀 갈고(二 29a)

(4) 語中의 된소리화가 다음과 같이 표기되고 있다.

붇ᄭ러오믈(女誡原序 2b) 업ᄲ디니라(三 72a)

(5) 語末子音群 중 ㅃ의 'ㅂ'이 탈락해 버린 표기가 보인다.

執ᄂ 더 자최ᄅ 볼와 힝ᄒ단 말이라(三 47a)

(6) ㅺ이 ㄲ 으로 나타난다. 그리고 '시울'과 '시욹'이 혼용되고 있다.

東脩ᄂ ᄒ 묵금 포육이니(二 24b) 석거(四 19a), 입시울을(二 2a)---입시욹의(二 8a)

(7) 脣子音 아래에서 圓脣母音化現象이 두드러지게 나타난다.

물(水, 二 18a)---cf. 믈(二 18b), 王公으로부터(女四書序 5a), 더부러(女四書序 6a) 부즈런이(女誡序 3a)

(8) 다음과 같은 표기의 형태들이 보인다.

얼굴(一 12a)--얼굴(一 12a), 서ᄅ(相, 女四書序 11a)---서로(二 12b)--서르(二 19a) 입의(二 17b)---이뷔(二 11b), ᄒ여곰(女誡原序 3b)---ᄒ야곰(二 18a)---ᄒ여곰(二 22b) 버레(二 17b)---버러지(三 41b), 머리털(四 22a)---터럭(四 22b), 긋치디 아니ᄒ고(四 21b) ---긋디 아니ᄒ고(四 28b), 구멍(四 52a)---굼그로(四 60a)

(9) 主格助詞 '-가'가 나타난다.

니가 성긔고 버레 먹단 말이라(二 17b)

參考文獻

南廣祐(1977), 女四書 硏究, 李崇寧先生古稀紀念 國語國文學論叢.

御製女四書諺解 解題

洪 允 杓

1736年(英祖 12年)에 後漢 趙大家의 女誡, 唐 宋若昭의 女論語, 明 仁孝文皇后의 內訓, 明 王節婦의 女範을 엮은 女四書를 英祖의 命으로 李德壽 등이 諺解하여 4卷 3冊의 改鑄甲寅字로 刊行한 女子들의 修身教科書다. 卷1이 女誡, 卷2가 女論語, 卷3이 內訓, 卷4가 女範인데 卷1, 2가 한 책으로 묶여 있다. 漢文 本文을 먼저 싣고 그 뒤에 諺解를 붙였는데, 本文과 諺解文에 나오는 漢字에는 그 당시의 漢字音이 한글로 적혀 있다. 서울대 규장각, 서울대 고도서 등 여러 곳에 소장되어 있는데, 서울대 古圖書本은 '乾隆二年三月十九日'의 內賜記가 있는 校正本이다. 한글표기에는 校正하지 않고 漢字音 表記에만 校正을 하고 있음이 특징이다.

이 女四書諺解에는 重刊本이 있다. 1907年 朴晩煥이 諺解하여 4권 2책의 木版本으로 간행한 것인데 그 순서가 初刊本과는 달리, 女誡, 內訓, 女論語, 女範의 순서로 실려 있다. 이 重刊本은 그 諺解가 初刊本과는 전혀 다르다. 漢字音은 전혀 없고 漢文 原文을 싣고 그 뒤에 諺解를 붙였는데 이 諺解는 初刊本에 비해 意譯體인 점이 크게 다르다. 宋秉珣의 女四書序가 실려 있다. 嶺南方言을 반영한 자료로 생각된다.

初刊本은 各卷에 따라 諺解者가 달랐던 듯하다. t 口蓋音化의 實例를 보면 그러한 사실을 짐작할 수 있다. 즉 t 口蓋音化가 4卷의 本文에는 간혹 나타나는데 비하여 序文에는 集中的으로 나타난다. 序文도 神宗御製女誡序, 御製女四書序, 女誡原序가 있지만 그중에서도 특히 御製女四書序에 집중적으로 나타난다.

初刊本에 나타나는 國語學的 특징은 다음과 같다.

(1) 어두된소리에 各自並書 ㄸ, ㅃ, ㅆ 이 쓰이었고 合用並書에 ㅾ이 쓰이고 있다.

따흔(三 57b) 쬬 빠여(三 78b), 빠디니(四 17a), 씻단 말(二 10)
쓰미(一 6a), 뵈ᄶᆞᆫ(二 4a), 쬐며(二 4b), 빼히고(三 57a), 썩어(四 15b)

(2) t 口蓋音化現象이 두드러지게 나타난다.

ᄡᅳ지리오(女四書序 6b) 엇지(女四書序 6b), 잇지 아니ᄒᆞ리오(女四書序 6a)
重치 아니ᄒᆞ냐(女四書序 4b), 下치 못ᄒᆞ거든(女四書序 5a)

(3) 語末의 'ㅌ'이 'ㅣ' 이외의 모음 앞에서도 'ㅊ'으로 변한 예가 보인다.